ビジネス英語の鬼100則

商談・交渉、目標達成

米国公認会計士 上田怜奈 Reina Ueda

明日香出版社

まえがき

　まずはじめに、数ある語学書の中から、本書をお手に取っていただき、どうもありがとうございます。

　本書は英語での仕事や事業を自分で一通り回すのに、全体を見渡せて、ある程度テンプレートのようにして使える、英語ビジネス版「虎の巻」のようなものがあればなあと思い、執筆開始に至りました。

　また、使用するフレーズのみならず、その裏に流れているロジックや感情の流れなどを手書き文字でなるべく本書に書き込んでいくことにより、「どうしてそのように言う必要があるのか」を読者に考えてもらえるようにしました。こうすることにより、ただの暗記ではなく、より深いビジネスシーンの理解につながり、ご自身で応用される際にも自信を持って運用していっていただけるのではないか、と思っています。これは著者が通訳として主に仕事をしていた際、（交渉ごとなどで）伝わりやすい話し方や言うべきではないことについて、相手の文化や商習慣など、その理由もしっかり話してやっと納得してもらえていた、という経験に基づきます。

　さらに、長編ですのでなるべく楽しく読み進めていただくためにも、異文化に関連するややアカデミックな理論であったり、著者の経験したグローバルビジネスシーンでの出来事やちょっとしたtipも織り込みました。

　本書の特徴としてはほかに、会計の章が厚いところがあげられます。ここはすべての人が全部じっくり読んで、フレーズを暗記していただきたいわけではありません。ただ、グローバルなビジネスに携わっている以上、結果としての「数字」やその「根拠」を英語で語れるスキルは非常に重要ですので、ぜひ流れを掴むイメージで、さっとでも目を通してみてください。

●──急いで身につけたい人も、しっかり学びたい人も

具体的な本書の使い方としては2つ考えられます。

1つ目は「来週、海外の取引先との初めてのテレカンがある」「海外オフィスにEメールをドラフトするように上司に指示された」などといった差し迫った状況のときに、該当する章を急いで学習する方法です。

必要なフレーズだけ抜き取って使うのでもいいですし、週末を利用して章を丸々読み込む、というのでもいいでしょう。カフェや図書館など集中できるところで読むのもおすすめです。本書はわり合い物理的な重みのある本なので、テレカンやEメールの部分だけコピーしてカバンに入れて持ち歩く、といった使い方も便利でしょう。

2つ目はもう少し長いスパンで、ビジネス英語を網羅するという意味で本書をゆっくり読んでもらう、というものです。

フレーズや話の流れの「型」を理解して覚えるという意味では、ビジネス英語はある程度短期決戦が可能な学習分野ではあるのですが、それぞれのビジネスシーンに入り込み（immersion）、異なる文化の人を自分の心の中に住まわせ、最良の選択肢を出すためにシミュレーションするということは少々時間を要します。そういった目的においては、時間をゆっくり取れるときに（例えば寝る前に少しずつ読むでも構いません）読み進めていくのが便利かと思います。

ある程度長くじっくり（といっても最大3ヶ月くらいかな……）勉強するときには意義を見失いそうになることもあるかと思います。しかし、フレーズが頭に入り、グローバルなビジネスシーンで重要なことを理解し、相手の感情を言葉の手がかりから推測できるようになることは、TOEICテストの点数アップであったり、海外のクライアントの接待における成功であったり……必ず現世的なご利益もついてきますので、安心して続けてください。

　あなたのグローバルビジネスの旅路にはいろいろなことが待っているでしょう。

　心ときめく異文化に触れる素晴らしい体験もたまにあれば、バックグラウンドが異なる、自己主張の強いチームをなんとかまとめていくことに苦労して胃が痛くなったり、言語の壁や価値観の違いでわかり合うために時間がかかり、日本語環境のようなパフォーマンスが出せずもどかしく思ったりすることもあるでしょう。

　そんなときも、いつも本著は、頑張るあなたのことを陰ながら応援しています。

　読者のお仕事の成功を心から願い、冒頭のあいさつとさせていただきます。

                              2022年8月吉日　上田怜奈

第1章 信頼を勝ち取る自己紹介

第2章 反応がもらえるライティング

第3章　心と記憶に残るプレゼン

第1章
第2章
第3章
第4章
第5章
第6章
第7章
第8章
第9章
第10章

第8章 スムーズなチームワーク

音声データについて

1)【ASUKALA】アプリで再生

　下記にアクセスして日香出版社音声再生アプリ【ASUKALA】をインストールすると、ダウンロードした音声がいつでもすぐに再生でき、音声の速度を変えられるなど学習しやすいのでおすすめです（無料です。個人情報の入力は必要ありません）。

2) 音声データダウンロード

　音声データ（mp3形式）を『ビジネス英語の鬼100則』サイトよりダウンロードして使うこともできます。パソコンもしくは携帯端末でアクセスしてください。

書式データについて

　上記の『ビジネス英語の鬼100則』サイトにアクセスし、ダウンロードしてください。

　本書は現代アメリカ英語を基調に作成・執筆しておりますが、語法や文法などが日本の中学・高校で履修するものと若干異なっている可能性があります。これは、現在のビジネスシーンで用いられている英語のダイナミズムを反映するのがより実践的であり、また本書の読者の方々にも有益であるという判断に基づいています。

カバーデザイン：krran　西垂水 敦・市川 さつき
本文イラスト　：末吉 喜美

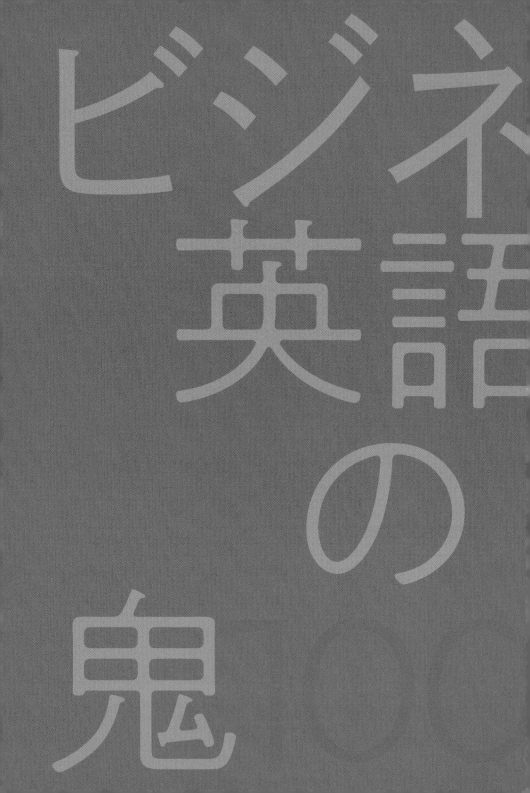

第 1 章

信頼を勝ち取る自己紹介

Nice to meet youを言う タイミングを知る

▶ Nice to meet you.
▶ It's nice to finally meet you.
▶ Unfortunately I have to go, but 〜
▶ It was (very) nice meeting you.

初対面の人と会う

Nice to meet you.（初めまして。）

　突然ですが、あなたは英語圏の人と初めて会ったときに、どのタイミングでこのフレーズを言っているでしょうか。

　著者が何度か目にしてちょっと不自然だな、と思ったのは、会議室で待機している英語圏の方がいるところに、日本人の偉い方が入っていらして、やあやあ、"Nice to meet you!" と部屋の入口で言ってらしたことです。

　もちろん、一生懸命英語であいさつしようという気持ちは伝わったでしょうし、間違いとまでは言えませんが、通常は下記のタイミングで初めて、"Nice to meet you." という言葉を述べます。

・顔を合わせて
・相手の名前を聞いたときに（あるいは自分の名前を言うタイミングで）

　相手の目を見て名前を知って、初めて「会った」ということになるというイメージです。

●──あいさつの流れ

一般的な流れを見てみます。

> Hi, I'm Tom. Nice to meet you.

「こんにちは、私はTomです。初めまして。」

①Tomはそう言いながら、自分の右手を差し出して「私」に握手を求める。

②「私」はTomの手を握る。

> Hi, I'm Reina. Nice to meet you, too.

「こんにちは、Tom。私は怜奈です。初めまして。」

③言い終わったら、手を放す。

握手のときは、相手に合わせ、しっかりとした強さで手を握るようにしてください。「日本人は握手の握力が弱く、自信が無さげに感じる」というのがよく言われるところです。

また、国際的なプロトコールでは、相手から手を差し出されても、女性は必ず握手をし返さなくともよい、ということになっています。相手が軽く会釈をするだけで握手を返してくれないといって、悲しまないでくださいね。

もちろん、自分が先に名乗っても構いません。また、相手が「初めまして」にあたる言葉を言わなくても、こちらから言って構いません。その場合は、最後の"too"はつけなくて大丈夫です。

Nice to meet you. (初めまして。) の言い換えとなる表現はいくつかあります。

> (It's a) Pleasure to meet you.

「初めまして。」

（直訳：あなたに会えるのは喜びです）

> (I'm) Pleased to meet you.

「初めまして。」 （直訳：お会いできて嬉しく思います）

少しだけ丁寧さが増す感じがします。

It's an honor to meet you.

「初めまして。」（直訳：お会いできて光栄です）

※これは特にこれまで憧れていた人や尊敬していた人、例えば有名な会社の社長などに使う表現です。筆者もずいぶん年上の紳士から以前、こう言われたことがありますが、年下の私にこういった言葉をかけてくださるなんて、とても丁寧な言葉選びをされる、ジェントルマンな方なのだな、という印象を受けました。

It's nice to finally meet you.

「ようやくお会いできて嬉しいです。」

こうした表現は、これまでEメール等でコミュニケーションしていたものの、顔を合わせるのが初めての相手に使えます。

●──別れのあいさつ

また、今日初めて会った人と最後別れるときに、次のようにあいさつすることができます。

It was (very) nice meeting you.

「お会いできて（とても）よかったです。」

※これは、会った時最初に "Nice to meet you." と言ったかどうかを問わず、言うことができます。It was nice talking to you.（お話しできてよかったです。）も可。

あいさつに加え、①自分は今なぜ行かないといけないのか 理由 、あるいは②これからあなたとどういう風に連絡を取っていきたいのかということ 発展 を話すことが多くあります。

I have another meeting at 3 p.m. so unfortunately I have to go, but it was nice meeting you. 理由

「３時から次のミーティングがあるので、残念ながらもう行かないといけません。お会いできてよかったです。」

It was very nice meeting you. I will send you a follow-up email when I get back to the office. 発展

「お会いできてよかったです。オフィスに戻ったら、メールをお送りしますね。」

日本だとこのシチュエーションでは敢えて「お会いできてよかったです」

第1章
第2章
第3章
第4章
第5章
第6章
第7章
第8章
第9章
第10章

とは、そう言わないかもしれませんね。

「あ、ちょっと次がありますのでそろそろ……　どうもありがとうござい
ました。今後ともよろしくお願いします」くらいでしょうか。

　日本は、世界の中でも有数の「ハイコンテクスト」文化、自分の考えや
感情を必ずしも言葉で明示的に表現せずに、察し合う文化にあります。一
方、英語圏はほぼ対極に位置し、誰が何をどう思うのか、何をどのように
したいのか、言葉でしっかりと伝えることを重視する文化です。

「そろそろ」何なのか？

「よろしく」でこれから何をしたいのか？

　相手とどういう関係を築いていきたいのか？

　それを考えて、言葉にしたときに、相手との関係も一歩前進すると言え
るでしょう。

●──第一印象を上げる

　ビジネスで欧米人と会うときに、第一印象をよくしたいならば、下記に
注意するとよいでしょう。

- ・笑顔
- ・アイコンタクト
- ・姿勢

　英語がまだ不慣れで流暢とは言えなかったとしても、余裕のある笑顔で
相手の目を真っすぐ見つめ、姿勢を正してきちんと握手すると、印象がま
ったく違ってきます。

　見ていると、日本の大企業の役員の方などはこの振る舞いに慣れていて
自信を見せるのがうまく、たとえ英語は勉強中でも、相手にミーティング
の重要性を感じてもらうのが得意という印象を受けます。総合的なコミュ
ニケーション力として、場数がものを言う部分は大きいかもしれませんね。

スムーズな自己紹介
/人を紹介する

▶ I'd like you to meet ～
▶ He has been an accountant in the retail industry for over 10 years.
▶ Would you mind giving me your business card?
▶ How do you pronounce your name?

紹介する順番

英語で人を紹介するとき、フレーズもそうですが、紹介する順番だったり、どう振る舞ったらいいんだろう……と思われる方もいらっしゃるでしょう。

そんなときのために、考慮するポイントをお伝えします。

・男性を女性に対して先に紹介する
・（立場が）下の人を上の人に対して先に紹介する
　（立場というのは会社の中での役職など）

このように書くと、それでは、取引先の男性部長に対して、新入社員の女性を紹介するような場合はどうする？どちらが先？と言った疑問が寄せられますが、これはケースバイケースです。

基本的には新入社員の女性の方から、男性の部長に対して紹介するようにするとよいですが、「いやいや私の方から」と部長に言われることもしばしば。

これは欧米のレディファーストの考えに由来し（ですので、英語圏と言っても特に「欧米の」と言えるかもしれませんね）、小さな頃からそのような教育を受けているため、「ジェントルマンたるもの」レディファーストできる状態をいかなるときも維持したい、と考えていらっしゃる方も少なくありません。その場合はその方の考えを尊重しましょう。

また、欧米の中でも地域や業界などによって少し差があります。

次に、それぞれの人を紹介するときに使える表現を見ていきましょう。

I'd like you to meet～　「～を紹介します」

「私」が、自分の後任となる、同じチームの鈴木太郎を取引先の John Smith に紹介するとします。

> John, I'd like you to meet Taro Suzuki. Taro, this is John Smith.

「John、こちらが鈴木太郎です。太郎、こちらが John Smith です。」

自分のチームの鈴木太郎を取引先の John Smith に対して先に紹介しています。

太郎を John に紹介するときは John の顔を見て太郎をてのひらで指しながら、John を太郎に紹介するときは逆に、太郎の方を見て、John をてのひらで指しながら、案内するようにしましょう。

その後に、紹介された者同士が、"Hi, nice to meet you." "Nice to meet you, too!"のように言葉を交わして握手をします。

Nice to meet you と共に、相手の名前を呼ぶこともあります。

同じ英語圏でも、北米では同僚や普段やり取りをよくしているお客さん、取引先の人などをファーストネームで呼ぶことが非常に多いですが、欧州では初めて会ったときに、特に年配の方など、敬称＋苗字で呼ぶこともよくあります。会社や業界によってはそれがマストなこともあります。相手の呼び名について迷ったら、目上の方や年配の方であれば、Mr.＋苗字、Ms. 苗字と呼ぶとよいでしょう。

●──エピソードを紹介する

状況によっては紹介する相手のエピソードを添えたり、自分との関係について述べたりするのもいいでしょう。

> John, this is Taro Suzuki. He will be taking over for me.

「John、こちらは鈴木太郎です。彼が私の仕事を引き継ぎます。」

👉from me とすると、その引き継ぎが永久的なもので、配置換えなど、自主的ではなく外部要因で起こったものというニュアンスが加わります。文法的にはいずれも可。

> He has been an accountant in the retail industry for over 10 years so he is very knowledgeable about accounting issues.

「小売業の経理を10年以上やっているので、会計の問題のことはほぼ何でも知っています。」

👉has been an accountant for over 10 years 「経理を10年以上やっている」

　例えば、上のように付け足すことで、より John から太郎への信頼が得やすくなるでしょう。相手を人の前で褒めるということは、日本のみならず英語圏でもよい作用を生み出します。逆に、他の人がいる前でけなす、きつく注意するのは、英語圏では基本的に NG となるので気をつけましょう。

（別途個別ミーティングなどを設けて話し合うことになります。これはパワハラとみなされないために重要です。リーダーシップの章で詳しく解説します）

> Taro, this is John Smith. He has been the general manager of this store for over four years. He knows a lot about the store and can even handle special orders from VIPs. By the way, he's a great golfer as well. Taro, you recently started playing golf, right? Maybe John can give you some tips?

「太郎、こちらは John Smith です。彼はこの店のジェネラルマネージャーを4年以上やってます。非常に店舗についての知識が豊かで、VIP からの特別な注文にも対応できます。ところで、彼はゴルフもとても得意です。太郎、あなたは最近ゴルフを始めましたよね？ゴルフのコツをぜひ John に伺ってみてください。」

👉by the way は、ふと思い出したことなどで、本題とは関係ないちょっとしたことを付け加えるときに使える言い方です。使い方に注意。

　また、パーティなどで少しフォーマルな形で紹介する場合、相手の仕事などの他に、自分との関係性を添えてもよいでしょう。

> This is Arnaud Johnson. Mr. Johnson is my former boss and Vice President in the Compliance Division at CBA Asset Management.

「こちらは Arnaud Johnson 氏です。Johnson 氏は私の前職の上司で、CBA アセットマネジメント社のコンプライアンス部の部長です。」

名刺交換

　最後に、名刺についてお話しします。

　日本のように、初めて会ってすぐ、紹介されてすぐに名刺を差し出す…とか、名刺入れをザブトンにして…といった細かいルールは英語圏では特にありません。名刺交換をしないことも、名刺を携帯していないケースも多くあります。名刺を自己紹介と同時に渡してもよいですが、**名前を名乗って握手をすることの方が重要**ですので、こちらをおろそかにしないようにしましょう。

Would you mind giving me your business card?

「お名刺を頂戴してよろしいでしょうか？」

（直訳：お名刺を頂戴することに差し障りはありますでしょうか？）

Sure, no problem.　「もちろんです。」（直訳：問題は全くありません）

Here is my (business) card.　「こちらが私の名刺です。」

business の部分は省略されることがしばしばあります。

　ただシンプルにどうぞ、と言いたいときは"Here it is."だけで OK です。

Thank you.　「ありがとうございます。」

　名前の読み方がわからない場合はその場で確認しましょう。

How do you pronounce your name?

「お名前はどのように読みますか？」

ボ…ルディマイル……？ pronounce?

Volodymyr

　「名刺を交換する」動作ではなく、お互いに自己紹介をすること、そして**「相手の名前を覚える」**ことが今後のビジネスには重要です。初めて会った人とはぜひ、会話の中で相手の名前を呼び、覚えましょう。基本的に人は、相手が自分の名前を覚えて呼んでくれると嬉しいものです。

23

03

スモールトーク1：
共通のトピックを探り
タブーを回避する

▶ Where are you from?
▶ Have you ever been to 〜 ?
▶ What do you do?
▶ What brings you to this conference?
▶ Is this your first time at this conference?

相手との距離を縮めるスモールトーク

　自己紹介を終えて、少し会話をする機会があることは多くあります。
そんなとき、以下のような話題をぜひ振ってみましょう。

- ・相手との共通点や共通の興味を探り
- ・相手が話したがることを
- ・自分のアピールにもつながるように

　ここでは、沈黙を避けたいということよりも、「相手のことを知りたい」という気持ちを前に出しながら、会話の流れを止めないことが大切です。
　1つ例を見ていきます。

懇親会でのスモールトーク
　サンフランシスコで行われたグローバルマーケティングのビジネスフェアでの懇親会。ビュッフェの食べ物を取ったばかりの一人でいる女性に話しかけます。

Hi. I'm Naomi.　「こんにちは。私はナオミです。」

Hi, I'm Priya. Nice to meet you.　「こんにちは。私は Priya です。初めまして。」

Nice to meet you, too. Where are you from? I'm from Japan. I arrived last night.

「こちらこそ初めまして。どちらからいらしたんですか？ 私は日本から来ました。昨晩着いたんです。」

☛ ここで Are you jet-lagged? 時差ぼけはありますか？ などと代わりに聞くこともできます

Oh, you're from Japan! I love Japan. I'm from India. Have you ever been to India?

「日本からいらしたんですね！日本は大好きですよ。私はインドから来ました。インドに行ったことはありますか？」

Not yet. But one of my co-workers was transferred to Bengaluru earlier this year. He seems to enjoy living there.

「まだなんですよ。でも、ベンガロールに今年はじめに弊社からスタッフが1人派遣されています。そこでの生活を楽しんでいるみたいですね。」

☛ never や No よりも not yet を使うほうが「これから行きたい」というニュアンスが感じられて好印象です

Bengaluru... there are many IT companies and foreign offices there. Speaking of which, what do you do?

「ベンガロール…　IT企業や外資系の会社がたくさんありますよね。ところで、お仕事は何をされているんですか？」

☛ Speaking of which：「そういえば、ところで、」といった意味です。

　ビジネスミーティングなどで仕事を聞かれた場合、誰もが知っている会社でない限り、社名を言わなければならないわけではありません。業種だけ伝える方が一般的です。

Oh, sorry I didn't introduce myself properly. I work as an account manager at a digital marketing tools company, "Digital Marketing Solutions", in Japan. We work closely with Apple as well. How about you?

「きちんと自己紹介してなくてごめんなさい。私は日本の「デジタルマーケティングソリューションズ」というデジタルマーケティングツールの会社でアカウントマ

ネージャーをしています。Apple とも一緒に仕事をしています。あなたは？」

👉 work as 〜 at 〜.「〜で〜として働いている」

> I'm a marketing manager at Amazon in New Delhi. So what kind of collaboration do you have with Apple?

「私はニューデリーのアマゾンでマーケティングマネージャーをしています。Apple との協働はどんなことをされているのですか？」

● ──上手に話を進める質問

ここでは下記のような適切な質問により、相手の情報を無理なく爽やかに聞き出しています。

> **Where are you from?** 「どちらから来られましたか？」
> **Have you ever been to〜?**「〜に行かれたことはありますか？」
> **What do you do?** 「お仕事は何をされていますか？」

また、質問に対してお互いにひとことのみで返さず、**付加的な情報を足しているため、その後の会話が広げやすく**なっています。

例えば、インドに行ったことはないけれども、「同僚がバンガロールに派遣された」と言うことで、インドと関わりのある会社なのかな、という印象を与え、親和性を感じさせられますし、バンガロールという土地柄、IT系なのかな？と感じてもらうこともできます。

また、日本の大企業ではない、スタートアップで働いている設定なのですが、例えばAppleのようなグローバル企業と協働し仕事をしていると添えることにより、相手にイメージしてもらいやすくしています。

日本のようなはるか遠くの島国で仕事をしている私たちが、具体的な会社やイメージを持ってもらうというのは、日本の企業の中で特に認知度の高いToyotaやHondaのような会社ではない限り難しいものです。

ただ社名や事業内容を言うだけではなく、**どのように相手に具体的なイメージを持ってもらうか**、という点でも考えるとよいでしょう。認識してもらいやすい取引会社の名前を出す以外にも、海外でよく知られているプロダクト名を出すとか、B to Bでイメージを持ってもらいにくいのであれば具体的

にどういうものに使われているのかといったことを話すとよいでしょう。

　他にも、懇親会のイベントや食事、相手がここに参加した理由から会話を始めることも考えられます。

> **What brings you to this conference?**
> **「このカンファレンスへはなぜ（何がきっかけで）いらしたんですか？」**

　このように What do you do?　の代わりに使って、相手がここに来たきっかけから、自然に職業のことなどを話してもらうことも、場合によってはできるでしょう。下記もよく聞かれる質問です。

▶ Do you often attend conferences like this?
　「こういったカンファレンスにはよく参加されますか？」

▶ Is this your first time at this conference?
　「このカンファレンスへの参加は初めてですか？」

📖 Column　タブーや対立を招きやすい話題には突っ込まない

　会話ではよくないコメントや質問も避けましょう。インドであれば相手のカーストを聞いたり（慣習的に残っている部分はあるものの、憲法で禁止されています）わざわざ話題に出すことは NG ですし、貧困問題などネガティブなイメージのことをことさら際立たせて触れるのも、相手の笑顔を呼びません。一時期話題になった「スラムドッグ・ミリオネア」という映画がありましたが、そこに出ていたインドのスラムの話を社交の場でとある日本人が触れて、その場の空気が少し微妙な感じになった…ということがありました。

　同様に、政治や宗教の話もスモールトークではタブーとされています。私は一時期、会ったばかりでも政治のディスカッションをよくしている人を北米で見かけ、これはこれでありなのか…？と感じたことがありました。しかし、影で「浅はかな奴だ」などと言われているシーンを幾度となく見、政治的な意見の重要度が高い人にとっては、自分とは相いれない考えとはつまり「相手がおかしい」「理解が浅い」などという思考になりうるのだと痛感しました。これは社会的な階層や学識など問わず、どんな人でも本質的にあるのではないでしょうか。

相手がもっと話したくなる
反応をする

▶ Oh, that's nice (good).
▶ I'm sorry to hear that.
▶ Definitely.
▶ What made you think that?

相手の言葉への反応を大きくする

　突然ですがあなたは初めての人と会ったときに……　特に前提知識などがないときに、相手がどんな人であれば話しやすいとか、もっと話したい、と思うでしょうか。

　色々な意見があるものの、「自分に関心を持ち、真摯に話を聞いてくれる人」であれば、ほぼ間違いなく、話しやすい人と言えるのではないでしょうか。

　企業研修でスピーキングの様子を見ていると、英語圏の人の会話に比べ、日本語話者は圧倒的に相手の話に対する反応が少ないように思います。

　本章の最初の項でも述べましたが、日本と英語圏の文化の最も大きな違いの1つは、日本の「ハイコンテクストさ」にあります。

　ただ、言葉で感情を表現しないと、相手はあなたが嬉しいのか不満なのか、自分の話に興味を持ってくれているのか、まったくわかりません。

　相手の話に対して、大げさなくらい反応しましょう。以下に相づちの例をあげます。

相手の話に対するポジティブな反応

▶ Oh, that's nice (good).　「それはいいですね。」

▶ Good for you!　「それはよかったですね。」

▶ That's great!　「とてもいいですね。」

▶ That's perfect.　「完璧です。」

▶ Fantastic!　「素晴らしい！」

驚きの表現

▶ Oh really?　「えっ、本当に？」　※この中で通常最も使用される頻度が高い

▶ That's surprising!　「それは驚きです。」（ニュートラルな驚き）

▶ That's amazing!　「それは驚きですね。／素晴らしいですね。」（ポジティブな驚き）

▶ That's disappointing.　「それはがっかりです。」（ネガティブな驚き）

▶ No way!　「そんなことはありえない／そんなはずはない。」

（基本的にネガティブな驚き）

ネガティブな反応

▶ Oh... that's tough.　「それは大変ですね（負担ですね、お辛いですね）。」

▶ That's so sad.　「とても悲しいですね。」

▶ I'm sorry to hear that.　（悲しいニュースを聞いて）「それはお辛いでしょう。」

▶ It must be very hard for you.　「それは本当に大変でしょう。」

相づち

▶ I see.　「そうですね/わかります。」

▶ I understand.　「わかります/理解します。」

▶ OK.　「はい。」

▶ Yes.　「はい。」（仕事上、接客業など）

▶ Uh-huh.　「うんうん。」

賛意を示す

▶ I think so too.　「私もそう思います。」

▶ That's right.　「その通り。」

▶ You're right. 「あなたは正しい(私も本当にそう思う)。」

▶ Definitely. 「その通り。」

▶ That's true. 「それはその通りですね。」

▶ Indeed. 「実に。」

▶ Absolutely. 「本当にそう。」

●──相づちの動作には要注意

そして、言葉で相づちを打ったり、自分がどう思っているのか感情も含めて明示的に伝えるのはコミュニケーションとしてお勧めなのですが、動作には注意が必要です。

私も日本語で話すときはそうなのですが、日本語話者によくある、うんうん、と頷きながら聞く癖は、英語圏の人から見ると幼稚な印象を受けるそうです。

では代わりにどう振る舞えばいいのでしょうか。頷かずに人の話を聞こうとすると、手持ち無沙汰に感じる人もいるかもしれません。

そういうときは、首を動かさずに相手の目を静かに見つめて、言葉でのみ反応して聞くようにしてみてください。

気の利いた質問をする

最後に、相手の話に対する適切な質問も大切です。慣れないうちは、相手の英語を聞き取り、自分が考えた英語を構文に組み立てるのに精一杯で、タイムリーに質問するのは難しく感じるかもしれません。

私は実務で英語を多く使うようになる前に、英会話喫茶に行って様々な国から来た、異なる年齢の人とどんどん話して4年ほど練習したのですが、その際に相手の話を聞きながら、話し終わる前に、どんな風に質問をしようか

考えておくのが一番だと気づきました。

話を膨らませるような質問

What made you 〜? 「どうして〜になったのですか」

▶ You said "〜". <u>What made you think that?</u>

「「〜」だと言われましたが、どうしてそう思うようになったのですか？」

▶ Oh, what was the motivation behind that decision?

「そういったことを（決意）するのに何がモチベーションとなったのですか？」

▶ Wow, that's so strange. Why is that?

「ええ、それはおかしいですね… 何か理由があったのですか？」

▶ Wow, that's impressive! Could you tell me more about it?

「それはすごいですね！もっと聞かせてもらえませんか？」

　話の大体の方向性がわかったら、オチはこういうことかな、と仮定して、先ほどお話しした自分の反応＋相手がつい話を膨らませたくなるような質問をする。また、ビジネスの場合だと、後に自分のテーマが話しやすくなるように仕向ける要素を入れる。

　こうした質問には少し慣れが必要な部分もありますが、自分の目標、着地点があるとそれに向かっていけばいいので進めやすいものです。「絶対この話をしなければいけない」「こういった目標を達成しないといけない」と思うと人間関係を作りづらいかもしれませんが、「うまくいけばこういった話をしよう」とイメージをあたためておくのはよいでしょう。

🔊
5

スモールトーク２：
移動中の軽い会話

▶ How was your flight?
▶ I hope Japan isn't too hot (cold) for you.
▶ Is this your first time in Japan?

　スモールトーク（社交上の軽い雑談）をする機会というのは、意外なほど多いです。

　中でも、移動中の会話は、逃げ場がありません。お客様をどこかにご案内する際、エレベータの中、待合室で待っていただいているときなど。

　敵意がないこと、むしろ好意を自然に見せられるよう、会話を続けていきましょう。著者は、この際の適切な話題を習得するまでずいぶん苦労しました。too personal（個人的過ぎる）であったり、相手に結果的に恥をかかせてしまうような話題を選んでしまったこともあり、当時の失敗を思い出すと申し訳ない気持ちになります。そんな経験からも、雑談トピックにしやすいものについて、この章ではどんどんご紹介していきます。

●──よくある話題はスッと口から出るように

　そんなときにどんな話題を選ぶといいか悩ましいこともあるでしょうが、ある程度、よく出る話題というのは決まっていますので、一通り頭に入れておくと便利です。

フライトとホテルの話題

▶ How was your flight?　「フライトはいかがでしたか？」

　海外からいらしたお客様だと、まずは、フライトとホテルについての話題があります。

▶ Did you have a good flight?　「フライトは快適でしたか？」
▶ Where are you staying while you're in Japan (Tokyo)?
　「日本（東京）滞在中はどちらにお泊まりですか？」
▶ When did you arrive in Japan (Tokyo)?
　「日本（東京）へはいつお着きになったのですか？」

天気の話題

　そして、安全なスモールトークの代名詞でもある天気の話題。

▶ I hope Japan isn't too hot (cold) for you right now.
　「日本はいま暑過ぎ（寒過ぎ）ないとよいのですが…」

　四季に富んだ日本の気候そのものを話題にして、会話を進めるのもよいですね。

▶ What do you think of the weather?
　「日本の天気についてどう思いますか？」

日本についての経験を聞く

▶ Is this your first time in Japan?
　「日本にいらっしゃるのは初めてですか？」

　事前情報で何度も来られていることがわかっていれば、この質問は控えるのは当然です。

▶ How do you like Japan so far?　「今のところ、日本はどういう印象ですか？」

　すでに1週間以上滞在している場合などは、こちらのほうが適当でしょう。

　もし一緒に移動する時間がなく、かつお客様がお話を好まれるような場合は、お客様が住んでいる地域や国についてのポジティブな話題をするのもよいでしょう。

▶ I loved the oysters at Fisherman's Wharf, too — have you been there?
　「フィッシャーマンズワーフの牡蠣は私のお気に入りです。行かれたことはありますか？」

●──時事ネタを仕込んでおく

▶ Japan and the UK have entered into a trade agreement (pact), so I think we can expect more and more business between our two countries.
　「日本と英国は貿易協定を結んだようですね。両国で今後より多くの取引が期待されます。」

I've heard that〜　「〜と聞きましたが…」

▶ I've heard that the number of IT startups is really growing in Paris... that big incubator... what was the name... was started.
　「最近はパリでもITスタートアップがどんどん増えていて…大きなインキュベーション施設…名前は何だったかな…ができたようですね。」

　時事的な事柄などは特に注意せずに日頃過ごしていればネガティブな話題の方が耳に入りやすいものです。あらかじめお迎えするお客様の国籍などがわかっていれば、軽く予習として、その国の時事をさらっておくとよいでしょう。

　地震や津波などの自然災害、テロなどの事件や社会問題は、話題を振られたら答えられるように情報を仕入れておくとよいでしょう。

●──エレベータートーク

これまでは初めて会ったときのスモールトークについて話してきましたが、今度は少し長く滞在されて、別の機会に会ったときに、エレベータなどでちょっと触れることができるような話題です。

▶ Hi, George. How are you?

「George、こんにちは。お元気ですか？」

※目は口ほどに物を言う、と言います。ぜひ、久しぶりに会えて嬉しい、というように、目を輝かせ、明るいスマイルで言ってみてください。

▶ How was your weekend?　「週末はいかがでしたか？」

▶ Did you do any sightseeing?　「どこか観光に行かれましたか？」

▶ The weather forecast said it's going to rain tonight. Did you bring an umbrella?

「天気予報では今夜雨になるようですよ。傘は持って来られましたか？」

奥さんが一緒に出張に来られている場合などは、奥さんのことに触れてもよいでしょう。

▶ How is Maria? Did she get a chance to do some sightseeing in Tokyo while you were working?

「Maria はいかがですか？あなたがお仕事のミーティングをされている間、東京観光などされました？」

英語圏の会社の重役の方は奥様も一緒に海外出張されることも多く、私も幾度となく、奥様のための東京観光プランを作りました。もし余裕があれば、あらかじめ希望を伺って、一人や誰かと一緒に回れるところや、マップを渡しておくのはよいかもしれませんね。

観光バスなどであれば一人でも、英語のガイド付きで回れたりするので、お勧めです。

スモールトーク3:
会食中に自分の意見を述べる

▶ I think ～
▶ In my opinion, ～
▶ I believe ～
▶ According to ～

　こちらは、わりとかっちりした会食で、会社の代表として、他の会社や部門のトップと、または訪問国の要人などと話をすることを想定し、進めていきます。

●――意見を伝える

　相手の話についての相づちやひとことでの反応の場合、「 Must 4 相手がもっと話したくなる反応をする」で見てきた表現をどんどん使っていくとよいのですが、それだけではなく、自分の意見として、センテンスで返したい場合、以下のような表現を使うことができます。

I think ～ 「～だと思います」

　これは、何かを断定的に主張したいときではなく、あくまで自分の考えや思ったこととして述べたいときに使います。また、少し控えめに主張したいときに、主観的要素を強めるため（「AはBだ」のように断定的に言ってしまうと相手の感情を逆なでする場合など）にも使うことができます。

▶ I think President A has made the right decision.
　「A大統領は正しい決断をしたと思います。」

　この後に、because ～（なぜなら～）などと理由をお話しするとよいですね。（becauseを省略することも可）

より、「自分の考えですが」という意味合いを加えたいときは、In my opinion,（私の意見としては）という表現を加えてもいいですね。

▶ In my opinion, we should spend the money on preparing for earthquakes.

「私の意見としては、そのお金は地震の備えに使うのがよいと思います。」

I believe ～「～だと思います／信じています」

think よりも、自分の願望、理想を語る表現です。

▶ I believe we will come out of this difficult time stronger.

「この辛いときをきっと強く乗り越えられると信じています。」

さらにそうであれば（いい）と思う、という願望の部分を強く出すときは hope を使います。

▶ I really hope that things get back to normal as soon as possible.

「一日も早く通常の生活に戻れればと思います。」

また、自分では確実であると思っている、きっと～だと言いたいときには sure を使いましょう。

▶ I'm sure this new campaign will work.

「この新しいキャンペーンはきっとうまくいくと考えています。」

●──賛意を伝える

次に、自分もそう思っているということを示す場合。

I agree with ～ 「～に同意します」

▶ I agree with you on that point.　「それについては私も同意します。」

▶ I hope so too.

「私もそうであればと思っています（そうであることを願っています）。」

▶ So do I. 「私もです。」

👉 相手が話したセンテンスの動詞に do は合わせる。例えば、be 動詞なら So am I となる

●──意見に反対する

　相手の意見に反対である場合も、I disagree with you. （私は（あなたに）反対です）といった言葉はそうそう使いませんし、社交の場ではなおさらです。

　I disagree with that. （私はあなたの意見に反対です）ならば、話をしている人個人ではなく、その「意見」や話に出ていた政策、行動などに反対である、という意味で使うことができますが、やはり強い表現です。

　もう少しやんわりと反対意見を伝えたい場合、I don't think の後に、反対する内容を続けることが多いです。

▶ Well, I don't think the merger will occur within this year.

　「私は今年中にその合併が起こるとは思いません。」

　少し強いですが、下記のような言い方もできます。

▶ I'm afraid I don't share your opinion.

　「私はあなたと同じ考えというわけではありません。」

　また、相手の話をやんわりと否定するときの、柔らかい言い方も覚えておきましょう。

▶ Not necessarily. 「必ずしもそうではありません」

　他にも、自分の意見を述べるときに一緒に使える表現を下にまとめます。

According to 〜 ,	〜によると
According to a recent survey,	最新の調査によると
Generally speaking,	一般的には
I will give you some examples.	具体例を少しお話しします。
To be more specific,	より具体的に言うと、

会食について話す

最後に少しだけ食事自体に関しての表現を。

▶ **How was dinner?** 「ディナーはいかがでしたか？」

👉 the を入れて How was the dinner? にすると、お祝いのディナーなど、何か特別なイベントについての感想について聞いている感じになります。

▶ **Did you enjoy it?** 「お楽しみいただけましたか？」

などと聞かれたら、例えば下記のように答えると、失礼に当たりません。

▶ **Yes, everything was perfect.** 「はい。すべてが完璧でした。」※

▶ **Yes, it was amazing.** 「はい。とても素晴らしかったです。」※

▶ **Thank you very much for organizing this wonderful dinner.**
　「こんな素敵な会食の機会を設けていただき、どうもありがとうございました。」

また、海外での重要な会食の前はぜひ、事前にその国の時事や会う方の経歴、興味などをリサーチし、触れる可能性があることを英語でまとめておきましょう。

さらに、日本について海外で話題になっていることは質問される可能性があるので、各国主要ニュースの日本に関する話題とThe Japan Timesで大きく扱われている話題は目を通しておき、自分なりに英語で話せるよう意見を持っておくことは大切です。

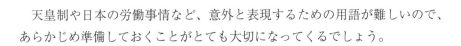

天皇制や日本の労働事情など、意外と表現するための用語が難しいので、あらかじめ準備しておくことがとても大切になってくるでしょう。

※ここでの Yes, は Did you ～？と聞かれた場合の答え。

07

シチュエーション別：
オンラインの場合の会話の出だし

▶ Can you hear me?
▶ Would you mind unmuting yourself?
▶ Thank you very much for your time today.
▶ Let me first tell you about 〜

　最近ではWeb上で、コミュニケーションツールを利用してオンライン会議をすることも増えてきました。

　初めての相手とオンライン会議をする際に使える表現を見ていきます。

　まず、オフラインのミーティングと違うのは、音やカメラなどの接続を確認することですね。

▶ Can you hear me?　「聞こえますか?」

▶ Are you able to hear me?　「聞こえますか?」

▶ Are you able to see me?　「こちらが見えますか?」

▶ Sorry, I can't hear you.　「すみません、聞こえません。」

▶ Would you mind turning on your microphone?

　　「マイクをオンにしてもらえませんか?」

▶ Would you mind unmuting yourself?　「ミュートを解除していただけますか?」

　👉 了解、と言いたいときに、Yes!と言われないのがポイント(No problem.など)

うまくつながったら、こう伝えましょう。

▶ Yes! I can hear you very well.　「はい、よく聞こえます。」

▶ I can see you clearly.　「はっきり見えます。」

　接続の確認ができたら、本題に入ります。会議を始める上で、特に複数名

参加者がいる場合などは、下記のように述べるとわかりやすいでしょう。

▶ OK, let's get started. 「さあ、始めましょう。」

ミーティングについて詳しくは8章でお話しします。
今回は2つのケースについて見ていきます。

①見込み客への営業の場合

Thank you very much for your time today.

「本日はミーティングのお時間をいただきありがとうございます。」

I'm Naomi. I'm an account manager at ABC Digital Marketing Solutions.
Nice to meet you.

「私はナオミと言います。ABCデジタルマーケティングソリューションズ社でアカ
ウントマネージャーをしています。今日お話しできてとても嬉しく思います。」

感じのよい最初のあいさつとして、ぜひ、時間を割いてくれたことへのお
礼を言いましょう。軽く雑談を挟んで、本題に入ります。

Let me first tell you about our company and then talk briefly about the
product you are interested in.

「当社のことについて、また、ご興味をお持ちのプロダクトについてまずは説明さ
せてください。」

Let me first tell you about 〜 「まずは説明させてください」

見込み客と既にメール等でやり取りしていたら、それを踏まえて会話を始
めるとよいでしょう。

You mentioned in your e-mail that you have a problem with [problem].
Could you elaborate it if you don't mind?

「Eメールでは[問題点]の問題を抱えているとおっしゃっていましたが、差し支え
なければ詳しくお聞かせいただけますか？」

第1章
第2章
第3章
第4章
第5章
第6章
第7章
第8章
第9章
第10章

41

　親会社の連絡において、外国籍のマネジメントからよく日本人の問題としてあげられるのが、「何が言いたいか、話を全部聞くまでわからない」ということです。連絡の目的や要点については、あいさつの後、なるべく早めにもってくるようにしましょう。

> Hello. I'm Yutaka. I'm on the same team as Ken and will be taking over for him from now on. I was in the Luxembourg office from 2015 to 2017, so I know some of you already. Is David still there? ―Good.

「こんにちは。私はユタカです。ケンと同じチームで、今彼の引継ぎをしています。私はルクセンブルクに2015年から2017年までおりましたので、そちらの人をすでに何人か知っています。Davidは今もそちらにいますか？－いいですね。」

　親会社のすでに何度かやり取りしている人との連絡ならば、フランクに始められますね。

> Hello. How are you?

「こんにちは。調子はいかがですか？」

> That's great.

「いいですね。」

> So, we know that you have some questions regarding the tentative financial results of our Japan office for the first quarter of fiscal year 2021, so we thought we'd have this meeting so you could share those with us. Would you mind beginning?

「それでは、2021年度第1四半期決算の日本法人の暫定的な数字についてご質問があるとのことですので、それを共有していただくために、このミーティングを開催しました。始めてもいいですか？」

さりげなく雑談する

　オンラインのミーティングとオフラインのミーティングの大きな違いということで数名のアメリカ人とディスカッションをしたことがあるのですが、チームを率いるプロジェクトマネージャー達からあがってきた問題の多くは、「雑談」の有無についてでした。オフラインでは、仕事に関するシリアスなミーティングの前に、週末について、今日の天気や体調など、通常いろんなことを話すけれども、オンライン会議の場合は要件のみにフォーカスしがちである、と。

　普段オフラインで会っていて、たまに用事があってオンライン会議を行う、ということであればよいのですが、基本のコミュニケーションのベースがオンラインの場合は、意識的に、仕事の話の前に少し雑談ができるよう、相手の様子や気持ちを確認する言葉を入れていくといいでしょう。

▶ How have you been?　「最近どうしていますか？」
※久しぶりに会った人に使えます。

▶ How were your holidays?　「（クリスマスなどの長い）休みはどうでしたか？」

▶ How was your weekend（vacation）?　「週末／休暇はどうでしたか？」
※休み明けに使えます。

▶ What are your plans for the holidays?
「休み（クリスマス休暇など）の予定は何ですか？」

　上記のように、未来について聞くこともありますね。

▶ How's Mike? Have you seen him recently?
「Mike は元気ですか？最近会いましたか？」

　共通の親しい仲間がいる場合などはその人について聞いてもいいですね。

シチュエーション別：
電話の場合のかけ方と受け方

▶ Hello. This is 〜 .
▶ May I speak to 〜 ?
▶ May I ask what this (your call) is about?
▶ Sorry, could (may) I have your name again?
▶ How do you spell that?

電話で的確に問い合わせる

　初めて電話をかけるときのかけ方を見ていきます。

　ビジネスでの電話は顔が見えないことから、自分のことや要件をわかりやすく、簡潔に伝えることが重要です。スモールトークなどは特に必要としません（逆に、長々話を引き延ばすと、ネガティブなイメージになることが多いので気をつけましょう）。

　名乗る必要がある場合とそうではない場合、2つについて見ていきます。

①名乗る必要がある場合

Hi. BCD Beverages.

「もしもし。BCD ビバレッジです。」

Hello. This is Naomi Suzuki of ABC Digital Marketing Solutions. May I speak to Mr. Cohen in your marketing department?

「もしもし。ABCデジタルマーケティングソリューションズの鈴木ナオミと申します。マーケティング部門の Mr. Cohen をお願いできますか?」

Hello. This is ～ of ～. 「もしもし。～（社）の～です」。

👉 ～ from ～ で「～（社）の～」の形もよく使われます。

May I speak to ～ ? 「～さんをお願いできますか？」

　電話を替わってもらうときに使います。もし電話を取ったのが本人だった場合は、"Speaking."（私ですが）などと言われます。

　別の人の場合、すぐにつないでもらえずに用件を聞かれるときがあります。以下は電話を受ける際にはよく使うフレーズですので、覚えておくと便利です。

> May I ask what this is about?

　「ご用件は何でしょう？」

　このような形で聞かれたならば、用件を伝えます。

　明らかに営業目的だとか、業務との関連性がないと思われると、この時点でつなぐことができないと判断され、切られてしまうこともあります。ですから簡潔に、電話を受けた方が取り次ぐときに伝えられるように述べましょう。

　例えば以下のように言うことができます。

> Sure. I'm calling about our social media campaign.

　「ソーシャルメディアキャンペーンの件でお電話しています。」

②名乗る必要がない場合

　問い合わせ先が、企業や公的機関の問い合わせ窓口などで、広く一定のトピックについて電話を受けつけている場合、特段こちらの名前を名乗ることが相手のメリットにつながらないことがよくあります。

　その場合は、自分の状況や課題と知りたいことのみ最初に述べましょう。

> Hello. I'm filing the tax return form 1099 electronically and would like to know how I can fix an error on the form.

「もしもし。今電子申告で、様式1099の申告をしようとしているのですが、ページのエラーメッセージの対処の仕方を知りたいのですが。」

　電話に出た部署で対応できるのであればそのまま回答が得られることがありますが、そうでなければ、関連部署に電話を回され、名前を聞かれるでしょうから、そのときに初めて名前を伝えることになります。

電話を受け、つなぐ

　ちなみに、自分が電話の受け手で、人に回す前に改めて名前を聞くときは、こう言います。

> Could (May) I have your name, please?

「お名前を頂戴できますか？」

　相手が既に名前を言った記憶があれば、失礼のないよう again を使いましょう。

> Sorry, could (may) I have your name again?

「もう一度お名前を頂戴できますか？」

　このように言えば、「またか…（さっき言ったのに）」と思わせてしまわずに済みます。

　話は戻りますが、そもそもその会社や公的機関で質問された内容にまったく対応していないというとき、わかる場合は、対応してくれる会社や部署の連絡先を教えてくれることがあります。

　電話番号を聞いた場合は、聞き間違えて、再度電話をかけ直すという失態を防ぎたいですね。

Should I repeat the number?　　　「繰り返しましょうか？」

このように言って、相手から聞いた数字を復唱するのがよいでしょう。

　また、対応してくれるcontact personの名前がわかれば、必ず聞きましょう。しかるべき会社や公的機関から、指名されてかかってきた電話の場合、対応してくれる人の態度が往々にして違います。

　ただ、英語に慣れないうちは、人名を聞き取るのは非常に難しいことが多いでしょう。その場合は、何度か聞いて、確認してみましょう。

Sorry, would you mind saying that again?

　「ごめんなさい、もう一度おっしゃっていただけますか？」

How do you spell that?　　　「どのようなスペルですか？」

それでもわからなければ、アルファベットをスペルアウトしてもらいます。

A for (as in) America, B for Brazil...

　「AはアメリカのAで、Bはブラジルのbで…」

👉 著者は初めにカナダで英語を学びましたが、いつも for を使っていました。

　航空会社などは、AからZまですべて国名で統一しているところなどもあるのですが、これは著者もわかりやすくて便利だな、と思っています。

単語の解説

■unmute「ミュートを解除する」　■spell「綴る」

🔊
9

ビジネスパーティでの
雑談と立ち回り

▶ That was a very good speech, wasn't it?
▶ Would it be possible for you to introduce me to him?
▶ I need to get a refill on my drink.
▶ I'll send you an email when I get back.

　海外のビジネス交流パーティやレセプションに行って、どう振る舞っていいかわからず、壁の花になってしまう…そんな方も多いのではないでしょうか。

　パーティに必要な最低限の身だしなみに加え、背筋を伸ばしていればよし。あとはなるべく多くの人の歓談を目標に、リラックスして楽しみましょう。

　食べ物やドリンクはパーティに華を添えるものであり、そればかり気にしていては、せっかくの交流の機会がもったいないものです。著者の経験上、95%以上の方は、こちらから話しかけたら爽やかに返事をしてくれます。

　知らない人に軽く話しかける場合と、誰かに紹介を頼む場合、2パターンを見てきましょう。

①知らない人に話しかける

　何か共通の体験を話題にすると相手も答えやすいでしょう。

　例えば交流の時間の前に素敵なスピーチや発表、ショーなどがあれば、それをきっかけにしやすいですね。

> That was a very good speech, wasn't it?

　「すごくいいスピーチでしたよね？」

　その場にあるもの、例えばビュッフェについて、きっかけとして語ることもできます。

> Do you mind if I ask you where you got that glass of champagne?

「そのグラスシャンパンはどこにあったか教えていただけますか？」

> Have you tried this sushi? It's really good.

「この寿司、食べてみましたか？とっても美味しいですよ。」

　もっとストレートに……1人でいる誰かと目が合えば、爽やかな笑顔とともに話しかけることもできます（同時に握手することもあります）。

> Hi. I'm Naomi. How are you?

「こんにちは。私はナオミです。いかがお過ごしですか？」

　最初はすごく緊張するでしょうが……十中八九、笑顔で返してくれるものです。ごくたまに、そっけなくその場を去られたり、あまり反応がないこともありますが……失礼な話しかけ方をしていない限り、めったにないことですので、ぜひ自信を持って話しかけましょう。

②人に紹介を頼む方法

> Hi Mike. Do you (personally) know Mr. Goldmann, today's speaker?

「こんにちは、Mike。今日のスピーカー、Mr. Goldmann のこと知ってる？」

> Yes, he is my former boss's husband.

「ああ。彼は私の前職の上司のご主人なんだ。」

> Would it be possible for you to introduce me to him?

「彼に私のこと、紹介してもらえる？」

　特に、有名な人やパーティでスピーチをした人などと、例え幸運に話せたとしても、記憶に留めてもらったり、関係性を築いたりするのは難しい

かもしれません。しかし、信頼する人の紹介であれば、人はより簡単に話に耳を傾けてくれますし、信頼のハードルが下がります。これは日本でも同じでしょうが、英語圏において、この紹介というのは人間関係を作る上で非常に大切です。

　それでは次にパーティでどのように人を紹介するのか、見てみましょう。

Hi, Mr. Goldmann! 「こんにちは、Goldmann さん。」

Mike! How are you? Long time no see!

「Mike！元気かい？久しぶりだねえ！」

Yes it has been a long time! I think the last time was at your Christmas party last year. What a great party!

「お久しぶりです！前回お会いしたのはクリスマスパーティでしたね！パーティは素晴らしいものでした。」

Wow, it's so nice of you to say that. We'll have to do it again sometime!

「優しいね。また開かないとね。」

Definitely. I wanted to introduce you to my colleague, Naomi. She is one of our account managers and a big fan of your language learning apps.

「絶対に。今日は私の同僚のナオミを紹介させてください。彼女はアカウントマネージャーで、御社の言語学習アプリに非常に興味を持っています。」

Oh, I saw you on TV! You were interviewed on "Passionate Professionals", right? Nice to meet you.

「ああ、テレビで見たことあるよ！『情熱のプロフェッショナル』に出ていたよね？初めまして。」

Nice to meet you too. I'm very honored to meet you and surprised that you even know me. I was very impressed by your speech today. Actually, I wanted to ask if you've considered selling your apps in other Asian countries like China and Korea.

> 「はじめまして。お会いできて大変光栄です。しかも、私のことをご存知でいらっしゃるなんて、とても嬉しいです。今日のスピーチに感銘を受けました。中国や韓国など他のアジア各国でアプリを売ることにご興味がおありかと思いまして。」

こんな具合にうまく会話が進んでいくと、理想的ですね。

●──爽やかな印象を残して去る

この場合はGoldmann氏さえ許せばどこまでも話が進みそうですが、最後に、パーティで誰かと話し終えてその場を去るときに使える表現をいくつか見ていきます。

> It was very nice meeting you.

「今日はお会いできて本当に良かったです。」

このように切り出すと、相手にも「会話終了」の合図だと気が付いてもらいやすいでしょう。

終了のタイミングがなかなか見当たらないとき、話のキリがよいところで次のように言って離れることもできます。

> I need to get a refill on my drink.

「ドリンクを取って来ます。」

別れる前に今後のコミュニケーションについて言及するのもいいですね。

> I will send you an email when I get back.

「戻ったらメールをお送りします。」

> Let's keep in touch.

「連絡を取り合いましょう。」　　←気軽な表現

そしてぜひ忘れずにお礼を伝えてください。爽やかで丁寧です。

> Thank you. I hope you enjoy the rest of the evening.

「ありがとうございます。どうぞ今晩は楽しんでいってください。」

社交上手な方は、最後の印象がとても素敵な方が多いものです。最後まで気を抜かず、相手にとって爽やかで、心地よい人であることに努めましょう。

単語の解説

■refill「リフィル、詰め替え、おかわり」

新しい人に会った後のフォローアップ

▶ This is (名前) from (会社名).
▶ As we discussed during our conversation,
▶ You shared with me your interest in 〜
▶ if that was something of interest to you

　ビジネス交流パーティやレセプションで新しい人に会って、特に名刺やメールアドレスを交換した人には、ぜひその日中、または次の日くらいまでに、Eメールで連絡をしてみましょう。

　パーティで話や情報交換をしてくれたことへのお礼、それから、何か会話の中で特に興味を持たれたことがあれば、それに関する資料などを送ってもいいですね。そして、「また何かお役に立てることがありましたら〜」などと〆ます。具体的な案や、相手が興味ありそうなイベントがあれば、それに誘うのもよいでしょう。2パターンほど見ていきます。

①見込みアリの場合

　まずは話が盛り上がって、即ビジネスにつながりそうな場合。
　実際に会って話す機会を作り、次のステップに進もうとしています。

This is Naomi Suzuki from ABC Digital Marketing Solutions. We met at the Marketing 3.0 reception last Friday evening. I hope you had an enjoyable evening.

ABCデジタルマーケティングソリューションズ社の鈴木ナオミです。
金曜夜のイベント「マーケティング3.0」の懇親会でお会いしました。
楽しい夜をお過ごしになられたことを願っています。

Naomi Suzuki

As we discussed during our conversation, I think that we might be able to collaborate on a marketing project for XYZ Company.

（金曜に）お話ししたように、私たちはXYZ社のマーケティングプロジェクトで
コラボレーションできるかもしれません。

As we discussed during our conversation,「お話ししたように」

パーティで話したことを思い出してもらうよう念押ししましょう。

I'm sure our digital marketing analysis tool Web Analysis 4.0 would help you gain more insight into what types of keywords would increase web traffic to your site.

弊社のデジタルマーケティング分析ツールWeb Analysis4.0 は、どんなキーワード
が御社のサイトへのトラフィックを増やせるか、知見を得る手助けをしてくれま
す。

Our attached brochure has details on all of the available options.

ご利用可能なすべてのオプションについての詳細は、添付のパンフレットをご
覧ください。

👉 Please find the attached ～「添付の～をご覧ください。」はよく使われる表現で
はあるのですが、やや古いという意見もあります。Eメールになってから、find（見つけ
る）必要がないのに、レターのときの名残りで使われているとか。

I would welcome the opportunity to visit your offices to discuss partnership ideas with you at your convenience.

もしよろしければ、直接お伺いして、パートナーシップの機会についてご相談
させていただければ嬉しく思います。

　具体的にできることを書いて積極性をアピールする一方、相手の都合に
合わせて無理強いしない姿勢はビジネス英語として必要でしょう。

I'm looking forward to hearing from you.

Kind regards,

Naomi

お返事お待ちしております。

よろしくお願いいたします。

ナオミ

Kind regards, ですが、これを結辞と言い、英語のビジネスEメールには欠かせません。第2章で使い分けについて詳しく解説しています。

②つながりを持っておく場合

次に、特にビジネスに今すぐ関わりがあるというわけではないけれど、話が盛り上がって楽しかった、またこちらから相手が関心のある情報を提供できそうな場合、例えば以下のようなメールを送ることができます。

This is Naomi Suzuki from ABC Digital Marketing Solutions. We met at the Marketing 3.0 reception last Friday evening. Thank you very much for taking the time to speak with me during the reception.

ABC Digital Marketing Solutions 社の鈴木ナオミです。金曜日のイベント「マーケティング3.0」の懇親会では、ありがとうございました。デジタルマーケティングの未来についてお話しし、とても楽しい時間を過ごすことができました。

ここはシンプルに Thank you very much. だけでもよいですが、時間を割いて話してくれたことにしっかりお礼を述べてもよいでしょう。

▶ I enjoyed speaking with you about the future of digital marketing.
デジタルマーケティングの未来について話せてよかったです。

You shared with me your interest in learning more about digital marketing even though at the moment you're not yet ready to start implementing such an approach.

Here are some websites and materials where you can get basic tips on how to use various digital marketing tools:
(URL)
(URL)
(URL)

直近での導入は考えていないということでしたが、デジタルマーケティングツールについて学ぶことに興味をお持ちだと伺いました。

様々なツールの使い方の基本的なヒントが得られるサイトや資料がいくつかありますので、ご紹介します。

> **You shared with me your interest in 〜 .**
> **「〜にご興味をお持ちだと伺いました。」**

なるべくなら相手を主語に捉え、相手の興味に沿って、話を進められるといいですね。自分の希望ばかり書いたEメールは読んでもらえません！

Most of the articles have been written by our company engineers who specialize in marketing, and you can also access some of our free trial offers there.

ほとんどの記事が弊社のマーケティングを専門とするエンジニアによって書かれていますし、無料試用版へもそこからアクセスすることができます。

If you are interested in exploring this further, please let me know. I would be happy to discuss it with you, and I could also introduce you to one of our digital marketing specialists if that was something of interest to you.

Thank you and best regards,
Naomi

他にも知りたいことがあれば、どうぞ気軽に教えてください。
喜んでお教えします。もっと勉強したい方には専門家を紹介することもできますよ。

ありがとうございます。

よろしくお願いいたします。

ナオミ

if that was something of interest to you
「もしご興味がおありなら」

相手の希望に合わせることを強調することで、相手への敬意を示しています。

●── SNS でのつながり方

最後に、SNS（ソーシャルネットワーキングサービス）でもう少しカジュアルにつながる方法についても見ていきましょう。

英語圏、特に欧米では、LinkedIn に登録していて、アクティブなプロフェッショナルがとても多いです。IT・金融といった業界で、40代以下だと、特別な理由がない限りほぼ登録しているような印象も受けます。

こういった層の人であれば、メールよりも、LinkedIn でつながりましょう、とビジネスパーティなどで言われることも少なくありません。

相手を検索して登録申請するのに、ひとこと添えると、思い出してもらえ、承認してもらえる可能性が高まります。

例えば、以下のように伝えてつながりを思い出してもらいましょう。

It was very nice meeting you at the reception last Friday for the "Marketing 2.0" event. I saw you were on LinkedIn and thought it would be good to keep in touch. I hope we have an opportunity to meet again in the future.

金曜日のイベント「マーケティング2.0」の懇親会ではありがとうございました。LinkedInであなたのことを見つけ、こちらでつながれれば、と思っています。またお会いできることを願っています。

　パーティなどで顔を合わせて、名刺交換をしただけでビジネスや今後も続いていくご縁につながっていくというのはなかなか考えにくいものです。

　印象に残った人や、例えプライベートなことでもこちらから何か相手のためになることができそうである（かつそうしたい）という場合には、ぜひ積極的に自分から連絡を取ってみましょう。

単語の解説

■brochure「小冊子、パンフレット」　■reception「歓迎会、レセプション」

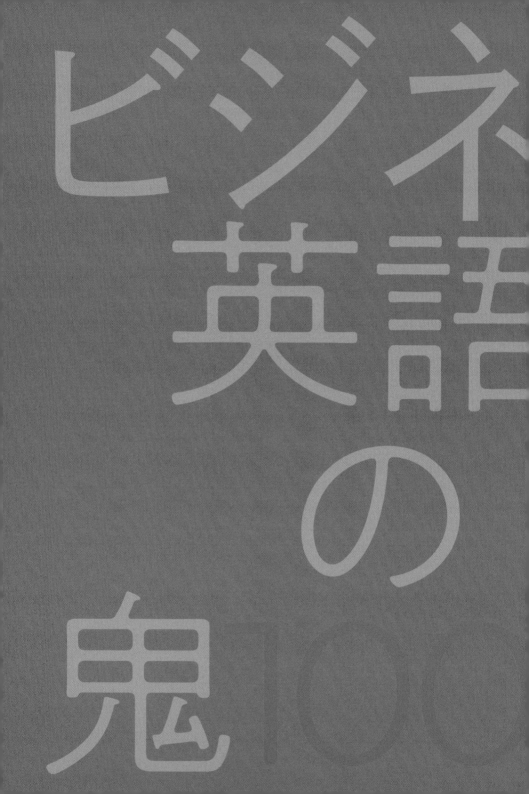

第2章
反応がもらえる
ライティング

メールを開いてもらえる Eメールの件名は具体的に

▶ Request for a quotation
▶ Change of monthly meeting time
▶ Inquiry about our corporate account

Eメールを作成するときに、まず件名で悩むことは多くあると思います。
「日本人のEメールって長いからさ、ちょっと見て良くわからないと後回しにしちゃうんだよね…」
という、とある外資系企業の米国人マネージャーの言葉をよく思い出します。

なんだか
めんどそう
後回しに
しよう……

About～
My name is～
Request for
advice on～
NG

モヤ～

依頼の
メールだ

(依頼) Request for～
(質問) Inquiry about～
(変更) Change of～
OK

Eメールの件名で心掛けていただきたいことは3つです。

> 1 簡潔に
> 2 要旨を表した
> 3 フレーズで（文ではない）

英語で言うと Be specific! （具体的に）
これが受信者にとって納得がいくものだと、Eメールをすぐに開封し、対応してもらえる確率が高まります。

まずは、逆にどういったものが件名としてNGなのか、まずは見てみましょう。

✕ About the meeting　「ミーティングについて」
　→aboutは「〜について」の直訳なのでしょうが、必要ありません。

✕ My name is Taro Yamada from ABC Consulting.
　「ABCコンサルティングの山田と申します。」
　→件名がセンテンス（文）なのは不自然です。

✕ Request for advice on rescheduling the meeting for May 15 and return of signed and sealed documents
　「5月15日の会議日程変更のご相談ならびに署名押印済み書類のご返却のお願い」
　→こんなに長いと、読んでもらえる確率が下がります……要素を詰め込み過ぎないように、なるべく1つに絞りましょう。

　いかがでしょうか。NGな件名を見てみると、回りくどかったり、パッと見て、何が大切なのか、どんな用件でEメールを送ってきているのか、わからないものが多いですよね。
　今度は逆に、Eメールの見出しとして実際に使えるようなものを見ていきます。

Request for a quotation　「見積の依頼」

　このRequest for 〜（〜の依頼）の形はよく使えます。

Change of monthly meeting time　「月次会議の時間変更」

　☞ 〜change または Change of 〜　　〜の変更
　これも頻出ですね。名称や会議場所、時間の変更などにも使えます。

▶ Notification of termination of your account
　「お客様のアカウント終了のお知らせ」

　Notificationは通知、（フォーマルな）お知らせという意味です。改まって通知することがある場合に使えます。

Inquiry about our corporate account
「弊社法人口座についての問い合わせ」

👉 Inquiry about 〜　〜についての問い合わせ

これらは、質問事項について問い合わせたいときに使えます。

▶ Confirmation of your order for Model 003　「モデル003の注文の確認」

　Confirmation of 〜（〜の確認）は、注文など、前提となっていること、議題にのぼっていることをYesかNoか確認するときに使えます。日本の「確認」という言葉とは若干ニュアンスが違っていることに注意が必要です。どういうものがあるか、まっさらな中から聞いて確認してみるというよりも、「すでに結論などがあって、その是非を最終的に確認する」ようなイメージです。

　その他、Eメールの件名として一般的に使われているものを集めてみました。

▶ Itinerary in Tokyo (business trip in May)
　「東京での旅程表（5月の出張）」

▶ Invitation to join the JA project
　「JAプロジェクトへのご招待」

▶ Upcoming events in June
　「6月の今後のイベント」

▶ Reminder: This Friday - App 123 Launch Party
　「リマインダー：今週金曜日 - アプリ123のローンチパーティ」

▶ Reminder: Please complete the employee compliance survey by November 23, 20xx
　「リマインダー：20xx年11月23日までに従業員コンプライアンス調査を完了のこと」

👉 リマインダーの際は急ぎのため、件名に用件を入れることもあります。

　その他、会ったお礼を件名で述べることもあります。

▶ Following up after our meeting today
　「本日のミーティングのフォローアップ」

　その際に、ただ"Following up"とだけ述べるのではなく、会った日や場所、シチュエーションなどを加えるようにしましょう。スパムメールと間違えられたり、あまり重要ではないメールとみなされることを避けるためです。

●──緊急、すぐに返事をもらいたい場合

　数あるEメールの件名に【Urgent】（緊急）などと入れてあるのを時折見かけますが、これは少し強く、ラフな印象を与えてしまうため、対外的にはあまり好まれません。社内や、普段やり取りをしている間柄で、これまでも状況によって使用してきたという場合は問題ないと言えますが、そう親しくない相手に対して使用することは避けましょう。

　ただ、そうは言っても急ぎ…ということもありますね。
　どうしても早急に返事が必要な場合は、リマインダーを打った後、電話など別の手段で連絡を取ってみることをお勧めします。

単語の解説
- inquire「質問する」　■ notification「通知」　■ termination「終了」
- quotation「見積もり」　■ itinerary「日程表」
- upcoming「これから（もうすぐ）起こる、今後の」
- launch「ローンチ、（製品やサービスの販売）開始」
- complete「記入する、完成させる」

12

敬辞のバリエーションを
知る

▶ **Mr. (Ms.) Sato,**
▶ **Dr. Sato,**
▶ **Dear Sir or Madam,**

Eメール本文の初め、Dear（親愛なる）の後に来るのは「敬辞」です。
日本でいう「〜様」に当たる部分です。

フォーマルなものとカジュアルなものがあり、必ずしもすべてのEメール
がDearで始まるわけでもありませんが、一通り、どんなものがあるか見て
頭に入れておくと、いざ書くときに惑うことがなく便利でしょう。

どんな書き方であっても、基本としてここで共通しているのは、「**人は自分
の名前を呼ばれたら嬉しい**」ということです。
まずは、フォーマルな書き方から見ていきましょう。

Dearの後、ファミリーネーム（苗字）の前に以下のような敬称を添えて書
きます。

▶ Mr. Sato, （男性の一般的な敬称）

▶ Ms. Sato, （女性の一般的な敬称）
　👉 通常のビジネスメールにおいては、女性の既婚の有無に言及する、Miss などは使用しない
　方が無難でしょう。

▶ Dr. Sato, （男女問わず博士号を持っている人に）

▶ Professor Sato, （大学教授に）

　初めて連絡を取る相手で男性か女性か名前だけでは判断がつかない場合、Dear Mr. or Ms. Sato, のように、Dear ＋ 両方の敬称で記載することもできます。

🏛 Column　　　　　　　メールでの肩書き

　日本でしたら「佐藤所長」「田中部長」のように相手の肩書きを入れるところですが、英語のＥメールでそのように書くと、不自然に感じられます。

　レターの場合なら、右のように最初にその人のフルネームがあれば、肩書きを入れることはできます。

> （レターでの例）
>
> Hideki Tanaka, Director
>
> ABC Company
>
> Tokyo, Japan
>
>
> Dear Director Tanaka,

　大学の役員（で博士号を持っている）の人に連絡を取る場合などは Dr. Tanaka と書くでしょうし、一般企業に勤めている人ならば通常は Mr. Tanaka でよいでしょう。

　また、担当者の名前がわからない場合、Hello, で始める（＝名前の部分を抜かす）ことがよくあります。

　何か宛名のところに書きたい、という場合は日本語でいう「ご担当者様」の意味

で、Dear Sir or Madam, と書くことができますし、「関係者各位」と書きたい場合は、To whom it may concern, と表すことができます（この言い方は冷たい等様々な理由で使用頻度が減ってきてはいます）。

　敬辞において、**名前の後はカンマ（,）またはコロン（:）をつけましょう**（Ｅメールでは一般的にはカンマが使われることが多い）。

以上がごく一般的な、基本の敬辞です。

他にも以下のようなバリエーションを持たせることができます。

- ▶ Dear all, 「皆様」
- ▶ Dear colleagues, 「同僚の皆様」
- ▶ Dear valued customers, 「大切なお客様へ」
- ▶ Dear managers, 「マネージャー各位」
- ▶ Dear HR manager, 「人事マネージャー（様）」

…とここまで書いてきましたが、日々のEメールにおいて最も多いのは、

Dear ファーストネーム,

または

Hi ファーストネーム,

という書き方です。

特に北米の場合は、公的機関などとのやり取りであっても、こちらが送ったEメールの返信では、Dear Reina, Hi Reina, などと返って来ることが多くあります。欧州、特に大陸ヨーロッパでは最初のEメールは敬称＋ファミリーネームが無難でしょう。

敬称は相手に合わせるのが基本ですので、相手がファーストネームのみで呼んで来る場合、通常はこちらも合わせるようにしましょう。

また、日本と英語圏の間でのビジネスの場合、これまでの習慣や配慮で、苗字やファーストネームに-sanをつけて送って来られる場合があります。これも、送られた形に合わせるということで問題ないでしょう。

Sato-san, と呼ばれたときに、Smith-san と書くような記載方法ですね。

66

　敬辞については、上記を読んで何となく頭に入っていれば、相手の気分を害するということもありませんので、大きな失敗をすることはないでしょう。

Column

北米とヨーロッパの大きな違い―ファーストネーム

　北米では first name basis のコミュニケーションといって、クライアントやビジネスパートナーとフレンドリーで近しい関係を築くのがよいことのように言われることが多いものです。

　しかし、ヨーロッパでは仕事の関係、特にクライアントとの関係においてはファーストネームで呼び合うようになるまでにより時間がかかり、ずっと敬称＋ファミリーネームで呼び合う、といったことも多くあります（ヨーロッパでも IT やフィンテックなどの業界は最初からファーストネームのことも多く、よりカジュアルだと言えます）。

　これを表す例の１つとして、Starbucks がドイツに初進出したとき、紙のカップに顧客のファーストネームを聞いてその場で書く、というやり方は当時なかなか受け入れられなかったそうです（現在は同社は売上を伸ばしていますが）。見知らぬ人からファーストネームで呼ばれるということは普段なかなか経験することがないため、よい顔をしない人が多かったということですね。

　私はヨーロッパに来るまではカナダやアメリカの人と過ごすことが多かったため（仕事でも）、名字で呼び合うカルチャーにはいまだに少し、不思議な感覚を覚えます。

13

内容を読んでもらえる
書き出し・あいさつ

▶ Thank you for your message.
▶ We are writing to let you know that 〜
▶ I was referred to you by 〜
▶ I hope you are doing well.

　通常のビジネスのやり取りのEメールであっても、書き出しはとても大切です。件名と最初のパラグラフを読んで、後回しにするか、今すぐ対応するか決めることも多くあります。

　ですので、英文Eメールの場合、下記を必ず先に書くようにしましょう。

> ・伝えたいこと（要旨）
> ・Eメールを送った目的

● ──お礼などのあいさつ

　まずは、一般的な、お礼で始まる書き出しです。

　相手からのEメールに対しての返信、または相手と実際に会った後などにお礼を述べる際のEメールでは、最初に簡潔にお礼の気持ちを伝えます。

Thank you for your message.
「メッセージ(Eメール) ありがとうございます。」

Thank you for your reply.

「ご返信ありがとうございます。」

Thank you for sending your company brochure.

「会社カタログをお送りいただきありがとうございます。」

Thank you for your invitation to the meeting on May 15.

「5月15日のミーティングのご招待をありがとうございます。」

　もし、いつ相手から送られたEメールなのか、言及したい場合は（証拠として重要な、リーガル関係のEメールなど）以下のように書きます。

Thank you for your email dated May 22, 20xx.

「20xx年5月22日付のEメールについて、お送りいただきありがとうございます。」

お詫びから始める文

　頻度はそう高くないかもしれませんが、返信についてのお詫びから始める場合は以下のような書き方があります。

I'm sorry for the (my) late reply.

「お返事が遅くなり申し訳ありません。（ごく一般的な言い方）」

I apologize for taking so long to reply.

「お返事に時間がかかってしまい、お詫び申し上げます。」

丁寧さ

Please accept my apologies for the late reply.

「お返事が遅くなってしまい申し訳ありません。（より丁寧）」

　お返事が遅れて申し訳ないというお詫びは、日本人同士のEメールのやり取りに比べ、海外の方からもらうことは少ないように感じますが、普段より返信が遅くなってしまったときなどに使うのはマナーとしてもよいでしょう。

無敵の「お世話になっております」表現

　最後に、久しぶりの方にEメールを出すとき、「お世話になっております。」のような感覚で使える表現を見ましょう。

I hope you are doing well.
「元気でお過ごしのことと思います。」

知り合いだけれどしばらく連絡をしていなかった（なので、Thank you for 〜 と言えない）場合、この表現を文章の初めに置いて書きだしましょう。

●──あいさつの後には概要を

Thank you 〜 や I hope you are 〜 のようなあいさつ文でEメールを始めるのはよいですが、その次の文ではEメールを送っている目的や概要がすぐ伝わるように考えて書くのがよいでしょう。

　時系列で説明しようとして、重要なことがEメールの最後の最後になってしまうというのが、読まれないEメール、失敗のパターンです。

最初の発信の場合

　返信やリアクションではなく、自分からEメールを送る場合、要旨や目的を簡潔に書くようにしましょう。

> **We are writing to let you know that 〜**
> **「〜について連絡させていただいております」**

　この要旨や目的の文は、ぜひ最初の一文でだいたいのメールの主旨がわかるようにしましょう。

We are writing to let you know that there will be a change to the training course you are taking with us.

　「お客様の今後の研修コースに変更があるため連絡させていただいております。」　**目的**

This email is to inform you that tomorrow's presentation has been postponed until February 20.

　「このEメールは明日のプレゼンテーションが2月20日に延期されたことをお知らせするためにお送りしています。」　**目的**

We regret to inform you that your free trial is ending tomorrow.

　「お客様の無料試用期間が明日で終わることを（残念ながら）お知らせしなければなりません。」　**要旨**

> We are pleased to inform you that your account has been successfully updated.

「お客様のアカウントが無事に更新されたことをお知らせいたします。」 ［要旨］

　これらの書き出しからは、Eメールの要旨が伝わるので、自分に重要なことであれば受け取った人はすぐに読み進めてくれるでしょう。

紹介を受け、自己紹介から始める場合

　誰かから名前とEメールアドレスを聞いて連絡した場合、ぜひ最初のEメールで言及するようにしてください。

I was referred to you by〜　「〜からあなたのことを伺いました」

👉 Your name was given to me by〜（あなたのお名前を〜から伺いました）という表現もあります。

> My name is Taro Brown, and I work for B&C Consulting.
> I was referred to you by Robert Johnson of your Tokyo office.

I was referred to you by Robert Johnson.

「私の名前はブラウン・太郎です。B&C コンサルティング社で働いています。貴社東京支社の Robert Johnson 氏からあなたのことを伺いました。」

どちらでも使用可能

> I am writing because I was referred to you by Mr. Johnson in your Tokyo office.

「貴社の東京支社の Johnson 氏からあなたのことを伺い、メールしています。」

👉 ここでは Robert Johnson と Mr. Johnson どちらでも使えるのですが、通常のメールでは Mr. Johnson はやや硬過ぎる気がします。しかし、ファーストネームがわからない場合などに使えるので便利です。

　公的機関や大企業など多くの人々からEメールを日々受け取るところでは、知人や日頃関係のある人から自分のことを聞いて連絡をしてきた、ということは大きく、対応がかなり違ってきます。

単語の解説

■ dated「〜日付の」　■ postpone「延期する」　■ inform「知らせる、通知する」
■ end「終了する」　■ update「更新する、最新の情報を知らせる」
■ refer「名前を出す、言及する」

感謝の気持ちを表すメール
は具体的に

▶ Thank you very much for 〜
▶ We are grateful for 〜
▶ We really appreciate 〜

　書き出しにおいて、Ｅメールのお礼を述べる表現は前項でさらいましたが、この項では感謝の気持ちを伝えることを目的としたＥメールの例を見ていきましょう。

　感謝を伝えるＥメールで大切なポイントは下記を的確に伝えることです。

> ・何に対して
> ・どう嬉しく思っているのか
> ・（それを踏まえて）今後について

　ビジネスの場合は対価が絡むことが多いですが、それでも、自分がしたことに対してきちんとお礼を言われると嬉しいですし、どう役に立ったのか知りたいものです。「自分に対して好意を抱いてくれている」と相手に知ってもらうことは、ビジネスの信頼関係を構築する第一歩です。

　また、「言わなくても何となく伝わるだろう」というのは英語圏とのコミュニケーションにおいては禁止、避けるようにしましょう。

　好意やお礼をうまく伝えながら仲を詰めていきます。

つながりのある公的機関へ問い合わせし、丁寧な回答をもらった場合

Thank you very much for 〜

Thank you very much for answering our questions and sending us the data we requested.

「質問へのご回答および要請したデータの送付、ありがとうございます。」 何に

This is very useful information and helpful for our marketing.

「これは弊社のマーケティングにおいて非常に有用な情報であり、とても助かります。」 どう

その後…今後の関係性や逆にこちらからできることについて、以下のように言及することができます。

We are looking forward to seeing you and Mr. Williams the next time we visit London.

「次回ロンドンを訪れたとき、Williams 氏と共にあなたにお会いできることを楽しみにしています。」 今後

Please let us know if there is ever anything we can do for you.

「なにか私どもにできることがあれば、いつでもお知らせください。」

問い合わせがあり、Web会議をした後、試用版を送りフォローアップ

Thank you very much for taking the time to talk to us and for showing interest in our digital marketing analysis tool.

「この度は、弊社のデジタルマーケティング分析ツールにご興味をお持ちになり、お時間を割いてご相談いただき、誠にありがとうございました。」 何に

👉 take the time to：時間を割く

It was a very fruitful meeting, and we now understand more about your needs.

「打ち合わせは非常に有意義で、お客様のニーズをより深く理解できました。」 どう

Here is a link where you can register and download a free trial version of our tool.

「ツールの無料トライアルへの登録およびダウンロードリンクをお知らせします。」

We ask that you complete the registration within one week from today.

「本日より1週間以内にサイトにアクセスしてご登録ください。」

The free trial version lasts for one month and is fully functional.

「1ヶ月間の無料トライアルで、全ての機能をご利用いただけます。」

If you have any additional questions about Digital Marketing Solutions and/or
our services, please don't hesitate to ask.

「弊社デジタルマーケティングソリューションズや弊社のサービスのことなど、気
になることがございましたら何でもお気軽にお尋ねください。」 今後

　また、Thank you 以外にもお礼の気持ちを表すフレーズはいくつかありま
す。

We are grateful (to you) for ～
「(あなたに) 感謝しています」
We really appreciate ～ 「感謝しています」

👉 to you は任意でつけることが可能

Thank you for hosting us at your offices yesterday. We felt it was a very fruitful
meeting. We also enjoyed getting a tour of your lovely offices.

「昨日はオフィスに迎えてくださり、ありがとうございました。非常に有益なミー
ティングでした。素敵なオフィスのツアーもとても楽しかったです。」

　この文は、以下のように言い換えることができます。

We are grateful to you for hosting us at your offices and felt that the discussions
were very fruitful.

「貴社のオフィスへお迎えくださり感謝します。また、非常に有益な話し合いがで
きました。」

> We really appreciate you showing us around your offices and are most grateful for the fruitful discussions afterwards.

「オフィスの様々な場所の案内をしていただいたこと、およびその後の意義深い話し合いの機会に感謝します。」

　しかし、文章の一番初めに置くのであれば、Thank you for 〜が最も一般的で、使いやすいでしょう。We are grateful 〜やWe really appreciate 〜はその前の文脈、センテンスを受けて出てくるイメージです。

👉 実際に会った人へのフォローアップと感謝の気持ちの表現については Must 10 にもEメールサンプルを載せていますので、ご覧ください。

単語の解説

■ fruitful「実りのある、意義深い」　■ functional「機能している」
■ hesitate「ためらう」　■ afterwards「その後」

🏠 Column　　お礼を言う頻度とお礼の言い方

　これはEメールに関わらず会話でも同じですが、日本語では「〜してくれてありがとう」のように言う頻度はとても低いのではないかと思います。

　例外としては、改まった手紙やお別れの色紙で、「お母さんいつもごはんを作ってくれてありがとう」「〇〇先輩、いつも遅くまで残ってシステムの使い方をご指導いただき、どうもありがとうございました」のような場合です。

　一方英語圏では、テーブルで塩を取ってあげたようなごく軽いお礼を除き、「〜のご送付ありがとうございます」、「先日は弊社のパーティにご参加いただきありがとうございました」「マーケティング調査へのご協力ありがとうございます」等、日常会話でもEメールでも、**Thank you for の for 以下の部分をしっかりと述べる**傾向にあります。

　日本語を英語にする仕事をしていて物足りない、ああ、情報が抜けているなあと感じるのはこういった部分です。一字一句翻訳したとしても、コミュニケーションとして「完璧な英語」になるかというと、そうではないことが多いです。改まってお礼を言う場合はぜひ、「何に対して」お礼を述べているのか、可能な限りはっきり伝えるようにしましょう。

お詫びのメールは
今後を踏まえて

▶ We apologize for 〜
▶ We are sincerely sorry for (about) 〜
▶ The reason for this was 〜

　日本人の方の書いた英文Eメールの添削をしていると、英語圏の方が書くものより圧倒的に、お詫びの言葉が多いと感じます。これまでには、毎度Sorryで始まっているEメールを添削したこともあります。

　もちろん、英語圏においても場合によってはきちんと謝罪の言葉を述べることは大切なのですが、むやみに謝って不利な状況に陥らないようにすべきです。

　そのために、**お詫びの言葉の頻度や程度、何に対して謝るのか、今後どうするのかという責任の範囲をしっかり示す**ことが、時として重要となります。

　書き出しでEメールの遅れを詫びる表現は Must 13 でさらいましたが、この項では、お詫びのためにEメールを送る場合の表現を見ていきます。

　Eメールでお詫びをする際、注意する点は以下の通りです：

> ・何に対して
> ・誰が（IなのかWeなのか）
> ・どうお詫びをするのか

また、それによって以下を明記する必要があります。

> ・今後どういう風に対処するのか（必要があれば）

●──何を謝るのか

ビジネスEメールでよく使用されるお詫びの言葉を見ていきましょう。

> **We apologize for 〜** 「〜をお詫びします」
> **We are sincerely sorry (about) for 〜** 「〜を心よりお詫びします」

▶ We apologize for any inconvenience this may have caused you.

　「この件につきましてご不便をおかけし、申し訳ございませんでした。」

　業務上の配達などの遅延、手配などの誤り、製品やサービスの不具合や不備など、こちらの手違いによって相手に迷惑をかけた／かけたと思われる場面などで広く使用することができます。

　他の言い方を見てみましょう。

▶ Please accept our sincere apologies.

　「この度の不手際をお詫び申し上げます。」

▶ We are sincerely sorry about the problem.

　「不手際につきまして、心からお詫び申し上げます。」

　いずれも丁寧なお詫びの表現です。

●── we で詫びるか、I で詫びるか

　こういったお詫びの文で "we" を "I" にすることは場合によっては可能です。例えば、その顧客担当のマネージャーがIを使用すると、よりパーソナルで、心がこもったニュアンスを出せることがあります。

　ただ、基本的には会社として仕事をしている以上、会社の責任ということで扱うかと思いますので、**通常は we** を用います。

　基本的には、会社の業務において、改まってお詫びをしなければならないような事態になった場合、直属の上司の指示を仰ぐのが正しい態度と言えます。なぜならば、本項最初のポイントで述べたように、お詫びの仕方や今後の対応を確認する必要があるからです。

　日本では比較的、個人・法人を問わず、「大変申し訳ございません」とすぐ

に謝ってしまうことが多いかと思いますが、英語圏はトピックによっては損害賠償や何らかの形での埋め合わせを請求されたり、訴訟になったりすることがあるので、使用する際は注意が必要です。

　問題の原因について説明するときは、以下の表現を使うことができます。

The reason for this was ～「（これが生じた）理由は～です」
The reason this occurred was that ～「これは～に起因しています」
This was due to ～「これは～に起因しています」
This happened because ～
　　「～により、このような事態が生じました」

● ── どうお詫びをするのか

　今後の対処について述べることが必要な場合もあるでしょう。そのときは以下のように述べることができます。

▶ To prevent this problem from reoccurring, we have ～
　「このようなことは二度と起こらないように～しました」

▶ We have taken steps to ensure that problems like this will not occur in the future.
　「このようなことが二度と起こらないように、手段を講じました。」

▶ We will do our utmost to ensure that problems like this will not happen again.
　「このような問題がまた将来的に生じることを防ぐため、私たちは最善を尽くします。」

　ここで、謝罪のＥメールのサンプルを見てみましょう。

安易な謝罪、
謝罪のみはNG

発送遅れのお詫び

We are writing to inform you that your shipment of PC monitors scheduled to arrive by January 15, 20xx has been delayed, and they will now arrive by January 25, 20xx. We are extremely sorry for the delay and apologize for any inconvenience caused.

この度、20xx年1月15日までに到着予定のPCモニターの発送が遅れ、20xx年1月25日までの到着になりましたことをお知らせいたします。ご迷惑をおかけしましたことを深くお詫び申し上げます。

After checking up on the shipment, we realized that we had forgotten to check the "priority box" when we sent it out. We are modifying our checking procedures in order to make sure this type of error does not happen again.

発送の確認をしたところ、発送時に「優先」のチェックを忘れていたことに気付きました。今後このようなことがないよう、確認作業を改定しております。

Once again, we sincerely apologize for this shipping mistake and hope it won't cause any undue inconvenience.

改めて、このような発送ミスを心からお詫びするとともに、本件が大きくご迷惑をおかけしていないことを願っております。

Please feel free to contact us if there is anything else PC Pro can do for you in this matter.

この件で他にPC Pro社が何かお役に立てることがございましたら、どんなことでも私どもまでご連絡ください。

Kind regards,

Ken Tanaka

よろしくお願いいたします。

田中 健

We regret to inform you that Modem 102 is currently out of stock and the product will have to be ordered from the manufacturer in Thailand before we can ship it to you.

大変恐れ入りますが、モデム 102 は現在在庫切れのため、タイのメーカーから取り寄せてからでないと発送できません。

Therefore, the new delivery date will be July 14.

そのため、新たなお届け日は 7 月 14 日となります。

If you wish to cancel your order, please let us know by June 17.

ご注文をキャンセルされる場合は、6 月 17 日までにご連絡ください。

We are sorry for any inconvenience this may cause. Should you have any questions, feel free to contact us.

ご不便をおかけして申し訳ございません。ご不明な点がございましたら、お気軽にご連絡ください。

Thank you,

Naomi Yamada

ありがとうございます。

山田 直美

●——責任の程度によって、謝り方を変える

　前者のEメールはこちら側のミスによるものであるので、次のようにsorry、apologizeという言葉を用い何度も謝っていて、今後の改善策なども提示しています。

▶ We are extremely sorry for the delay and apologize for any inconvenience caused.

　　「遅延によりご不便をおかけしましたことを深くお詫び申し上げます。」

▶ Once again, we sincerely apologize for this shipping mistake and hope it won't cause any undue inconvenience.

　　「発送のミスにより大変なご迷惑をおかけしましたことを心よりお詫び申し上げます。」

　一方、後者の場合は、在庫切れの残念なお知らせを伝え、以下のようにお詫びした後、すぐに相互コミュニケーションのための話に入っています。

▶ We are sorry for any inconvenience this may cause.

　　「ご不便をおかけして申し訳ございません。」

　こういった例で何度も謝っていると逆に不自然な気さえします。

　この2つのサンプルを比べても、責任の程度によって（こちら側にミスがあったかどうかも含め）、謝り方が変わることがわかりますね。

単語の解説

■ sincerely「心から」　■ inconvenience「迷惑、不便、不都合」
■ reoccurring「繰り返し起こる、定期的な」　■ ship「発送する」
■ undue「過度の、はなはだしい」　■ utmost「最大限」
■ ensure「〜を確実にする」■ out of stock「在庫切れ」■ extremely「非常に」

16

状況に応じたお願いの表現で相手を尊重しながら要望を伝える

▶ Could you 〜?
▶ Would it be possible to 〜?
▶ Would you be willing to 〜?
▶ I would appreciate it if you could 〜

その「お願い」は不躾かどうか

　Eメール等において英語でお願いをする場合、丁寧な言葉を用いて頼むとしても、そのお願いごとには大きく分けて2種類あると言えます。

　以下を、どう英語で書くとよいか、考えてみてください。

① 相手にとってそうすることが明らかに自然で、流れに沿っていて合理的な場合

・添付をご覧ください。

・質問があればどうぞ教えてください。

・（相手の依頼に対して）〜を完了するには、下記の通り手続きを行ってください。

② 改まって何かをお願いしたい場合

・ご参加の可否について、来週の水曜日までにお返事をいただけますか。

・この情報をどのウェブサイトで発見されたのか教えていただくことは可能でしょうか。

・弊社のウェブサイトへ行って、まだ何か問題があるか、ご覧いただけますでしょうか。

---

　①の場合、冒頭の**動詞の前に please** をつけて意思を伝えることができます。

▶ Please find the [file / document / pdf] attached.

▶ Please let me know if you have any questions.

▶ Please go through the following procedure in order to complete your request.

②の場合においては、基本的に**相手への問いかけ**を用います。相手に選択肢を与えることが相手を尊重する、丁寧な表現になるからです。この場合にPleaseを使うと、少し不躾な感じを与えてしまう恐れもあります。

Could you ～ ? 「～していただけますか」

If you don't mind, could you ～ ?（もしよろしければ、～していただけますか?）と書くと、より丁寧になります。文面ではCould you ～ ?の丁寧なニュアンスが口頭よりもやや伝わりにくく、押しつけているような雰囲気が出てしまうことがあるので、こちらの方が文脈によっては丁寧さが伝わりやすく、安全とも言えます。

Would it be possible to ～ ? 「～していただくことは可能でしょうか」

こちらがお願いしているニュアンスを出さず（相手に義務や責任はない）、ただ相手の意思を伺っているという側面を押し出す、下記のようなソフトな表現もあります。

Would you be willing to ～ ? 「～していただけないでしょうか」

ちなみに、Could you ～ ?よりもさらに丁寧で相手のことを慮った、「～していただけると幸いです」という言い方もあります。

I would appreciate it if you could ～ 「～していただけますと有難く存じます」

▶ I would be grateful if you could ～ 「～していただけると幸いです」
▶ It would be helpful if you could ～ 「～していただけると助かります」

②の依頼文の英語は下記のように書けます。

▶ Could you reply to me by next Wednesday regarding your participation?
▶ Would it be possible for you to tell us what website you found this information on?
▶ Would you be willing to visit our website again to see if you are still having such problems?

返信を確実にもらえるメール表現

またお願いをした場合、きちんとその回答や返信をもらう必要があります。
以下のような書き方をすると返信をもらいやすいでしょう。

> ・質問文をなるべくメールの最後の辺りに持ってくる
> ・一番最後に(結びの言葉の前に)、返信がほしい旨を述べる

返信がほしいことを伝えるには、下記のような表現があります。

▶ I'm looking forward to your reply. 「お返事お待ちしています。」
▶ I'm looking forward to hearing from you. 「ご連絡お待ちしています。」

👉 I look forward to のように現在形にすると、よりフォーマルなニュアンスになります。

これを見るとひとまず、返信する必要があるメールなのだな、と認識して
もらえます。

●── 返信をすぐにもらえるメール表現

メールの返信スピードは業種、国籍(これら
にはメールの返信の速度において一定の傾向
があると考えています)、関係性、それから受
け手個人の性格によって大きく異なります。

早急に返信をもらうことが重要な場合でかつ、あまり
メールの反応がよくないことが予想される場合などには、
①②のリクエストのフレーズの後に、速やかな返信が必要となる理由を書い
ておきましょう。

> I need to send the material to the manager before the Wednesday meeting.
>
> 「水曜日のミーティングの前にマネージャーに資料を送る必要があります。」

上記のような表現や、理由を含めて伝える書き方があります。

> It would be great if you could reply to me before next Monday (November 2), as I need to book the restaurant.

「レストランを予約する必要があるので、来週の月曜日（11月2日）より前にご返信いただけますと幸いです。」

> It would be appreciated if you could send me the document so that we can refer to it when we go through the procedure.

「当該書類をお送りいただけましたら、書類の情報に従って手続きが進められますのでありがたく存じます。」

●──電話で念押しするときは時間に注意

　メールを送ると同時に、確認の電話をするということも実務上ではよくあります。ただ電話をする時間や曜日などには注意しましょう。テレワークの場合は時差をしっかり考慮する必要がありますし（夜にメールを返したりする人もいるため）、オフィス勤務の場合も、例えば金曜日の夕方16時頃に対応が必要なものを振ったり、電話するのは欧米では嫌われることもありますので少し注意が必要です（もちろん業種や個人、関係性にもよります）。

　日本ではメールを送ると、どこでもだいたい24時間以内に返信が返ってきますが、それは世界全体においては稀なことだと言えるでしょう。海外の公的機関の問い合わせなど、基本的にゆっくりで、「待つしかない」状況になることもよくあります。

　それでも例外も往々にしてありますので、本当に緊急の必要性があるのならば、他に窓口がないか探したり、フォローアップのメールをする手立ても必要でしょう。

単語の解説

■ procedure「手続き」　■ material「資料」

結辞（結びの言葉）は相手との関係性に合わせて

▶ Kind regards,
▶ Best regards,
▶ I'm looking forward to hearing from you.
▶ I await your reply.

メールを締める！結辞

　Ｅメールの最後、名前の上に置く結辞（日本語でいう、「敬具」のようなもの）にもきちんと意味があります。

　ビジネスで特によく使用されるものをあげますので、それぞれのニュアンスと使い方を見ていきましょう。

Kind regards,

　ビジネスのＥメールで一般的に使用されるものの中で、最も丁寧なものです。

　公的機関へのフォーマルな問い合わせにも使用できます。迷ったら、これを使うとよいでしょう。

Best regards,

　こちらもビジネスメールで非常によく使われる結辞であり、丁寧でありながら親しみもこもっています。

　2回目以降の連絡で使う（初めて連絡する人には使わない）という意見もありますが、ネイティブでも意見が分かれるところのようです。

Regards,

　こちらもよく見かけますが、Kind regards, などよりも簡略化したものです。

　若干事務的な感じがするため、少し物足りなく感じる人もいるかもしれません。ニュートラルな表現なので、事務手続き関連のやり取りには問題ありませんが、個人的には初めて連絡するときなど特に、より丁寧なKind regards, を使用することをお勧めします。

Best,

　体裁を保ちながらもカジュアル寄りの表現です。友人、親しくしている同僚、元同僚に対し、会社とは関係ないところでEメールをするときなどに使います。

Take care,

　時折見かけるかと思いますが、「お元気で」「お気をつけて」といったような意味です。

●──結辞の前に、忘れずに

　なお前項でも書きましたが、結辞の前に、返信がほしいEメールであればぜひ、下記のようにアピールしておきましょう。

I'm (We're) looking forward to your reply.

「お返事お待ちしております。」

I'm (We're) looking forward to hearing from you.
「ご連絡お待ちしております。」

下記は「前もって」お礼する形で返事を促しているわけなのですが、人によってはやや「押しつけがましい」と取る人もいるようです。

Thank you in advance for your reply.

「お返事お待ちしております。」

　直訳すると「（前もって）お返事お待ちしております。」ですが、ここまで失礼な印象はありません。しかしながら、やや押しが強い印象は受けます。

　なお下記も、「お返事お待ちしております。」の意味ですが、少し古風な言い方です。ややフォーマルで返事をせかす感じを抑えるということで好む人もいます。使用頻度は低いですが、バリエーションとして参考までに載せておきます。

I (We) await your reply.

　また、回答してほしい質問を本文の中でも最後の方に持って来ると、よりそれに対する返答がもらいやすくなるでしょう。

名前を最後に

　結辞の後には、自分の名前を書きます。
　ファーストネームのみの場合と、ファーストネームとファミリーネームの両方を書く場合とあります。どちらも、通常左寄せにします。

Reina

Reina Ueda

　その後、あらかじめ設定している、ポジションや会社名、住所などが書かれた電子的な「署名」（自動のもの）が並びます（あれば）。

Eメールの署名機能などで、名字のみ大文字で表記されることがあります。
どちらが名字かわかりにくい場合など、先方がすぐ判別できるので便利です。

Sayaka MORITA	森田さやか
Managing Director	マネージングディレクター
Global Markets Division	グローバルマーケット部
ABC Securities Co. Ltd.	ABC証券株式会社
ABC Building	ABCビル
1-1-1 Marunouchi, Chiyoda-ku,	100-0000 東京都千代田区
Tokyo 100-0000, Japan	丸の内 1-1-1
Tel: +81-3-1234-5678	電話：+81-3-1234-5678
Email: sayaka.morita@abc.co.jp	メール：sayaka.morita@abc.co.jp

●──追伸を入れる場所

　PS（追伸）を書きたい場合は、通常、結辞と自分の名前を書いた後に入れます（電子署名よりは前）。

　なお、シカゴスタイルではPS表記ですが、P.S.という書き方も一般的によく見られます。フォーマル寄りのEメールではPSを使わず、本文の中に内容をすべて収めるのがよいとされます。

　しかし、そういったことを気にする間柄でなければ（親しい同僚や友人など）、本文とはまったく異なる話題を最後に述べたい場合などに、使ってもよいでしょう。

PS I have a good idea for your column. Let's talk about it over coffee the next time I'm in Tokyo.

「追伸 あなたのコラムに関してよいアイディアがあるんですよ。今度東京に行ったときにでも、コーヒーを飲みながら話しましょう。」

単語の解説

■ in advance「前もって」　■ await「～を待つ（やや硬めの表現）」

社外とのSNSでの
メッセージのやり取り

　ここでは、社外の人に仕事関連でSNSのテキストメッセージ（LinkedIn、Facebook Messenger、WhatsApp等）を送る方法を見ていきます。

　SNSではEメールと違い、誰とどうつながっているのか、プロフィールなどつながりが可視化されるので、初めてメッセージする際もそれを利用しやすい利点があります。また、すでに人間関係が構築されている場合などはEメールよりもさらに、簡単なあいさつのみで要件を直接、簡潔に話せます。

> ### ケース1
> 友人の紹介により、初めて英国の弁護士に仕事の依頼の相談をするためにLinkedInでメッセージを送ることになった。

　自分の名前を名乗り、共通の友人の名前をあげ、あいさつをし…と、基本的にEメールと変わらない比較的丁寧なメッセージです。友人の紹介という関係性から、「Hi + ファーストネーム」で書いていますが、関係性によっては「Dear + Mr. ファミリーネーム」に変えて書いても構いません。

Hi Stephan,

My name is Satoshi, a friend of Claudine's. I hope this message finds you

---

well. Claudine shared your contact information with me, as I'm working for a client who would like to setup a payment services business within the UK in both cryptocurrencies and Fiat currency for corporate clients. I understand that due to UK regulations, my client might need to apply for both a Virtual Asset Service Provider (VASP) license and an Electronic Money Institution (EMI) license with the FCA, the UK regulator. I would like to know if you could handle such applications for my client? The client needs legal services for 1) doing a feasibility study, and 2) the application process. I heard from Claudine that you are very experienced in fintech domains.

If you are interested, could we have a chat this week, ideally at 9 am UK time, which would be 5 pm for me here in Japan?

I'm looking forward to your reply.

Best regards,

Satoshi

Stephan、こんにちは。

私はClaudineの友人のSatoshiです。お元気でお過ごしのことと思います。Claudineがあなたの連絡先を教えてくれました。私は、英国内で暗号通貨と法定通貨の両方で支払サービス事業を立ち上げたいと考えているクライアントのために働いています。英国の規制により、クライアントが、英国の規制当局であるFCAにバーチャルアセットサービスプロバイダ（VASP）ライセンスと電子マネー機関（EMI）ライセンスの両方を申請する必要があるかもしれないということを理解しています。クライアントのためのそういった申請を扱っていらっしゃるかどうか知りたいです。クライアントは、1)フィージビリティ・スタディ（実現可能性調査）、2)申請手続き、のリーガルサービスを必要としています。Claudineから、あなたはフィンテック領域で非常に経験が豊富であると聞いています。

もしご興味を持っていただけるようであれば、今週、英国時間の午前9時（日本時間では午後5時）に少しお話ししませんか？

お返事お待ちしております。よろしくお願いします。Satoshi

I hope this message finds you well.「お元気でお過ごしのことと思います」

こちらのあいさつには他にも、Hope you're having a great day.（よい日を
お過ごしのことと思います。）I hope you had a great weekend.（よい週末を過ごさ
れたことと思います。）などのバリエーションがあります。

～ shared your contact information with me
「～からあなたの連絡先を聞きました」

▶ I heard from ～ that you are very experienced in ～
　「～から、あなたは～に豊富な経験をお持ちだと聞きました

▶ I would like to know if you could handle ～
　～を扱っていらっしゃるか（対応できるか）知りたいです

▶ If you are interested, could we have a chat?
　ご興味を持っていただけるようなら、少しお話ししませんか？

ケース2

PowerPoint のデザインに精通したオンラインアシスタントの Taro は既存顧客から
新しい仕事の依頼を WhatsApp のテキストメッセージで受ける。

Hi Taro,

I've sent you an email. Could you have a look?

Basically, I need to draft a proposal by tomorrow, and I need your excellent
PowerPoint skills. Could you help me out by preparing a PowerPoint based on
what I sent, if you have time? You can probably just use the last presentation
you did for me and modify it for this specific customer, to save time.
Alex

こんにちはTaro。メールを送りました。見てもらえますか？
要するに、私は明日までに提案書を作成する必要があり、あなたの優れたパワー
ポイントのスキルが必要です。もし時間があれば、私が送ったものをもとにパワ
ーポイントを作成してもらえませんか？ 時間を節約するために、前回作ってもら
ったプレゼンを使って、今回の顧客用に修正すればいいかと思っています。Alex

I've sent you an email. Could you have a look?
Eメールを送りました。見てもらえますか？

Could you help me out by 〜
〜をしてもらえませんか？（〜をして手伝ってもらえませんか？）

ケース3

友人から紹介された会計事務所の会計士に、すでにEメールは送ったけれども返事がなく、LinkedInでフォローアップのテキストメッセージを送る。

Hi Carlos,

This is Takako at [company name]. I sent you an email about your accounting services about a week ago but haven't received a reply, so I thought I would contact you via LinkedIn. Could you check whether you received it or not?

Awaiting your reply.

Thank you,
Takako

こんにちは、Carlos。

[会社名]のTakakoです。1週間ほど前に会計サービスについてのメールを送ったのですが、返信がないので、LinkedInで連絡しようと思いました。届いているかどうか確認していただけますか？ご返信お待ちしています。

よろしくお願いします。Takako

Could you check whether you received it or not?「受信したかどうか確認していただけますか？」

Awaiting your reply.「ご返信お待ちしております。（やや硬い表現）」

目に留まる
マーケティングコピー (1)
ウェブサイトのトップページ

▶ **Have you thought about 〜 ?**
▶ **Do you want to 〜 ?**
▶ **Would 〜 like to 〜 ?**
▶ **Trusted by 〜**

　ここからは少しマーケティング面に踏み込んで、英語でのライティングを用途別に見ていきます。

ターゲットと行動を設定する

　ウェブサイトのマーケティングコピーを考えるときはまず、

- ・誰を(どういった層を) ターゲットにしたものなのか
- ・このウェブサイトを通じて、どういう行動を行ってもらいたいのか

ということまで決めます。ターゲットにする相手のことを persona (ペルソナ) と言いますが、これが具体的であればあるほど、相手にささるコピーを作ることができるので、うまくいきやすいです。

　そして行動については、製品やサービスを実際に買ってもらうところまでウェブサイトから促すのか、あるいは興味を持ってもらってまずは問い合わせをしてもらうところまで目指すのか、範囲によっても書く言葉は異なってきます。

　市場を踏まえた上で、実現可能な、時間の経過によって測定できる、具体的な目標を設定しましょう。

そういった前提をしっかり決めた上での、マーケティングコピーです。

従来、日本企業では、そういった顧客を自分から掴みに行く、顧客に訴えかけるという姿勢や概念自体がないことがまだまだ多く、それではよいコピーを作ることはできませんから、まずこの部分に注意してください。

コンセプトが決まれば、あとはそれをどうやって顧客に伝えていくかです。ここで初めて、英語の勉強や、ローカリゼーション（当該国の市場にフィットするように、言葉や性能などを合わせる）の知識が活きてきます。

必ずしもすべての場合に使える「型」があるわけではないマーケティングコピーですが、ランディングページ、商業用ウェブサイトのトップページによく使われている表現というのは存在します。そしてそれらは、日本語のコピーとはかなり異なっています。

こういったものが、あなたの考える顧客に提供する情報のイメージに沿うようであれば、ぜひ積極的に使っていきましょう。

カテゴリ別に見ていきます。

①ニーズを直接問いかける

まず、その製品やサービスのニーズに関する質問に使える言い回し。

日本のコピーでは少ないですが、欧米のウェブサイトや広告で、オーディエンスへの問いかけというのは非常に多く使われます。

Have you thought about 〜？ 「〜と思ったことはありますか？」
Do you want to 〜？ 「〜したいですか？」

▶ Have you thought about improving your closing skills?
「クロージングのスキルを上げたいと思ったことはありますか？」

▶ Do you want to sing like a pro?
「プロのように歌いたいですか？」

▶ Ready to turn ad clicks into more conversions?
「広告のクリックをもっとコンバージョンに変えたいですか？」

Would ～ like to ～?　「～したいですか？」

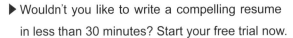

▶ Would your team like to do more in less time?
Click here to learn more.

　「もっと少ない時間でチームに仕事をこなしてもらいたいと思いますか？詳しくはこちらをクリック」

▶ Wouldn't you like to write a compelling resume
in less than 30 minutes? Start your free trial now.

　「説得力のあるレジュメを30分以内で書きたいですか？　無料試用版を始めましょう。」

　直後に答えとなる製品の解説やボタンがある場合、コピーとしてトップページの頭や目立つところに来て、ページ全体で回答を表している場合と2種類ありますね。

② インフォグラフィック (infographics)

　次に、インフォグラフィックです。情報、データ、数字などを視覚的に表したものを言います。ウェブサイトのトップページなどでは、パッと見てオーディエンスに伝わるので、重宝されます。特に数字などは、国や文化が違っても同じ尺度で測り受け入れられるので、グローバル企業のホームページでもよく使われます（逆に文字重視のコピーライティングだと、国ごとに完全にローカライズする必要があったりします。実際はそれができていなくて直訳しただけで、不完全な多言語のウェブサイトを持っている企業が多いのですが…）。

▶ ABC CRM software by the numbers 「数字でみるABC社のCRMソフトウェア」

▶ **2.5M** active users　「250万人のアクティブユーザー」

▶ **98%** satisfaction rate　「98%の満足率」

▶ **2/3** of companies witnessed an increase in sales
　「2/3の会社が売上の増加を実感」

▶ a **$3** return on every **$1** spent　「1ドルの投資で3ドルのリターン」

第1章

第2章

第3章

第4章

第5章

第6章

第7章

第8章

第9章

第10章

③ ポートフォリオ

Trusted by 〜 「〜から信頼されています」

▶ Trusted by Amazon, Apple, and Uber

「Amazon, Apple, そして Uber 社から信頼されています」

この他に、実際の顧客からの声として、customer review を入れている
ホームページも多く見受けられます。

●──より「ささる」表現を生むために

以上、ホームページでよく使われる、マーケティングコピーなどの表現
を見てまいりました。

マーケティングの分野は、「いつでも使える」表現があまりなく、製品・
サービスや顧客、市場での立ち位置を理解し、細かく擦り合わせを行う必
要があるため、ビジネス英語の中でも最も難易度の高いものであると言え
るでしょう。「文法が合っている」「表現が自然で正しい」といったこと以
上に、文脈とフィーリングが大切になってきます。

こういったセンシティブな分野の英語を扱うときは、ぜひ、ネイティブ
の校正者をフル活用しましょう。インターネット上に格安の翻訳サイトは
あふれていますが、ただ直訳を行ったり機械翻訳をちょっと修正したりす
るだけ、というところも最近では多くなっていますので、マーケティング
翻訳で信頼のおける、実績がある人や会社を選びましょう。

そういったプロフェッショナルと一緒に仕事をしていると気づくと思う
のですが、マーケティングコピーの英語は、日本語で作られたものをただ
英語に訳すのではなく、概念から一緒に検討し、その場所にふさわしい英
語の言葉を選ぶという作業により生まれるのです。

単語の解説

■ compelling 「注目せずにいられない、うむを言わさない」 ■ witness 「目撃する」

20

目に留まる
マーケティングコピー (2)
SNS

▶ **Want to 〜?**
▶ **What if you could 〜**
▶ **Still doing 〜?**
▶ **Here's how we 〜**

短い言葉で、注意を引く

　ソーシャルメディアでのマーケティングコピーもウェブサイトと同様に、「これを書けば必ず売上につながる」、「エンゲージメントが増える」といったものはありません。それどころか、一般的に文字数制限がより厳しく、ウェブサイトのコピーよりも簡潔に、そしてソーシャルメディアの種類に合ったコピーを選ぶことが重要になってきます。

　つまり、**顧客のニーズを理解し、コピーを個別化、カスタマイズする**ことこそが重要なのです。

　一般的にソーシャルメディアで使える人気の表現をご紹介する前に、ぜひ心掛けていただきたいマーケティングコンセプトを見ていきましょう。

> AIDA (Attention, Interest, Desire, Action)

　日本語では「AIDAの法則」と呼ばれます。

　まずヘッダーやコピーなどで顧客の注意を引き、興味を掻き立てます。そして、その製品やサービスの魅力をより具体的に述べることによって、それがほしい、それがあると生活が満たされ、より豊かになると顧客に思わせます。その後、行動に移してもらう、という流れです。

●── Attention

　文字数制限があったり、スペースからも簡潔に書く必要があるソーシャルメディアへの投稿においては、この「注意」のところでオーディエンスの目を止めて、製品やサービスの詳細の説明がなされているリンクのクリックへ誘導する役割を持ちます。

> **Want to 〜?**　　　「〜したいですか？」
> **What if you could 〜**　「〜できるとしたらいかがですか？」
> **Still doing 〜?**　　「まだ〜しているんですか？」
> **Here's how we 〜**　「〜はこちらです。」

　日本語の広報文を英語にそのまま訳した場合、大抵こういったオーディエンスの注意や興味をひくフレーズが入ってこないので、敢えて英語版には入れたりもします。

　よく使われるタイプのものをいくつかあげていきます。つい、クリックしたくなるものはあるでしょうか。

▶ Want to master French in a month? Here's how.
　　「フランス語を1ヶ月でマスターしたいですか？その方法はこちらです。」

▶ What if you could stay slim while eating as much as you want?
　　「好きなだけ食べて、それでもスリムでいられるとしたらいかがですか？」

▶ Still doing your company accounting the old way? Update your methods and save time.
　　「会社の会計をまだ古いやり方でやっているのですか？　アップデートして、時間を節約しましょう。」

▶ Learn how we increased our sales by 40% with Sales Pro software.
　　「Sales Pro ソフトウェアを利用して、いかに40%の売上増加を達成したか。」

▶ Here's how we succeeded in hiring great sales representatives and made our firm profitable.
　　「優秀な営業パーソンを雇用して、会社を儲かるようにする方法はこちらです。」

▶ Wish you were here? Book your next vacation now.
　　「ここにいられたら、と思いますか？次のバケーションを今すぐ予約しましょう。」

●──媒体によって、書き方を変える

　ソーシャルメディアと一口に言っても、使用媒体によってコピーライティングの戦略は異なります。

　例えば、投稿において文字数制限がなく、利用者の平均年齢層が高めであるFacebookは前述した短いコピーの他に、もう少し製品やサービスの内容に踏み込んで書くのも手でしょう。

　また、プロフェッショナルの交流を目的とするLinkedInにおいては、記事を引用したり、最近の専門的な出来事をしっかりと書くのがより一般的です。

　一方、字数制限の厳しい（半角280文字）Twitterや、写真・動画がメインのInstagramでは、前述したような短いコピーが役に立ちます。

　最後に、実際の企業のソーシャルメディア広告サンプルを見てみましょう。
　携帯電話の保護ケースを販売している会社、"Mous Products Ltd."のInstagramの広告です。携帯電話をケースに入れてわざと危険なところにおいて、それがどうなるのか、を再現しています。

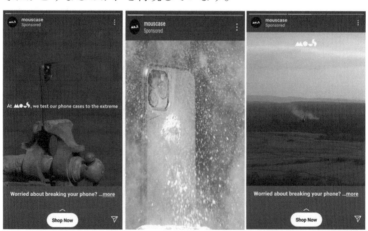

https://www.instagram.com/mouscase/

▶ "At Mous, we test our phone cases to the extreme."
　「Mousでは携帯電話ケースを極端な環境でテストしています」

▶ "Worried about breaking your phone?" ...more
　「携帯電話が壊れないか心配ですか？　…詳しくはこちら」

　これはつい気になって、クリックせざるを得ませんね！

　シンプルですが、犬好きの興味を一瞬でひいてしまう Instagram 広告はこちら。ドッグフードの販売やトリマーサービスを行っている Kriser's によるものです。

▶ "Pup need a groom?"
　「(お宅の) 子犬のグルーミングが必要ですか？」
▶ "Come in for 20% off your first full-service."
　「初回のフルサービスは20%OFF!」

https://www.instagram.com/kriserspets/

　ついつい Yes! と叫んでしまいそうな、可愛い写真と心を掴まれる顧客への問いかけがいいですね。

　次にこちらは、Statusbrew という SNS マーケティングの会社による Facebook を使用したマーケティングについての Stats（統計）インフォグラフィックです。日々3億人が Facebook を使用している、米国の SNS ユーザーの15%が Facebook で買い物をしている、などと書かれています。そのほか、Facebook に広告を出す気にさせる統計情報が満載です。このように画像と共に数字で表されると、感覚的に規模がすぐにわかりますね。

https://statusbrew.com/

　以上3つをソーシャルメディアの実際の広告例としてあげてみました。何より大切なのは「あなたらしさ」であり、「企業のオリジナリティ」ですから、こちらは例として、あなたの会社の良さをフルに活かし、それがどう顧客のニーズを満たすことができるのか、ぜひ英語圏のいろいろな広告を見ながら、名コピーを作り上げていってください。

目に留まる：
マーケティングコピー(3)
コールドメール

▶ **your company might be interested in 〜**
▶ **I wanted to reach out to 〜**
▶ **I read about your company in 〜**
▶ **I apologize for writing out of the blue, but 〜**
▶ **would benefit most from 〜**

「あなただけに」をアピールする

　コールドメールとは、自社の製品やサービスなどを売る目的で、面識のない他の会社や個人に営業としてEメールを出すことです（電話を使用した、コールドコールの方が聞きなじみがあるかもしれませんね）。

　このEメールにおいて一番大切なことは、「カスタマイズ」です。

　ビジネスパーソン、特に決定権者となる人は毎日何十、何百通という売り込みのコールドメールを受け取り、EメールだけではなくLinkedInなどのその他のプラットフォームからもメッセージを受け取ります。

　ほとんどのEメールやメッセージは判で押したような、コピー＆ペーストの文で、まったく知らない方からくるわけですし、スパムメールとほぼ変わらず、即削除または無視、ということになります。

　そういった中に、「ああ、ちょうどこんなサービスが欲しかったんだ」と見つけることは残念ながらほぼ皆無です。

　しかしながらごく稀に、こちらの**状況やニーズを推し量り**、かつ**押しつけがましくなく爽やかな形で**Eメールやメッセージが送られてくることがあります。そんな個別化されたものを見たときに初めて、開封し、中身を見て、

必要であれば返事を打とうと思うのです。

ですから、このコールドメールの文脈に
おいては、カスタマイズ、どうやってパー
ソナルなものに見せるかということを重視
してください。

●──カスタマイズの３つのポイント

Ｅメールを開いてもらえるカスタマイズのポイントは３つあります。

1 タイトルは簡潔に

なるべく相手の興味を引くキーワードを入れる。スパムメールと間違われない
ように、HelloやNice to meet youなどアバウトなものを避け、具体性を出す。

2 連絡したきっかけを可能であれば書く

誰かからの紹介、ホームページを目にした、など。

3 連絡をした目的を書く

自社の製品やサービスが、Ｅメールの受け手のビジネスにどう役に立つ可能性
がありそうなのかを書く。興味を持ってもらえそうであれば、詳細についてお話
させてください、といった形で締められることが多い。LinkedInのメッセージであ
れば、いきなり製品の話に持ち込むのではなく、「まずはつながらせてください」
と書くと承認してもらえる可能性が高い。

紹介で営業メールを送る

それではまずサンプルＥメールとして、知人から興味があるかもしれない
と話を聞いて会社に連絡しているという例を見てみましょう。

ソフトウェア販売会社の営業パーソンがＥメールを出しています。

your company might be interested in 〜
「貴社が〜にご興味をお持ちかもしれない」

このような表現で、先方のニーズを探ってみましょう。

Subject: New CRM software localized for Japan

日本向けの新しいCRMソフトウェアにつきまして

Hi Jack,

Jackさん

I hope this email finds you well. Your former colleague George Miller and I are old university classmates, and he recently told me that your company might be interested in our CRM software product. He mentioned that you have recently expanded your business into Japan and have been looking for a new CRM platform.

お元気で活躍されていることを願います。貴殿の元同僚のGeorge Millerと私は大学の同級生で、彼が最近、貴社が弊社のCRMソフトウェア製品に興味を持たれるかもしれないと話してくれました。彼の話によると、貴社は最近日本で事業を拡大しており、新しいCRMプラットフォームを探しているとのことでした。

知人から話を聞いて、という紹介にあたるので、読んでもらえる確率は比較的高いかと思います。

最初に、共通の知人の名前を出して**関係性**を伝え、Eメールの受け取り手の会社に興味を持ってもらえそうな話をしています。

Our CRM Samurai is a flexible platform that can support your sales teams in both Luxembourg and Japan, with various useful functions available in both English and Japanese, such as:

弊社のCRM Samuraiは、ルクセンブルクと日本の両方の営業チームをサポートできる柔軟なプラットフォームで、以下のような便利な、様々な機能を英語と日本語の両方で利用できます。

- Email tracking & notifications
- Prospect tracking
- Company insights
- Live chat
- Translation

・電子メールのトラッキングと通知
・見込み客のトラッキング
・企業の情報
・リアルタイムチャット
・翻訳

If you are interested, I would like to have a quick call with you so that I can explain about the system in more detail and answer any questions you might have.

ご興味を持っていただけるようでしたら、システムについて詳しく、ご質問にお答えできるように、簡単に電話で説明させていただきたいと思います。

I'm looking forward to hearing from you.

ご連絡を楽しみにしています。

Kind regards,
Satoshi Nakayama

よろしくお願いします。
中山聡

面識のない人に営業メールを送る

このEメールサンプルと違い、コンタクト（コネクション）がない場合の連絡の出だし、連絡した理由としては以下のようなものも使えます。

I wanted to reach out to 〜　「〜のためご連絡したく思いました。」

▶ We don't know each other but I came across your profile on LinkedIn and thought I'd reach out.
「お互いに面識はありませんが、LinkedInでプロフィールを拝見し、連絡させていただきたく思いました。」

I apologize for writing out of the blue, but〜
「いきなりご連絡を差し上げて申し訳ありません。しかし〜」

以下はコンタクト（コネクション）がない場合のメールサンプルです。

Dear Jack,

Jack さん

This is Satoshi Nakayama, a sales manager at JP Eurosoft. We develop CRM software for enterprises.

JP ユーロソフトのセールスマネージャー、中山聡と申します。弊社では企業向けCRM ソフトを開発しています。

I recently read about your company in Deluxe magazine and noticed that you've just opened a Japanese branch. Congratulations. I hope that this new venture is successful for you.

最近雑誌、Deluxe で読んで、貴社が日本支社を設立されたことを知りました。おめでとうございます。新しい事業のご成功を願っております。

I wanted to reach out to introduce you to our CRM Samurai product which has Japanese localization and a slew of useful features that you can read about here: [website ink].

このたびは弊社のCRM サムライ製品をご紹介するために連絡いたしましたが、こちらは日本向けにローカライズがなされており、役立つ機能が多く搭載されています。こちらでご覧いただけます。[ウェブサイトURL]

If you haven't already decided on a CRM platform for your new Japanese branch, perhaps we could have a quick phone call so I can explain more about CRM Samurai and how it might work for EP Games.

もしまだ新しい日本支社のCRM プラットフォームをお決めでないようであれば、お電話の機会をくだされば、CRM サムライについての詳細と、貴社EP Games にとってどのようにお役に立てるのかを説明させていただきます。

Kind regards,

Satoshi Nakayama

どうぞよろしくお願いします。

中山聡

コネクションがない場合は、開封してしっかり読んでもらえる確率は下がります。ポジションが上の人であれば、秘書の時点で削除され、本人の目に入ることさえないかもしれません。

そんな厳しい状況の中、読んでもらおうと思ったら、やはり、しっかりカスタマイズをすることが必要です。

このサンプルＥメールのよいところは、先方を知るきっかけになった雑誌の記事を具体的に言及しているところです。そしてその記事の内容に合わせて、提案を行っています。多くの会社の営業がコピー＆ペーストの迷惑メールのような営業メールを沢山送っているなか、しっかり相手の会社のことを考え、研究されたＥメールというのは輝きを放ちます。

もちろん確実に読んでもらえるか、返事をもらえるかと言えばそうとは言い切れませんが、その確率は、相手の期待にＥメールの内容が応えられるならば確実に上がると言えます。

単語の解説

■ reach out「連絡する」　■ out of the blue「突然に」

■ a slew of ～「たくさんの」　■ feature「機能」

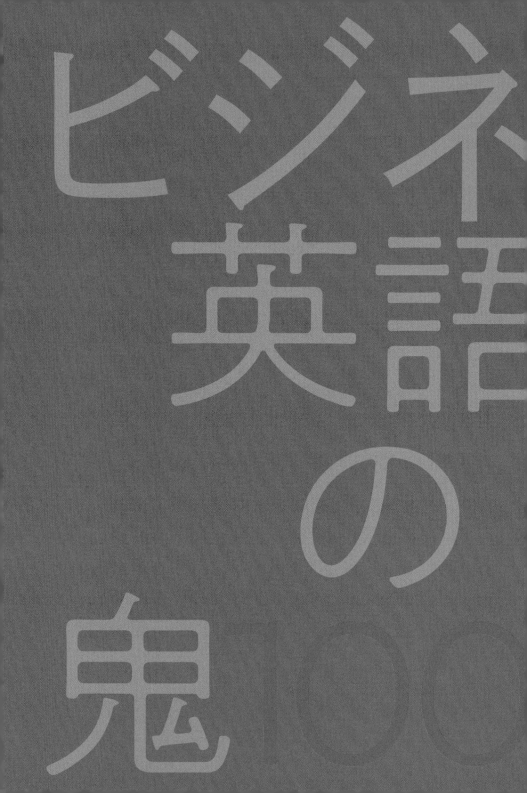

第 3 章
心と記憶に残る
プレゼン

この章では対外的なセールスプレゼンテーションをサンプルに用いて、一般的なセールスや情報伝達のためのプレゼンの流れについて見ていきます。

　この章を終えても故スティーブ・ジョブズ氏のような皆を唸らせ感動の渦に巻き込むようなプレゼンが必ずしもできるようになるわけではありませんが、一般的な型を知り、ノン・ネイティブでもストレスなく聞いてもらえて、ある程度記憶に留めてもらえるようになる方法をご紹介していきます。

　それを知った上で、あとはどのようにカスタマイズして聴き手の心を動かすプレゼンに持っていくかはあなた次第です。

　情に訴える、心に響くプレゼンができるかどうかは「これまでどれくらい心を動かされたか」にもよるところが大きいと思います。

　TEDトーク、米国の大学のcommencement address（卒業式のスピーチ）などはそういったセンスを養うのにうってつけです。

　型を知った後は素敵な英語のプレゼンをぜひ多く聞いていってください。

10

まずあいさつと
テーマを伝える

▶ Good morning / afternoon / evening everyone.
▶ Thank you for joining us today.
▶ Today, I'd like to talk about 〜
▶ In this presentation, I'm going to walk you through 〜

why から始めよ

　TEDトークで世界的に有名なインスピレーションスピーカー、サイモン・シネックは「プレゼンはwhyから始めよ」と言っています。聞き手の悩みにこたえ、疑問を解決することが大切だと。

　著者も日本人による英語のプレゼンを多く見てきましたが、**話が冗長**で妙に細部や時系列にこだわるなどして、**結局何が言いたいのかよくわからず**、消化不良に終わった様子の聴き手を残念ながら見ます。

　プレゼン資料についても同様です。

　何度か企業研修において、日本人の方の英語プレゼンの講評をしたことがあるのですが、最初にぎょっとすることが多かったのはプレゼンのスライドにめちゃくちゃ文字が詰まっていることです。

　言いたいことを全部スライドに書いて、それを読めばいいというのは明らかにNGです（リーガル分野であれば少し違うかもしれませんが…）。

　今はインターネットでも沢山サンプルが出ていますので、どのくらいが受け入れられそうなラインか見て研修しましょう。

　故スティーブジョブズのプレゼンの資料の文字数も参考にしましょう！

第一印象で聴き手の心をつかむ

プレゼンは、はじめが肝心です。あいさつと、このプレゼンの目的を一瞬で聴き手にわかってもらえるように心がけましょう。

Good morning / afternoon / evening everyone.
「おはようございます／こんにちは／こんばんは皆さん。

Thank you for joining us today.
本日はお集まりいただきありがとうございます。」

※「皆さん」と言いづらい、2・3人の小規模プレゼンのときには、everyone を入れる必要はありません。

▶ Hello everyone. Thanks for coming.
　「こんにちは皆さん。今日は来てくれてどうもありがとう」
　※上記より若干カジュアル

オンラインの場合は Thanks for joining. などと言うことができます。
Hello everyone. はオンラインでも使えます。

▶ Hello everyone. I'm glad to be here today.
　「こんにちは皆さん。ここでお話しできて嬉しいです。」

自信満々に話そう

　あいさつの時点で下を向いて紙か何かを見ている人は日本人で結構多いのですが、聴き手とアイコンタクトをするつもりで前を向いて、胸を張り、自信満々で第一声を発しましょう。ぜひ鏡で見て練習してください。

　ジェスチャーが小さいのも日本人の特徴と言われます。ただ、日ごろあまり身振り手振りで話すことのない日本人がイタリア人のように大きく手を振りながら話すというのも不自然になりがちです。
　受け入れられるラインについてはTEDトークなどのインターネットの動画を見ながら確認してもよいでしょう。
　ここから今日のプレゼンのテーマを端的に説明します。

Today, I'd like to talk about ～ 「今日は～についてお話しします」

In this presentation, I'm going to walk you through ～
「このプレゼンテーションでは、～について見ていきたいと思います。」

▶ Today's presentation is about ～ 「今日のプレゼンテーションは～」
▶ My objective today is ～ 　「今日の目的は～」

　My objectiveは聴き手のobjectiveであり、聞いている人の利益につながるかということにぜひ注意を払ってください。

　この章では会計のデジタル化のプレゼンを例にお話ししていきます。

Good morning everyone. Thank you very much for coming today. Today's presentation is about the digitalization of corporate accounting.

「皆さん、おはようございます。本日はお集まりいただき、誠にありがとうございます。本日のプレゼンテーションは、企業会計のデジタル化についてです。」

My objective today is to show you how digitalization can make your corporate accounting much easier.

「私の本日の目的は、デジタル化によって企業の会計処理がいかに簡単にできるかを皆さんに知っていただくことです。」

You won't need to send invoices to your accountants by email anymore.

「もう、請求書をメールで経理担当者に送る必要はありません。」

🏛 Column　　　　　　結論から先に

　日本人の英語プレゼンを聞いていく中で一番の課題だなと思ったことは、日本語の「起承転結」という文化があるせいか、話し始めてから目的や、一番言いたいことにたどり着くまでがとにかく長い、ということです。

　それに加え、英文法の誤りや発音がクリアでないところなどがあったりすると、聞いている方のイライラがつのります。

　時系列で説明することがあってもいいのですが、基本的には結論を先にもってきて、その後で細かい説明を加えることを心掛けましょう。

単語の解説

- objective「目的」　■ walk 人 through ～「人に～を一通り説明する」
- digitalization「デジタル化」

115

11

自己紹介はへりくだらない

▶ I'm 〜
▶ My name is 〜
▶ To introduce myself,
▶ I'd like to tell you a bit about myself.

話を「聞く耳」を持たせる

対外的なプレゼンなど聴き手があなた（スピーカー）のことをよく知らないとき、プレゼンの冒頭で簡潔な自己紹介をすると効果的でしょう。

名前や所属だけでなく、これから話すことになぜ精通しているのか、聴き手が納得するようなことを肩書や経験でも触れて、聴き手に「この人の話は聞く価値が大いにある」と思わせることができれば、プレゼンを有利に進められます。

日本人の英語プレゼンを聞いていると、自分の経験を過小評価し、謙虚に言いがちなのですが、あまりにそれが過ぎると、「じゃあなんであなたのプレゼンを聞く必要があるの？テーマに詳しいからじゃないの？」と聴き手に疑問を生じさせてしまうので気をつけてください。

前の節からの続きで、会計のデジタル化のプレゼンのサンプルの続きで自己紹介のしかたを見ていきましょう。

> My name is Sho Igarashi. I am a senior manager at the Cyber Accounting firm.

「私の名前は五十嵐翔です。私はサイバー会計事務所でシニアマネージャーをしています。」

> I have been digitalizing clients' accounting procedures for the last five years.

「私はこの5年間、クライアントの会計処理をデジタル化してきました。」

名前と所属を伝える基本形

プレゼンやセミナーなど、皆の前で話す際に「私は～です」と名前を伝えるときは、下記の表現いずれも使うことができます。

I am ～
My name is ～
I'm ～　　　　→ フォーマル度が上がる

その後の所属については

役職＋会社名のとき　　　I'm（役職）＋（会社名）.

会社名のとき　　　I'm with（会社名）.

と言うことができます。

会社を代表してプレゼンしているのならば、肩書について触れない場合は、名前と所属を続けて「I'm（名前）of（会社名）.」のような言い方がよいでしょう。

フックを与える自己紹介

To introduce myself（自己紹介をさせていただきますと）

I'd like to tell you a bit about myself.（私自身のことを少しお話しします）

このような前置きをする自己紹介の仕方もあります。

▶ To introduce myself, my name is Kevin Johnson, and I'm the head of Research and Development at Cyber Accounting.

「自己紹介をさせていただきますと、私はサイバー・アカウンティング社で研究開発の責任者をしている Kevin Johnson と申します。」

▶ Before beginning the presentation, I'd like to tell you a bit about myself. I'm William Taylor, the head of Data Analytics at Doodles.

「プレゼンテーションを始める前に、私自身のことを少しお話ししたいと思います。私は、Doodles 社でデータ分析を担当している William Taylor です。」

ちなみに、このセリフ（I'd like to tell you a bit about myself）の後は、今までの career/趣味などを語ったり、少し長い文で話すことが結構あります。

プレゼンのテーマと直接関わるような業績や特別なエピソードがあれば、ここで披露しておくとよいでしょう。良くも悪くも、プレゼンの最初に受けたイメージを、多くの聴き手は最後まで引きずるものです。

「会計のデジタル化」のプレゼンの例では、プレゼンのテーマと関連づけて、多くのクライアントをデジタル会計のファンにした旨などが適当です。

Many of my clients said at first, "That's OK, I don't need to change anything. I'm an analog person. It seems difficult to learn a new system, and I prefer the current way I'm doing it unless it's absolutely necessary to change."

「私のクライアントの多くは、最初は『結構です、何も変える必要はありません。私はアナログな人間ですから。新しいシステムを覚えるのは難しそうだし、どうしても変える必要がなければ今のやり方でいいよ』とおっしゃいました。」

However, after switching to digitalized accounting, they became huge fans.

「しかし、デジタル会計に切り替えた後、そう言っていた彼らも新しいシステムの大ファンになりました。」

🏯 Column

■冗談には気をつけて■

プレゼンの初めの方で場をあたためようと冗談を言って、スベるケースはよく見受けられます。

著者が特に危険だなと思うのは、ついサービス精神旺盛になって聴衆を面白がらせようと、性や人種、何かしらの差別に関する不適切な冗談を言ってしまうことです。

『ユーモアの秘密』というユーモアについて研究がなされた本の中で、ユーモアとは「攻撃性」のことだとしています。

自分にとっては自然で、多少言及して攻撃しても問題ない、と思っていた対象が、コンテキスト（この場合は特に国）が変われば大問題になることもあります。

特に日本人が犯しやすい失敗としては誰かの容姿について言及することだったり（たとえ褒める場合であっても控えた方がよい）、女性の役割のステレオタイプ、などです。

自分の名前にまつわることだったり、（ハリウッドスターなどの）芸能人に似ている、などと言って笑いを誘うことはありますが（自分のことや、自分の失敗談に関することなどの方が比較的安全です）、プレゼンやスピーチを事前に用意する場合は冗談もネイティブや英語圏の在住経験がある人に聞いてもらうなどして、確認しておく方が安心です。事前に確認なんて、それこそ「冗談」のような話に思われるかもしれませんが、そのひと工夫がこれまで築いてきた信頼を守ることでしょう。

単語の解説

- **accounting procedures**「会計処理、手続き」
- **analog**「アナログな」　■ **switch**「スイッチする、切り替える」
- **a huge fan of** 〜「〜の大ファン」

🔊 12

出だしで注意を引く

▶ I'll be happy to answer your questions at the end of the presentation.
▶ Let's get started!
▶ Have you ever imagined 〜?
▶ How many of you have ever considered 〜?

質問の処置を最初に断っておく

いよいよ本題に入る、その前に話をスムーズに進められる環境を自分で作っておきましょう。

例えば、あらかじめかっちりしたコンテンツがあるのに、度々話の途中で質問があると与えられた時間内に言いたいことの最後までたどり着けない場合もあります。

質問が多く予想されるような活発な聴き手であれば、話を始める前に、以下のように一言断っておくと、タイムマネジメントがしやすいでしょう。米国人などはどんどん質問する人が多い印象です。

I'll be happy to answer your questions at the end of the presentation.

「プレゼンテーションの最後にご質問にお答えしたいと思います。」

逆に、聴き手の理解に沿ってフレキシブルに運用したい、話さなければならない内容が必ずしも多くないときなどは、質問に答えながら進めていくスタイルを最初に伝えるとよいでしょう。

> If you have any questions during the presentation, feel free to raise your hand.

「質問があれば、どうぞ遠慮なくプレゼンの途中で挙手してください。」

体勢を整えたら、本題開始の合図です。

> Let's get started!

「さあ始めましょう。」

▶ Let's begin! 「さあ始めましょう。」

聴き手に問いかける

　ソリューションを提示するのが目的のプレゼンで出だしのパターンとして多いのは、聴き手に質問を投げかける、ということです。

　そうすると、聞いている方としては「え、どうかな……」と自分ごととして一瞬考えてくれるでしょう。

　注意を引くために、英語圏の広告にもよく使われます。

それがもたらす理想的な未来を想起させる

Have you ever imagined 〜？
「〜について想像したことはありますか？」

「〜」には、理想的な未来を描く名詞が入ります。

> Have you ever imagined completing your tax returns without having to sort out receipts?

「領収書の仕分けなしに、税務申告ができればと想像したことはありませんか？」

Have you ever thought about ～?
「～について考えたことはありますか？」

　ほかにも、対面ならではの問いかけの言葉はいくつかありますので、人数やシチュエーションに合わせて何通りか、問いの型を持っておくと万が一上がって頭が真っ白になったときにも心強いでしょう。

How many of you have ever considered ～?
「～について考えたことのある人はどれくらいいるでしょうか？」

What would you say if I told you that ～?
「私が～だと言ったら、あなたは何と言いますか？」

Wouldn't it be great if ～?
「もし～だったら素晴らしいと思いませんか？」

現在の問題を思い起こさせる

　聴き手が抱えている「解決を待つ問題」を指摘することで、特に問題視していなかった現状を見直す機会も持ってもらえます。

Has anyone here ever experienced ～?
「～を経験したことがある人はいますか？」

Has anyone here ever experienced losing an invoice right before you need to file a tax return?

「税務申告をする直前に請求書／領収書を失くした経験はある方はいますか？」

　こうしたパターンを使って、下記のような問いかけをすることで、冒頭から聴き手の興味を引くことが可能になります。

Have you ever wished you could do all your company's accounting at one place?

「自分の会社の経理を全部1か所でできたら…と思ったことはありませんか？」

Have you ever thought about how nice it would be if you could do all your company's accounting and tax filings without having to send and receive invoices and emails?

「請求書やメールのやり取りをすることなく、会社の会計や税務申告がすべてできたら、どんなにいいだろうと考えたことはありませんか？」

このような問いかけをすることで、次の一言の訴求力が高まります。

Digitalized accounting will be able to make those wishes a reality.

「デジタル会計は、そんな願いを叶えてくれるでしょう。」

また、何か物事の具体的な方法を説明するようなプレゼン、セミナーなどであれば、下記のようにプレゼンを聞くことによる効能を最初に説明すると、ずっと聞く気が高まるでしょう。

After you finish listening to my presentation, you will learn how to 〜 .
「このプレゼンの後、あなたは〜の仕方がわかるようになります。」

単語の解説
■ I'll be happy to answer「喜んでお答えします」
■ tax filing「税務申告」

数字を使って
ポイントについて話す

▶ There are x main reasons why people choose 〜
▶ There are x steps that need to 〜
▶ One is to 〜
▶ First, Second, Third

　　テーマについて伝え、興味をひくような語りかけをした後は、主題につい
てのポイントをまとめるのもよいでしょう。

　　SUCCESsという、アイデアを記憶に焼き付けるための6原則があります。

　※simple（単純明快）、unexpected（意外性がある）、concrete（具体性がある）、
　credentialed（信頼性がある）、emotional（感情に訴える）、story（物語性がある）の頭
　文字でSUCCES(s)です

　　これは、スタンフォード大学経営学部教授のチップ・ハースと、デューク
コーポレートエデュケーションのコンサルタントであるダン・ハースの二人
が著書『アイデアのちから』の中で提唱した概念なのですが、その中の、
"Simple (単純明快さ)" と "Concrete (具体的である)" に該当する、「聞き手が聞き
たいポイントについて簡潔に話す」ことを聴き手の集中力がしっかりある最
初の方で行うというのはおすすめです。ポイントが全部でいくつあるのか、
数字で表すのも効果的です。

▶ There are three main reasons why people choose Product A.
　　「製品Aが選ばれる理由は、大きく分けて3つあります。」

▶ There are four advantages — and two disadvantages — to introducing this
　system.
　　「このシステムの導入には、4つのメリットと2つのデメリットがあります。」

手順の説明についても使えます。

▶ There are <u>four</u> steps that need to be taken to complete this project.
「このプロジェクトを完成させるには4つのステップがあります。」

プレゼンの構造をあらかじめ聴き手に把握してもらうことは、ノンネイティブのスピーチをなるべくストレスなく聞いてもらうためにも効果的です。

One is to ～　Two is to～　Three is to～
The first step is to ～ The second step is to～　The third step is to～
　1つ目は～　　2つ目は～　　3つ目は～

First, Second, Third
　第一に、第二に、第三に、

First, Next, Last
　初めに、次に、最後に

ポイントの数字をあげる場合はよく言われるように聴き手が覚えていられるように3個程度に留めるとよいでしょう（記事などであれば、「～のための10のルール」などよくありますが）。話す際には今自分がいくつ目のポイントを話しているか明示的に伝えるようにしましょう。

ではデジタル会計のプレゼン例での使われ方を見てみましょう。
3つのステップがあるという前提で話しています。

OK, let me talk about the three steps involved in utilizing this digital accounting system.

「では、このデジタル会計システムの活用にかかわる3つのステップをご紹介しましょう。」

<u>First</u>, whenever you receive an invoice, you just need to scan it with this machine. The machine automatically uploads it to the system. Not only that, but it can also read the data and make a journal entry too.

「まず、請求書を受け取ったら、それをこの機械でただスキャンしてください。自動的にシステムにアップロードしてくれます。それだけではなく、データを読み込んで仕訳をすることもできます。」

On the other hand, when you want to issue an invoice, you can generate it with this system and then have it sent to your client. The invoice is recorded, and the system also manages accounts receivable collection.

「一方、請求書を発行したい場合は、このシステムで請求書を作成し、取引先に送ることもできます。請求書は記帳されますし、売掛金の回収もシステムが管理してくれます。」

Second, if you press the "bookkeeping" button, the system automatically makes journal entries in the ledger. The system is equipped with AI, so it can guess from previous journal entries and input new entries as they come in. Then, one of our accountants will check the entries in the cloud journal and correct mistakes, if any.

「次に、"記帳"というボタンを押すと、自動的に元帳に記帳されます。このシステムにはAIが搭載されていますので、過去の仕訳から推測して、新しい仕訳をどんどん入力していきます。最終的には、私たち会計士がクラウド仕訳帳の入力内容を確認し、もし間違いがあれば修正します。」

Third, the system automatically generates monthly, quarterly, and annual financial statements. Our accountants check these in a timely manner and then ask you to verify them. Your tax returns will be prepared through the system and checked thoroughly by our tax accountants.

「3つ目は、月次、四半期、年次の財務諸表をシステムが自動的に作成することです。会計士はこれらをタイムリーにチェックし、お客様に確認していただきます。税務申告書は、システムを通じて作成され、当社の税理士がしっかりチェックします。」

いかがでしたでしょうか。

数字を使わずにただただ流れを話すとしたら、より記憶に残りにくいものになったでしょう。

より聴き手の理解しやすい形にするとすれば、visual aid（視覚資料）を用いるのも効果的です。パワーポイントや配布資料で、この3ステップのタイトルだけでも書くとよいかもしれませんね。

Step 1　Scan your invoices with the machine.

Step 2　Press the "bookkeeping" button to automatically create journal entries.

Step 3　The system generates financial statements.

ステップ1	請求書をこのシステムでスキャンする
ステップ2	"記帳"ボタンを押すと、自動的に仕訳が生成される
ステップ3	システムが財務諸表を作成する

単語の解説

- advantage「利点」 ■ disadvantage「不利な点」
- journal entry「（会計の）仕訳」 ■ issue「発行する」 ■ generate「生成する」
- ledger「帳簿」 ■ accountant「会計士、経理担当者」
- correct「修正する」 ■ press「押す」
- bookkeeping「記帳、簿記」
- be equipped with ～「～が完備されている、備わっている」
- verify「認証する、確認する」
- monthly「月次」 ■ quarterly「四半期（ごと）」 ■ annual「年次」
- tax return「税務申告書」 ■ tax accountant「税理士」
- thoroughly「徹底的に、しっかり」

🔊
14

データを示す

▶ According to 〜
▶ shows that 〜
▶ As you can see from 〜

　話の内容に説得力を持たせるために、研究結果を引用したり、会社独自の
リサーチ、アンケート結果を紹介することもあるでしょう。その場合に使用
できるフレーズをご紹介します。

According to 〜　「〜によると」

　〜は、機関名や権威ある第三者（該当分野の大学教授や専門家など）の名
前、情報源などが来ます。

▶ According to our recent research, 88% of the companies that have
implemented this system are "very satisfied" with it.
　「当社の最近の調査では、導入した企業の88％が「非常に満足」と回答しています。」

（表など）shows that 〜　「（表など）が示すには〜です。」

　表などを見ながら解説するときに使用します。表などが主語になるのがポ
イントです。

▶ This chart shows that more than 20% of compliance officers in their 20s
earn over $100,000 per year in Country A.
　「この表を見ると、A国では20代のコンプライアンス・オフィサーの20％以上が年
収10万米ドルを超えています。」

youを主語にした、柔らかい言い方もあります。

> **If you look at 〜 「〜を見ると」**
> **As you can see from（表など）「（表など）を見てわかるように」**

▶ If you look at this graph, you will see that younger people tend to spend 35% more of their time with their friends.
「このグラフを見ると、若い人は友人と過ごす時間が35％多い傾向にあることがわかります。」

単刀直入に「見てください」と伝えるのもわかりやすいでしょう。

▶ Please take a look at this graph.
「こちらのグラフを見てみてください。」

●──数字で示すときの頻出表現

データの説明でよく使う表現も覚えておきましょう。

Occupy 「占める」

▶ Our product occupies 40% of the Luxembourg market.
「弊社の商品はルクセンブルクの市場の40％を占めています。」

represent 「表す」

▶ The green part represents people who have visited both nations.
「緑の部分は両方の国を訪れたことがある人を表しています。」

（数字）out of（総数） →全体のうち、いくつが、ということを示す表現です。

▶ One out of every three IT companies in France uses this software.
「フランスでは、IT企業の3社に1社がこのソフトウェアを使用しています。」

それでは、デジタル会計のプレゼンの例でどのようにデータを引用しているか見てみましょう。

> Let me show you a recent study on the digitalization of accounting.

「会計のデジタル化について行われた最近の調査（結果）をお見せしましょう。」

> According to a recent survey carried out by a national data research institute, two out of every three business people in this country think that corporate accounting procedures should be more digitalized.

「ある国のデータ研究機関が行った最近の調査によると、この国のビジネスパーソンの3人に2人が、企業の会計処理はもっとデジタル化されるべきだと考えているそうです。」

Column 図表の英語

図表に関する英語を整理しましょう。著者も昔、迷ったことがあります。

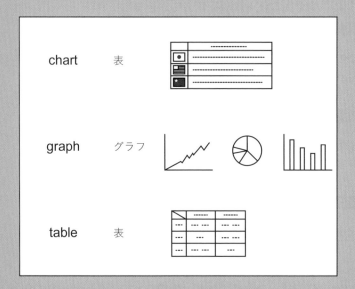

＊上記のchartとtableの違いは、tableの方は行(row)と列(column)でできたシンプルな表であり、chartは絵やグラフが入ったような表のことです。

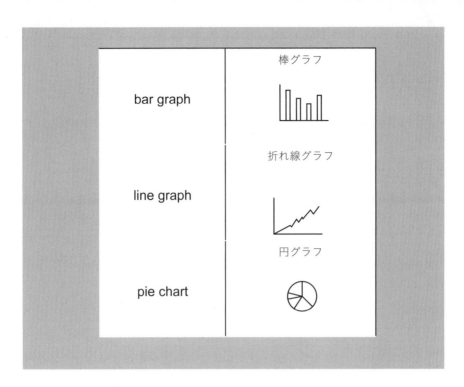

単語の解説

■ implement「実施する、導入する」
■ per「各」　■ per year「毎年、年ごとに」
■ conduct「実施する」

つなぎ言葉、転換語で
流れを作る

▶ Let's move on to 〜
▶ Next, I'd like to talk to you about 〜
▶ I'll now discuss 〜
▶ Now, what about 〜 ?

場面やスライドをスマートに転換する

　英語のスピーキングやライティングの中で、話題を転換させるときに使う、つなぎ言葉を転換語 (transition words) と言います。

　これをプレゼンで適切に用いると、例えば、トピックが移るとき、パワーポイントを操作していて次に進めたいときなど
に、よい流れができます。

　聴き手も安心してプレゼンを聞くことができます。

Let's move
on to〜

topic　　　topic

　プレゼンの中で非常によく使われるフレーズ
としては以下のようなものがあります。

Let's move on to the next (topic / chapter / slide).
「では次の（トピック、チャプター、スライド）に移りましょう。」

Next, let's look at〜
「次は〜を見てみましょう。」

Next, I'd like to talk to you about～
「次は～についてお話ししたいと思います。」

I'll now discuss～
「今から～についてお話しします。」

　これらは非常に汎用性の高い表現ですが、パワーポイントを利用したプレゼンの場合、すべてのページにこの表現を使うと、少しやり過ぎな感じがするでしょう。トピックが大きく移るとき、聴き手が集中して見ていたチャートのページから次に進むときなどに使うと効果的です。

　プレゼンのパソコン操作をアシスタントが担当している場合は、スライドを進めるときなど下記のように指示します。

OK, next.「はい、次。」

OK, go ahead. 「はい、では進めて。」

　毎回使うとこれもやはり少し不自然な感じがするので、使うときと、何も言わず進めるとき、メリハリをつけるようにしましょう。

　1つの例などを紹介し終えて、「では他のものではどうでしょう」と伝えるときの表現も覚えておきたいものです。

Now, what about～？　「～ではどうでしょう？」

ここで、デジタル会計のプレゼンの中での使われ方を見てみます。

OK, let's move on to the next slide.

「さて、次のスライドに移りましょう。」

This slide shows testimonials from clients who are Digital Pro users.

「このスライドでは、Digital Pro のユーザーであるクライアントの声を紹介しています。」

As I mentioned earlier, 88% of users are "very satisfied" with the system.

「先ほど述べたように、88％のユーザーが「非常に満足」と答えています。」

So, you might ask, what about the other 12%?

「では、残りの12％はどうか？とお尋ねになるかもしれません。」

こういった転換語を使って、ぜひテンポよくプレゼンを進めましょう。

「沈黙は、禁」？

　英語圏では特に、長い沈黙は相手を不安にさせます。また、日本では間を持たせるためにされる照れ隠しの愛想笑いも、どうして楽しいところでもないのに笑っているのだろう？と不自然な印象を与えます。

　何か言わなければ…と焦って、filler words と呼ばれる、uh や you know、well といった間を埋める表現がスピーチの中で多くなると、聞きにくくなってしまいます。日本語でも、「えー、」「あー、」というのがスピーチの中で多用されると、何が言いたいことなのか掴みにくかったりしますよね。なるべく我慢しましょう。

　特にプレゼンに慣れないうちは、どんな転換語が使えそうか、あらかじめ調べてピックアップしておくとよいですね。

単語の解説

■ testimonial「利用者の声、証明書」　■ mention「言及する」

🔊 16

重要な内容を強調する

▶ The important thing is 〜
▶ I need to emphasize (the fact that) 〜
▶ What I really want to say here is that 〜
▶ This is key.

話し方を変えて強調する

　プレゼンの中で、ここぞというとき、これだけは覚えて帰ってほしい、伝えたい、というところはあるでしょう。そんなときに、どんな言い方をすると強調することができるのかを見ていきます。

　まず初めに、強調の表現もそうなのですが、本当に大切な一節であれば、**声のトーンを落とし、ゆっくり目に話す、一度ではなく二度、三度と繰り返す**、ということが重要です。

　皆さんがプレゼンを聞く立場になってもらえればわかるかと思うのですが、通常は終始集中して聞く、などということはそうありません。あるとすれば、行きたくて仕方がない会社の就職・転職説明会だったり、自分が注目しているスマートフォンの新機種発表だったり（?）。

　大抵の場合は、話し手が強調したり、あるいは自分が注目して見ているところしかあまり覚えていないはずです。

重要なことだと言葉で伝える

　話が中だるみになってしまわないよう、聞いてほしいキーワードを口にする前に「ここが重要だよ」と前置きをすると、きちんと聞いてもらえる確率が高まります。

The important thing is 〜 「重要なことは〜」

I need to emphasize (the fact that 〜)
「(〜をいう事実を) 強調したいと思います」

Here is the key point. 「キーポイントはこちらです。」

It's important to note that 〜 「〜は重要です」

I want to stress the importance of this point.
「この点の重要性について強調したいと思います。」

What I really want to say here is that 〜 「ここで私が言いたいのは〜」

　下記のような表現も、聴き手の関心を得る強調です。

This is (very) important. 「これは(とても) 重要です。」

This is key. 「これが鍵となります。」

　聴き手に少し期待を持たせるような、こんな言い方もあります。

I will tell you the secret. 「秘訣をお知らせします。」

　言葉だけではなく、少しささやくような感じでかすれた声で話すなど、演技力でもってみせられるといいですね！

ポイントの後に強調する方法もあります。

> **If there is only one thing you take away from my presentation, it should be this point.**
> 「もし私のプレゼンテーションで1つだけ持ち帰っていただける（得られることがある）とすると、この点でしょう。」

使い方を見てみましょう。

▶ This is very important.　　←ポイントの前に

In order to benefit from our system, you have to be able to convince your staff why digitalization is the best way moving forward.　　←ポイント

Let me reiterate. If there is only one thing you take away from my presentation, it should be this point.　　←最後にもう一度強調

> 「これは非常に重要です。
> 私たちのシステムの恩恵を受けるためには、なぜデジタル化が最善の方法であるのかをスタッフに納得させる必要があります
> もう一度言います。私のプレゼンテーションから1つだけ持ち帰ってもらうものがあるとすれば、それはこの点です。」

「ここはザックリ」も伝えて緩急つける

では逆に、さほど重要ではなく、さっと流すだけ、といったものはどのように言うことができるでしょうか。

> **We can quickly go through 〜**
> 「さっと一通り〜について見てみたいと思います。」

> **We will take a quick look at 〜**　「〜について少し見てみましょう。」

> **We are not going to cover the details in this presentation, but you can visit 〜 if you would like more information.**

> 「このプレゼンテーションではこれについてはカバーしませんが、もっと知りたければ〜を見てください。」

📕 Column

Iで語るかWEで語るか

プレゼンにおいて we を使う場合は大きく分けて2つが考えられます。1つはI（私は）ではなく、会社が（Our company）どうか、どう考えているかということについて話している場合。会社のスタンスを伝えるものですね。もちろん大抵はI（私は）で置き換えることができます。

もう1つはプレゼンのオーディエンスと一体になって、「私たちは」とは話している場合。聞いている方としてはより親近感を感じますね。

ここの We can quickly go through 〜　などは基本的に後者の意味で使われています。

このように緩急をつけられると、聴き手も重要なことにフォーカスすることができ、情報の整理もしやすくなります。

最後に、デジタル会計のプレゼンでの例を見てみましょう。

> The point is that we are able to provide a one-stop accounting solution. We can save you time you used to spend on contacting different professionals, allowing you to focus your time on more important things.

「ポイントは、私たちがワンストップサービスの会計ソリューションを提供できるということです。今まで別々の専門家に連絡を取っていた時間を節約し、より重要なことに時間を集中させることができます。」

単語の解説

- emphasize「強調する」　■ stress「強調する、重点を置く」
- go through「一通り見る、確認する」　■ cover「カバーする」

17

例示・比較する

▶ **To give you an example,**
▶ **Let me elaborate on 〜**
▶ **Could you elaborate on 〜**
▶ **To be more specific,**

　より詳しくポイントを説明するために、例をあげたり、比較したりして話すこともあるでしょう。この節では、内容を具体的によりよく伝えるために使える表現を集めました。

例をあげる

　まず例えの話をするときに思い浮かぶのは、この表現でしょう。

▶ For example, 「例えば」

他にも、以下のような言い方があります。

more specific

> **To give you an example,** 「例をあげてみると、」
> **To be more specific,** 「より具体的に言うと、」
> **Let me elaborate on this point.**
> 「このことについて詳しく説明させてください。」

　elaborate は「説明する」という意味の言葉です。ややかっちりした語彙なので、ネイティブスピーカーではない人との会話では、通じなさそうであれば避けるのが無難です。

　ちなみに Could you elaborate (on that)? （それについてもう少し詳しく説明していただけませんか？）というと、相手に説明を請う丁寧な言い方になります。

比べる

次に比較。他社商品や過去のデータと比べたりする以外にも、いろいろな言い方があります。

rather than 〜 （比較級）「〜よりむしろ」

▶ Rather than doing it yourself, it's much easier and more efficient to ask others to do it.

「自分でやるよりむしろ他の人にお願いしてやってもらった方がずっと簡単だし効率がよいのです。」

→much は強調です。

The ＋ 最上級というのは学校で習う英語ですが、**ever** をつけることにより強調することができます。

▶ This is the highest monthly sales ever recorded by the company.

「これは当社の月次売上の最高記録です。」

それでは最後に、デジタル会計のプレゼンでの使われ方を見てみましょう。

To give you an example, one of my clients needed to spend one hour a day on accounting in general even though they were a small business and quite limited in the number of people who were working there.

「例えば、私のクライアントの一社は、中小企業で人数も限られているにもかかわらず、会計業務に1日1時間を費やす必要がありました。」

単語の解説

■ elaborate「詳しく説明する」 ■ specific「具体的な」
■ efficient「効率的な」 ■ quite「かなり」

プレゼンを締める

▶ I'd like to conclude by 〜
▶ In conclusion,
▶ To finish up,
▶ We are approaching the end of the presentation.

聴き手に印象を残し、行動を促す

　本節はプレゼンの締めくくりについてです。改めて主題を強調したり、これから聴き手はどういった行動をとるべきなのか・とることができるのか、プレゼンを意義深いものにするためにもぜひしっかりまとめてみましょう。

I'd like to conclude by 〜	「〜で締めくくりたいと思います」
In conclusion,	「結論として、」
To finish up,	「最後に、」

　何かを訴えたい、聴き手に対しどうしても伝えて行動してほしいことがある場合のプレゼンでは、このように前置きした上で、最後にポイントを熱意を持って強調して終わるとよいでしょう。

▶ I'd like to conclude by emphasizing the main points.
　「最後に、要点を強調して締めくくりたいと思います（最後に重要なポイントについてお話ししておきたいと思います）。」

▶ In conclusion, let me just highlight the main points of my presentation.
　「結論として、今回のプレゼンテーションの要点を確認させてください。」

▶ To finish up, let me go over once more the main points.
　「最後に、要点をもう1度確認させてください。」

一方、聴き手に手順や概念を説明するためのセッションなどのシンプルなプレゼンには、以下のような表現も使いやすいです。

▶ That's it for today. In short, we've covered〜

「今日はこれで終わりです。まとめると、〜についてカバーしました。」

▶ We are approaching the end of the presentation. Let me just run over the key points again.

「そろそろプレゼンテーションも終わりに近づいてきました。ここでもう一度、重要なポイントを確認しておきましょう。」

長い説明・解説的なプレゼンの際に、ここがラストですよと知らせながらまとめると聴き手の気も締まります。

●──アクションにつながる「アクセス方法の告知」

プレゼンの後に、より詳しく知りたい人やスピーカーに問い合わせや意見がある人にアクセス方法を知らせるのはよいアイデアです。

▶ If you want to know more about A, you can visit our website at 〜.

「Aについてもっと知りたいという方は、〜のウェブサイトをご覧ください。」

▶ If you would like to discuss the details of ABC project, please feel free to contact me at (email address).

「ABCプロジェクトの詳細についてご相談されたい場合は、（メールアドレス）までお気軽にご連絡ください。」

▶ If you are interested in any of our services, please send me an email at (email address).

「また、弊社のサービスにご興味のある方は、（メールアドレス）までご連絡ください。」

締め
・要点を確認
・結論
・ウェブサイトへ誘導
・アクセス方法の紹介
　　　　　など

次は、デジタル会計のプレゼンのサンプルでの締めを見てみましょう。

I'd like to conclude by once more stressing the following:

「最後にもう一度、次のことを強調しておきたいと思います。」

Digital accounting is the future. You might be hesitant to introduce a new system considering the resources you will need to spend, but over the next 10 years every company will be moving to a digital accounting system. If you are going to need to become familiar with a new approach sooner or later, why not do it now?

「デジタル会計は未来（を先取りするもの）です。新しいシステムを導入することは、リソースを考えると躊躇するかもしれませんが、10年後には誰もがこのシステムを使って仕事をしています。遅かれ早かれ新しい手法に慣れる必要があるのなら、今のうちにやっておいたほうがよいのではないでしょうか。」

Also, you should know that the scanner that directly links to our cloud bookkeeping service is now included for free when you sign an annual contract with us.

「なお、クラウド記帳サービスに直結するスキャナーは、現在、当社と年間契約を結ぶと無料でついてきます。」

If you are interested and would like more information, just send me an email. My email address is on the handout as you can see.

「興味のある方、詳細を知りたい方は、私にメールを送ってください。
私のメールアドレスは、ご覧の配布資料に書いてあります。」

Q&Aセッションを終えて

Thank you very much for your time today.

I hope you could learn something new.

「本日はお時間をいただき、ありがとうございました。
何か新しいことを学んでいただけたでしょうか。」

締めくくりのI hope you could learn something new. には、下記のような言い方もあります。

▶ I hope you've found this session useful.
「このセッションがお役に立てたなら幸いです。」

次の節でQ&Aセッションの采配について見ていきます。

単語の解説

■ conclude「終える、結論づける」　■ highlight「ハイライトする、強調する」
■ go over「確認する、調べる」　■ run over「さっと見直す、確認する」
■ resource「リソース、資源」　■ contract「契約（書）」
■ handout「配付資料」

質問にスムーズに答える

▶ Does anyone have any questions?
▶ I'm not sure I understand your question correctly.
▶ Well... that's a good question.
▶ Does that answer your question?

　よほど時間の制約がある場合を除き、プレゼンの最後にはQ&Aセッションが来ます。

　日本と違い、どんどん質問をする人が多いので、プレゼンが終わるまで質問を待ってもらうのに、大変だったという経験をした人も少なくないでしょう。

　プレゼンにおいて、質問があがるのは興味を持って聴き手が聞いてくれていた証拠です（逆に、質問がないことはプレゼンが面白くなかったということを示すものでもあるので、逆の立場であれば、いくつか質問を考えておくのがよいでしょう）。

　普段考えている本筋から外れる質問もあったりなどして、必ずしも即答できるものばかりではないかもしれませんが、

・すぐに答える
・質問を明確化するためにさらに質問する
・持ちかえって後日連絡する

など、うまく仕分けをして対応できるようにしましょう。

まず、質問を受けつける表現としては以下があります。

> Does anyone have any questions? We still have seven minutes left.

「何か質問はありますか？7分ほど時間があります。」

挙手などをした人に対しては、話してもらう合図をしましょう。

> Please go ahead.

「どうぞ。」

質問がよく聞こえなかった場合には、もう一度言ってもらいましょう。

> Sorry, I didn't really understand your question. Would you mind asking that again?

「申し訳ありませんが、あなたの質問をよく理解できませんでした。もう一度聞いていただけますか？」

　質問の意味がよくわからなくて回答しづらい場合、以下のように言って確認してみることができます。

> Well, I'm not sure I understand your question correctly. Are you asking whether or not we could predict the failure in advance?

「あなたの質問を正しく理解しているかどうか自信がありません。故障を事前に予測できるかどうか、というご質問でしょうか？」

確認のしかたにもいろいろバリエーションがあります。

▶ Do you mean 〜 ? Is my understanding of your question correct?
「つまり〜ということですか？私はあなたの質問を正しく理解していますか？」

質問内容は理解したけれども、答えるのがそう容易ではない話の場合、またはよいところを突いてきたな……という場合、まずは一言挟みます。

> Well... that's a good question.

　「ええ……それはよい質問ですね。」

　大学の教授の講義などでも聞いたりすることがよくありますが、ネイティブスピーカーの間でよく使われる表現で、よい回答を考えるために時間を稼ぐ役割のため、使われることが多くあります。

　回答した後に、それが質問者の意図に沿っているかどうか確認するのもよいですね。

> Does that answer your question?

　「質問の答えになっていますか？」

　すぐには回答できないので、持ち帰って確認させてもらうときは、ありのままにそう伝えましょう。

> Well, to answer that question, I will need to check 〜. Is it OK if I let you know the answer by email?

　「その件にお答えするには、〜を確認しなければなりません。持ち帰って、Eメールで回答してもよろしいでしょうか？」

単語の解説

■ predict「予想する」　■ failure「失敗」　■ in advance「前もって」

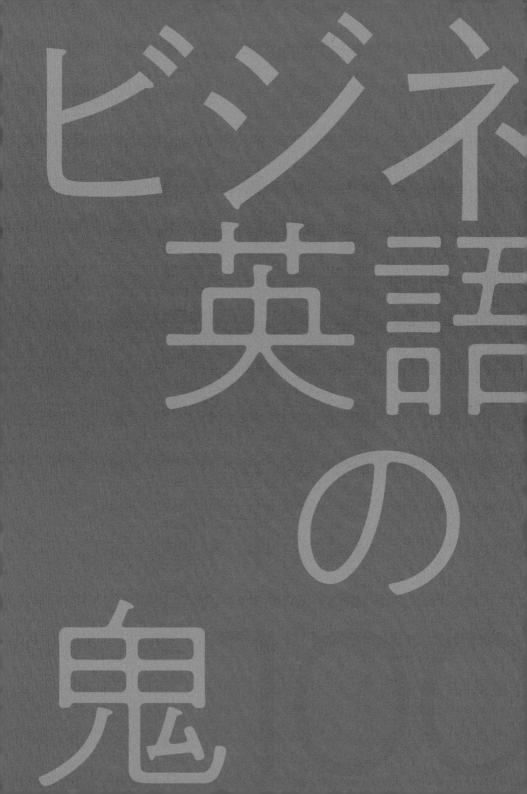

第 4 章
納得感のある
価格・条件交渉

この章では対面での交渉について取り上げます。

　英語についていうと、相手の意見や提案に対してのこちらの感情、スタンスを伝えたりと「トーン」により気を配る必要がある重要なシーンです。テーマを説明し、相手に理解してもらえさえすればいいという性質のものではありません。

　と言っても身構えすぎる必要はなく、相手の話に対する一般的な反応のフレーズなど、ある程度の型を覚えると、ぐっと対応しやすくなります。

　この章では前半、1つの商談の交渉ストーリーを例に、様々なフレーズを紹介し、また日本人相手との交渉の違いなどのポイントを見ていきます。

　対面での交渉はオンラインで行う場合と流れはそう大きく変わりません。ただ、わざわざ足を運ぶ／運んでもらうことから、ここぞという部分を詰めるときや、併せて工場やオフィスなどを視察するという意味合いがある場合も多いでしょう。また、雑談の割合を少し多く取ることができたり、会食を含めたりなどと、打ち解けて、より有利に話を進めることができることもあります。

　後半は、仕事の上でありがちな様々なシーンでの交渉をご覧いただきます。

32

交渉の事前準備として、目標を決め相手の情報についても整理する

▶ In preparation for the next meeting about 〜
▶ I was wondering if I'd be able to ask you 〜
▶ I thought it would be helpful for you to know about 〜
▶ Here is the agenda for tomorrow.

　海外の会社との交渉だからといって特段身構える必要はありませんが、**英語圏では合理性を重視**することが多いので、お互いの時間を無駄にしないためにも、事前準備は必須です。

●──交渉のゴールをイメージする

　交渉を成功させるには、自分（たち）の到達したい目標を、理想的なものから妥協できるものまで幅をとって、ぜひ具体的に決めておきましょう。自分（自社）の立ち位置や希望などをしっかり理解しておくことが、さまざまな判断を容易にします。

●──相手の情報を集める

　相手についての情報も可能な限り集めるようにして、相手の目標や理想とする状況などなるべくクリアなイメージを持っておくようにしましょう。

　これまで全く取引したことがない会社であれば、相手の会社のデータ（ウェブサイトやインターネット上の記事、新聞、契約していればコンサルティング会社からの情報など）、そして実際に会う人の情報（LinkedInや著書があればその本、インターネット上の記事、業界内での評判など）を調べておくとよいでしょう。

第1章
第2章
第3章
第4章
第5章
第6章
第7章
第8章
第9章
第10章

　そして、会社や仕事についての情報ももちろんですが、会う人の趣味や好きな食べ物などの情報なども、意外と役に立つことがあります。海外から来てもらい、会食の機会があるときなどは、あらかじめ秘書の人に問い合わせておくのもよいでしょう。

情報収集！

交渉に臨む前に、もう少し準備のための情報がほしいとき

　場合にもよりますが、事前情報収集のため、相手に以下のような形でメールをしてみることが可能です。

In preparation for the next meeting about ～
「次回のミーティング準備のために

In preparation for the next meeting about the license for "Kawaii Stories", I would like to know the following:

　「Kawaii Stories のライセンスに関する次回のミーティング準備のため、下記のことをお伺いできればと思います：」（箇条書きであげる）

I would like to know the following より丁寧な表現も覚えておきましょう。

I was wondering if I'd be able to ask you ～
「～についてお伺いしたいのですが」

I was wondering if I'd be able to ask you the following questions:

「下記の質問についてお伺いできるとよいのですが。」（箇条書きであげる）

非常に丁寧な聞き方です。

特にしっかり議論したいことについて、事前にほんの少しでも情報や資料があれば、英語でもストーリーを考えられるので、助かるでしょう。

Could you please send us details about the product lineup? We would like to discuss it internally beforehand.

「ラインアップについての詳細があればお送りいただけますか？　事前に内部で話し合っておきたいと思います。」

あらかじめこちらから資料を送っておくとき

ミーティングに先立って、こちらから資料を送るときなどには、下記のようなフレーズが使えます。

I thought it would be helpful for you to know about〜
（あなたの）お役に立てるかと思いまして〜

I thought it would be helpful for you to know about our new collection in advance.

「弊社の新しいコレクションについて、事前に情報があるとお役に立てるかと思いました。」

　アジェンダ（議題）を送っておくのも有効です。当日、議題に沿って進められると、過不足なく話をするのに便利ですし、何もないところからふわっと流れのまま話すよりも、非ネイティブのビジネスパーソンにとって、話を進めやすいものです。

Here is the agenda for〜　「こちらが〜の議題です」

Here is the agenda for tomorrow. Does it cover everything? Please let me know if you would like to add anything else.

「こちらは明日の議題です。すべてカバーしていますでしょうか？他に話したいことがあれば教えてください。」

　基本的な内容が合意が取れている場合、お互いに共通のイメージがある場合などは、ひな型を送るところから入ってもよいかもしれませんね。（合意が取れていなければ火種となりうるのでやめておきましょう）

Here is a draft of the contract which we can use as a basis for discussion tomorrow.

「こちらが契約書のひな型です。明日はこれをもとに話し合いましょう。」

　備えあれば憂いなし、可能な限り多方から情報を集めておくようにしましょう。

まずは雑談で関係を構築することから

▶ How was your flight?
▶ Where are you staying in Tokyo?
▶ OK, shall we start?

　交渉のためにいろいろ準備をしてきてから、すぐにでも本題に入りたい…という気持ちはわかりますが、会ってから最初に交わす言葉としては基本的に、スモールトークがあるとよいでしょう。

　海外から来たクライアントであれば、第1章でも触れていますが、以下のように相手を気遣いながら、場を和ませるのが大切です。

How was your flight?

「フライトはいかがでしたか？」

When did you arrive in Tokyo?

「東京にはいつ着きましたか？」

Where are you staying in Tokyo?

「東京ではどこに泊まっているのですか？」

　その後、これまでのEメールや電話などでのやり取りのお礼を言ってから、本題に入っていくとよいでしょう。

　流れについて、簡単なダイアログで見ていきます。

Hello John. It's very nice to finally meet you in person!

「こんにちは John。ついに実際にお会いできて嬉しく思います！」

Hi Yuko. Yeah, good to see you!

「こんにちはユウコ。会えて嬉しいです！」

When did you arrive in Tokyo?

「東京にはいつ着きました？」

I arrived last weekend with my wife and Kevin.

「妻と Kevin と先週末に着きましたよ。」

👉アメリカ人の会社社長など、奥さんと共に主張に来ていることがしばしばあります。

I see. Where are you staying in Tokyo?

「そうなんですね。東京ではどちらに滞在されていますか？」

We are staying at the Apple Continental. Everything is perfect. We have a great view.

「Apple コンチネンタルに泊まっています。すべて完璧ですよ。景色も素晴らしいです。」

I'm glad to hear that. The Apple Continental is even within walking distance from here, right?

「それは良かったです。Apple コンチネンタルはここから徒歩でもいける距離ですね。

「そろそろ本題に入ろうか」というときには、次のようなフレーズを入れると相手にも通じやすいものです。

OK, shall we start?　「それでは、(商談を) 始めましょうか？」

OK, shall we start?

「それでは始めましょうか？」

Sure.

「はい。」

First of all, thank you very much for your interest in our products and for coming all the way from the US.

「初めに、当社の商品に関心をお持ちいただき、また米国よりはるばるお越しいただきありがとうございます。」

Oh, thank you for having us.

「(お迎えくださり) こちらこそありがとうございます。」

　例えばこのような流れだと、スモールトークから始めて、自然に交渉の本題までもっていくことができます。

　この後例えガツガツ交渉するとしても、人間的なやり取りをして改めて信頼関係を築くこと、相手をケアしている素振りを見せること (もちろん実際に気遣ってもいるでしょうが) が重要です。

　よく来てくれた……とかありがたい、というような感情は、雰囲気で匂わせても (ほぼ) 決して伝わりません。具体的に細かく言葉にして初めて、自分の想いが存在していることを相手に知ってもらうことができます。生まれ育った国やバックグラウンド、外見が全く違ったとしても、同じような感情を持つ人間であることをわかってもらうために、より一層言葉にして見せることを大切にするようにしましょう。

📖 Column　ノンバーバルコミュニケーションの重要性

　日本人と長年仕事で付き合ってきて、日本人のふるまいや社会に慣れているヨーロッパ人などでは、日本人の微妙な動作から心の機微を感じ取って対応してくれるケースをいくつか見たことがあるのですが、そういったわけではない場合、日本人の海外から来たお客さんへの対応というのは往々にしてawkward（ぎこちない）ものです。

　よほど相手の方から積極的に売り込みにきている場合を除いて、「きちんと人間関係が構築できるのを確認してから、ビジネスの話に移りたい」と思っている欧米人は多いのです。

　そして、このノンバーバルコミュニケーションがうまく取れるかどうかは著者の経験でいうと、必ずしも海外経験の長さに比例しません。

　見てきたところでいうと、日本の上場企業の社長さんや政治家の方など、英語が必ずしもそう話せなくても、相手の心をつかむ、勝ち取るのがうまい人たちがいます。

　握手、アイコンタクト、笑顔。こういったことが自然にできるのです。

　彼らのようになるためには、どうしたらいいでしょうか。

　バックグラウンドが異なる人とのコミュニケーションの場数を増やすのが一番ではありますが、例えば、YouTubeの動画やテレビなどで、各国の首相同士が握手してあいさつしたり語り合ったりしている様子を見るのだけでも、雰囲気をつかむためには効果があるのではないかと思います。

単語の解説

■ all the way from ～「はるばる～から」

34

会議の目的 &
すでに合意に至っている
条件について触れて確認

▶ Today, we would like to discuss ～
▶ We are eager to make a decision regarding ～
▶ That is good for us.

　前項ではスモールトークから、本題に入っていくところまでカバーしました。

　本項ではまず、会議の目的について伝えるところから見ていきましょう。

Today, we would like to discuss ～
「今日は～について議論したいと思います。」

Today, we would like to discuss arriving at an agreement between our two companies.

「今日はこの取引の(弊社と御社間での) 契約締結についてお話ししましょう。」

　他には下記のような表現も使うことができます。

We are eager to make a decision regarding ～
「～について決めたいと思います。」

「～」には話し合う議題が入ります。

商品プレゼン　product presentation
工場見学　factory tour
見積もり提示　provide an estimate (quote)
サービス提案書　a proposal

Yes. I'm sure that this meeting will be a great start to our partnership.

「はい。このミーティングが我々の素晴らしいパートナーシップのスタートになると考えています。」

これまでやり取りして合意に至っている条件について、いまいちど双方の理解に齟齬がないか確認していきます。

Great. So, both companies have already decided that the license should be effective starting the beginning of January... January 1, 2023.

「いいですね。私たちはライセンスの発効日が2023年の1月1日になるということはもう話しましたよね。」

Exactly.

「その通りです。」

And... you are going to sell our products at your "Cute &" boutique shops, of which there are 15, mainly in New York City.

「そして、弊社のブランド商品をニューヨークを中心とした15店舗を有する、ブティック『Cute &』で販売する、と。」

That's right.

「そうです。」

OK.

「はい。」

And you would like to have the exclusive right to sell our products in the United States, correct?

「そして御社は、米国内での独占的契約を弊社と望まれている、と。」

確認の表現には、以下のようなものもあります。

▶ ..., right?　「ですよね？」

▶ ...States. Is that correct?　「正しいですか？」

> Yes, this is very important to us. We don't want any other companies to be able to sell the products in the States. However, we understand that it is not easy for you to agree to this, so we are willing to sign just a three-year agreement with you at this time.

「はい。それは非常に重要です。米国内では誰にも販売してもらいたくないと思います。しかしそれはあなた方にとって簡単ではないことはわかります。ですので、今回私たちは3年契約を結びたいと思います。」

「いいですね」という意味でよく使うフレーズがあります。

That is good for us.

> That would be good for us.

「それだといいですね。」

👉ここでのフルセンテンスは If you sign a 3 year agreement, that would be good for us. なのですが、これだと繰り返しになり冗長な感じがします。ですので If 節を省略し、that would be good for us. となるのですが、"would" 自体は仮定法の用法で、控え目な推量の表現になります。

　こういった交渉は必ずしも会議室のようなホワイトボードがあるところで行われるわけではないでしょう。特に書いて説明できるようなものがなければ、あらかじめ話し合うテーマや、これまでの話の中で決まっている、決定事項について、簡単にまとめたものをハンドアウトとして配ると進行の助けになるのでよいでしょう。

　ただ、話し合うことがピンポイントで決まっていて、数少ない場合は、そういった紙をわざわざ作成し配るというのもナンセンスであるとも言えますので、状況を客観的にサポートするようなデータ資料などの配布に留めるとよいでしょう。今回のような場合であれば、英語版があれば改めて会社のパンフレットを渡して社史を説明する、という手段もあります。

Column

アングロサクソンと大陸欧州（西欧）の国々の商習慣の違いについて

　業界にもよっても違うので一概には言えないかもしれませんが、北米などのアングロサクソンの人々に対してヨーロッパ、特にフランス、ベルギー、イタリア、スペインの人たちはビジネスにおいて関係性をより重視するように思います。交流会などの社交の場で初めからビジネスの話をするのはあまりよいことではないとされることもありますし、「まずはお互いのことをよく知り、人間関係を築きましょう」といったスタンスのことが多いです（特に高額の取引の場合など）。

　交渉まで至っても、アングロサクソンの人たちとの取引に比べ、物事が進むのがゆっくりのように感じたりすることもあるでしょう。

　その割には、一度相手が乗り気になって進めだすと早いことも多々あります。時間がかかる分、関係性重視のビジネスをしているので、すぐに他社などに乗り換えられてしまうことが少ないというメリットはあるように思います。

　しつこかったり嫌われない程度に適宜リマインドすること、そして少し長いスパンで見ることがビジネスを進める上でのポイントと言えるでしょう。

単語の解説

■ be eager to ～「～したいと強く思う」　■ exclusive「排他的、独占的な」
■ be willing to ～「喜んで～する」

先に相手に話してもらう─
ネックとなっている要交渉
部分

> ▶ OK, then, next we should talk about 〜
> ▶ could you first tell us 〜
> ▶ I'm afraid we cannot agree to 〜
> ▶ That works for us too.

　この項では、これから交渉が必要な部分の話を詰めていくときの言い回しを見ていきます。

　フィー（パーセンテージ）が今回話し合う必要のある事項だとします。他のすでに合意が取れている部分の確認が済んだ後、話を切り出します。

> **OK, then, next we should talk about〜**
> 「はい、次は〜についての話ですね。」

> OK, then, next we should talk about royalties. We have already discussed this a bit before, but could you first tell us what royalty percentage you would expect?

　「はい、そして次はロイヤリティについてです。これについてはすでに少しお話
　　ししましたが、最初にそちらの希望レートを教えていただけますか？」

　交渉でネックになるようなことは、まずは相手に希望を話してもらい、その出方を伺ってからこちらの条件や考えを話すようにするとスムーズでしょう。

> **could you first tell us 〜？**　「最初に〜を教えていただけますか？」

We would like an 8% royalty on the product price excluding sales tax.

「はい、売上税を除いた、売上の8%です。」

相手が述べたことに対して、まずは反応することが重要です。

I'm afraid we cannot agree to that.
「残念ながら同意できません」

受け入れられるのか、そうではないのか。少し不満なのか、あるいはまったく自分の希望に沿わないのか、しっかり伝えましょう。

Well... I'm afraid we cannot agree to that.

「残念ながら同意できません。」

他に同意できない場合のフレーズ

▶ (Unfortunately,) We cannot accept that.
「（残念ながら）それは受け入れることができません。」

同意する場合

▶ That works for us.　「我々にとっても好都合です。」
▶ We can agree to that.　「同意できます。」
▶ That sounds reasonable to us.　「同意できます（それは同意できるものです）。」

こちら側の考えとかけ離れていて受け入れることが難しい場合は、その理由をしっかり説明しましょう。

Actually, our partners normally pay a 10% royalty.

「実は…弊社のクライアントは国内外を問わず10%支払っているのですよ。」

167

> 10%... that's a bit too high for us... With our other Japanese partnerships the royalty percentage is usually 7 to 8%.

「10%ですか…… それは高過ぎますね…… 他の日本の人気ブランドとも契約がありますが、通常は7〜8%です。」

> Can you lower it a bit more? Let's say... to 8.5%?

「もう少し下げることはできますか？例えば…8.5%?」

> Well, that's difficult for us to agree to. Let me explain why.

「それは難しいですね。理由を説明させてください。」

Let me explain why.
「それはこういうわけです。」

Door-in-the-face の交渉テクニック

サンプルでは行っていませんが、難易度の高い本命の要求を通すために、**あえて断られるだろう過大な要求を示し、断られたら本命の要求を提示する**という方法もあります。

例えば今回のパーセンテージの件であれば、希望である**10%**よりも高い数字を言って、その後に**10%**をもってくるようなテクニックです。

あまりに過剰な要求を出すと呆れられてしまい話が進まないのですが、現実的にありうる範囲で、相手が断らざるを得ないほどの要求を提示し、

そのときに生じたちょっとした罪悪感や相手の希望をかなえてあげたい気持ちを活用し、より小さな要求を通すことを狙います。

　これは提案書や契約書など、実際に書面を作成し検討する段階でも使えるテクニックです。

BATNA で提示外の解決策を持つ

　英語での交渉というともう1つぜひ覚えておいていただきたいのが、、BATNA、Best Alternative to a Negotiated Agreement という概念です。これは、**交渉が決裂したときの対処策として、最もよい案**という意味です。

　今回の件だと、「この米国の代理店と合意できない場合は、もう1つ引き合いがある米国のメーカーとの交渉を進める」などといった選択肢があればそれに該当します。

　このような BATNA がしっかりあった場合、落ち着いて交渉に臨むことができますし、より自信を持って自分の考えを主張できるでしょう。

　海外との交渉は、うまく行かないことが前提で場合分けして最善の策を考えておくと、うまく進むことも多くあります。

単語の解説
- **reasonable**「合理的で同意できる、（価格などが）手ごろな」
- **sales tax**「売上税」＊米国などで課される税の1つ。日本の消費税にあたる。欧州などでは VAT, Value added tax（付加価値税）などと呼ばれている。

36

こちらのスタンスをサポートする理由をデータ／ストーリーと共に伝える

▶ I'm sure you've heard of the success of 〜
▶ Let me give you a little background on the history of our company.
▶ we have also been expanding our overseas business

　前項では今回の交渉のネックとなっている部分について、反応する、自分の意志を伝えるというところをさらいましたが、今回はその意見をサポートする**理由を定量的、定性的に伝える**方法を見ていきます。

●──具体的な数値をあげて定量的に伝える

　ライセンスのロイヤリティを相手の希望に沿って下げないことに対する理由として、例えば、市場規模について説明することができるでしょう。
　既に米国で展開している類似ブランドの数値例などがあれば、それについて触れることも一案です。

> **I'm sure you've heard of the success of〜**
> 「〜の成功はご存じでしょう。」

I'm sure you've heard of the success of the Oriental Dress Company and their "Kimono dress" product, which is targeted at ladies in their 20s and 30s and which recorded 400 million dollars in sales in the US last year. So we feel very strongly that Kawaii Stories can also be successful in the US market. We have a broad lineup of accessories as well, which Oriental Dress Company doesn't, so we would expect even more sales once our products become popular.

「オリエンタル・ドレス社が20代、30代の女性をターゲットにした「着物ドレス」という商品で、昨年米国で4億ドルの売上を記録したことは、皆さんもご存じだと思います。私たちは、Kawaii Stories も米国で成功すると強く感じています。オリエンタル・ドレス社にはないアクセサリーのラインナップも充実していますので、人気が出ればさらに売上が伸びると期待しています。」

ビジネス上、1つの理由で語るのは説得力に欠けるので、少なくとも1つ、必要であれば3つの理由を列挙しましょう。

Second, our royalty percentage is the same everywhere, Hong Kong, Taiwan, France... and our business partners there are satisfied with the rate. We cannot lower it only for the US.

「2つ目は、香港、台湾、フランスなど、どこでも同じレートを適用していることです。私たちのビジネスパートナーたちは満足していますし、米国だけ下げるわけにはいきません。」

Please take a look at this chart.

「このグラフを見ていただけますか？」

This is the annual sales of our products in France. We have a contract with one of the biggest shopping malls in France, "Grande Mart". We have been doing business with them for five years, and their sales hit 100 million Euros even in the first year. So for us, a lower rate doesn't seem justified.

「これは、フランスにおける当社ブランド製品の年間売上高です。当社は、フランス最大級のショッピングモール「Grande Mart」と契約しています。

彼らとは5年前から取引をしています。1年目でも1億ユーロの売上を達成しています。よって、レートを下げることが理にかなっていると考えられません。」

●──定性的情報を伝えて情に訴える

また、ブランドなどの交渉においては、定性的な説明、例えばブランド
ヒストリーであったり、どんな価値があるのか、といったストーリーを話
して納得してもらうことも重要なポイントになります。

> **Let me give you a little background on the history of our company.**

ぜひ資料を提示したりしながら説明しましょう。

Let me give you a little background on the history of our company. Kawaii Stories was founded by Hanako Suzuki, one of Japan's leading women's clothing designers, and we opened our first store in Shibuya in 2015. Our dresses became very popular, mostly through word of mouth. In 2019, we collaborated with designer Yuka Sato, who successfully launched the New York fashion brand "Pink Inspiration", and at that time we expanded our lineup of bags, hats, and other accessories. Since 2020, we have also been expanding our overseas business, and currently we're operating 10 stores in Hong Kong, Taiwan, and France.

「少し弊社の歴史や背景を説明させてください。Kawaii Storiesは日本を代表する
女性服デザイナー、鈴木花子により設立、2015年に渋谷で第一号店がオープン
しました。私たちのドレスは口コミで評判となり、2019年にはデザイナーにニ
ューヨークのファッションブランド「Pink Inspiration」を成功させたサトウ・ユカ
を迎え、バッグや帽子、アクセサリーなどの小物のラインアップを拡充しまし
た。2020年からは海外展開を始め、現在香港、台湾、フランスに10店舗展開
しています。」

Our brand concept is to combine cuteness with functionality. In the past, women's clothes that were also feminine were often difficult to wash in washing machines, often had to be sent to the dry cleaners, and in general were difficult to care for. On the other hand, Kawaii Stories' one-piece dresses can be machine-washed and are made of materials that are easy to remove stains from, even though they have lace or pretty prints such as floral patterns.

「私たちのブランドコンセプトは、「可愛らしさと機能性の両立」です。これまで
のフェミニンな女性服は、洗濯機での洗濯が難しくクリーニングに出さなけれ
ばならなかったり、手入れが大変だったりするものでした。しかしながら
Kawaii Storiesのワンピースは、レースがついていたり、花柄など可愛らしいプ
リントがなされていながらも、洗濯機で洗うことができ、また汚れが落ちやす
い素材を使用しています。」

Hanako Suzuki's designs are unique and have enthusiastic fans around
the world. We like to think that Kawaii Stories is a special brand of
women's clothing that makes life easier for women by being both beautiful
and functional.

「また、代表の鈴木花子によるデザインは唯一無二のものとして、世界中に根強
いファンを抱えています。これからの女性の活躍を華やかさと機能性でサポー
トするKawaii Storiesの女性服は特別なブランドです。」

単語の解説

■ justify「正当化する」　■ currently「現在のところ」　■ functionality「機能性」
■ feminine「女性的な、女性らしい」
■ care for ～「～の手入れをする、世話をする」
■ remove stains「染み抜きをする」　■ in general「概して」
■ floral patterns「花柄」　■ enthusiastic「熱狂的な」　■ functional「機能的な」

譲歩できる範囲について
伝える

▶ In that case, how about this?
▶ How does this sound?
▶ but let's do it like this for the first year
▶ We will make an exception this time.

　前項では相手を説得するために根拠となる理由、データなどを伝える方法について見てきましたが、今回は譲歩の際の表現について見ていきます。

　議論が膠着した場合、「押してダメなら引いてみる」のですが、譲歩することで違う角度からの提案をしやすくなります。

In that case, how about this?
「これではどうでしょう」

I see. In that case, how about this? We will pay 10%, but in exchange you will provide consulting on the visual merchandising of the shops for free. What are your thoughts on that?

「わかりました。それではこうするのはどうでしょう？ 私たちは10％支払いますので、その代わりに店舗のビジュアルマーチャンダイジングを無料で提供していただく、というのは。どう思われますか？」

　また、別のパターンとして、御礼を述べて逆提案することもあります。

Thank you for explaining all that. I knew some of your company's history but not in such detail, so that was helpful.

「（会社の歴史やブランドコンセプトなど）ご説明いただきありがとうございます。会社の歴史については少し伺っておりましたが、このような詳細は知りませんでしたので、助かります。」

> ...However (Nevertheless), it's still hard for us to accept 10%. We would like to propose the following: We will pay either 1 million dollars or 8.5% of the sales, whichever is higher. If we structure the deal like this, the risk to you will be quite low. How does this sound?

「……しかし（それでも）、私たちにとって10%を受け入れるのはまだ難しいのです。そこで、こういった提案ではいかがでしょう。売上の100万ドルか8.5%、高い方をお支払いします。このようにすれば、御社のリスクは随分低いものになるでしょう。どうでしょうか？」

How does this sound?
「これではどうでしょう」

　相手の懸念を加味した上での提案だと、受け入れられる可能性も上がるでしょう。

●──折り合いをつける

　細かい条件で折り合いがつかなくても、商談の大枠としては進めたい場合、「とりいそぎ1年間」などと期限付きでスタートすることもよくあります。

> We still don't like the percentage you're offering, but let's do it like this for the first year, and then we can negotiate the percentage again for the next year and beyond.

「そのパーセンテージにはまだ納得していませんが、1年目はこのようにして、
　次年度以降はまたパーセンテージを話し合いましょう。」

**but let's do it like this for the first year
「しかし1年目はこのようにして」**

こうした言い回しは以下のように換えることも可能です。

▶ We can try it out for the first year.
　「1年目はこのように試してみましょう。」

▶ What if we did it like this for the first year?
　「1年目はこのように試してみるのはどうでしょう？」

●──議論を終わらせる

　これ以上の譲歩は無理、という線まで来たら（あるいはそういう風にするのなら）、下記のように議論を終わらせることもできます。

▶ This is our final offer.
　「これが最終的なオファーです。」

▶ We are afraid we cannot go any higher than 8.5%.
　「残念ながら8.5%よりパーセンテージを上げることはできません。」

▶ Unfortunately we're not able to go any higher than this.
　「残念ながらこれ以上は上げられません。」

●——「譲る」気持ちをアピールする

譲歩を際立たせる表現としては、下記のようなものもあります。

▶ This is the first time we have ever made such an offer.
　「こんなご提案をするのは初めてのことです。」

▶ We will make an exception this time.
　「今回は例外です。」

▶ As we anticipate having a great relationship with your company in the future, we would like to offer a lower percentage this time.
　「今後素晴らしい関係を築いていけることを期待し、今回はより低いパーセンテージをオファーしたいと思います。」

　かなり強気で、いわゆるダメ元の精神で交渉してくる海外企業はたくさんあります。著者の経験の中では、インド企業などで驚くような条件（例えば市場価格よりずっと低い、あるいは納期がとてつもなく短い）をまず提示されることはよくありました。

　ありえない金額を言われて怒る前に、「これはただ試しに言ってみているのではないか？」と考えてみるのもよいかもしれません。

　場合にもよりますが、譲歩も一気に出さずに、上記のような譲歩を際立たせる表現などを用いながら、少しずつ細かく行うとよいでしょう。

単語の解説

■ visual merchandising「ビジュアルマーチャンダイジング*」
*ディスプレイによるマーケティングの手法。視覚的な演出で顧客の購買を喚起するもの。

■ nevertheless「それにも関わらず」

■ structure the deal「(その) 取引の立てつけをする、まとめる」

難しいという意思を段階別に伝える

▶ I'm sorry, but we cannot accept that.
▶ I'm afraid that won't work for us.
▶ We might be able to do that, but 〜
▶ I would prefer 〜

　自分の希望に添うように物事を進めたり、相手からの譲歩を引き出したりするには、ネガティブな感情や意思もなるべく正確に濃淡をつけて伝えることが重要です。

　この項では、相手の述べた意見やアイデアに対するネガティブな反応を段階別にニュアンスを含めて見ていきます。

（*表現の力や強さは使われる文脈に依存しますので、必ずしもこの順番で強い否定、といえるわけではありません）

▶ We'd have to disagree with you there.
　　「それについてはあなた（の意見）に反対ですね。」

　disagree（反対する）というのは非常に強い否定の言葉です。少し和らげるために、We'd have to disagree（反対しなければならない）のように言っていますが、やはり強い否定に変わりはありません。あえてこの言葉を使う必要があるのか（反対のニュアンスを強く出すべきか）は少し考える必要がありそうです。

▶ I'm sorry, but we cannot accept that.
　　「申し訳ありませんが、それを受け入れることはできません（承諾しかねます）。」

　👉 フォーマルな文書などではcannotが好まれます。会話においては両方ありますが、強調したいときにはcannotが用いられることがあります。

第1章　第2章　第3章　第4章　第5章　第6章　第7章　第8章　第9章　第10章

don't ではなく cannot、ただそうしたくないから反対しているのではなく、受け入れることができないと言っているのがポイントです。I'm sorry（申し訳ありませんが）も重要なポイントです。

▶ We can't quite agree with you on that.
「その点についてはあなたに完全に賛成はできません。」

少し控えめに、でも確かに、流れに完全に同意しかねる旨を伝える言葉です。

●──「残念ながら…」

▶ I'm afraid we can't agree on that.
「残念ながら、私たちはその点では賛成できません。」

I'm afraid（残念ながら）は、相手の考えに反する意見を述べるときに相手の感情を思いやる言葉です。

▶ I'm afraid it won't work for us.
「残念ながら、それは難しいです（私たちのケースではうまく行かないでしょう）。」

▶ I'm afraid we had something different in mind.
「残念ながら、私たちの考えは異なっているようですね。」

この言葉を発した人は、現在相手の考えに全く納得をして／賛成の意を示していないようですが、相手の説明次第では（説明が合理的で納得がいくものであれば）打って変わって賛成を示してくれることもないわけではないでしょう。

●──懸念を示す

▶ I'm afraid we have some reservations on that point.
「残念ながら、その点についてはやや気がかりです（不安があります、完全に納得はできません）。」

have some reservations on ～は「～に対して懸念がある、疑いがある、納得していない」という意味を持ちます。」

この言葉を発した人は、その気がかりな点を払拭するまで、完全に賛成してくれることはないでしょう。

▶ That is probably something we wouldn't be comfortable with.
　「それはおそらく私たちの方では納得できないものだと思います。」

　be comfortable with は「満足する、心地よさを感じる」という意味ですが、この言い方からは「このまま合意に至ることはできない（最終的に今回だけは、という話になる可能性はありますが）」というニュアンスが暗示されています。

> **We might be able to do that, but～**
> 「可能かもしれないが、でも…」

▶ We might be able to do that, but whether or not it would be viable for us is something difficult to say at this point.
　「可能かもしれませんが、実行できるかどうかは今この時点では言えませんね。」

▶ We might be able to do that, but we need to check with our legal department as it's not a common practice here.
　「可能かもしれませんが、ここでは一般的なやり方ではないので、法務部に確認する必要があります。」

　相手の考えを受け入れることは可能かもしれないと言いながら、懸念する点について言及する言い方です。

▶ To be perfectly honest, we were expecting something closer to x%.
　「本当に正直に言うと、私たちが望んでいるのは、x% に近いものです。」
　（フィーのパーセンテージなどの交渉で）

　これは少し言いにくいことでも、話や交渉を進ませるために、明確に自分の希望を言う、というものです。

We would prefer〜
「私たちは〜の方が好ましいです。」

▶ We would prefer paying a flat rate royalty rather than one that varies depending on the sales amount.

「売上によって変動させるよりも、決まった料率での支払いの方が好ましいです。」

▶ We would prefer making a decision on this issue now rather than deferring it to later.

「結論を先送りするよりも、今決める方がいいです。」

　今話している選択肢の中で、あるいはそれ以外に、自分はあるものを他のものに比べて好む、という言い方です。相手の提案を完全に否定せずに、自分の希望するものを伝えるときにも使えます。

　基本的には、英語圏の方が日本よりも明らかにYES/NOをはっきり言うのはビジネスにおいても間違いはないのですが、実際はNOの言い方に、かなり気をつかっています。

　I'm sorry but〜、I'm afraid〜といった言葉を頭に置いたり、「自分も相手が望むようにしたいのだけれど、状況から〜せざるを得ない」といった言い方に持って行って、相手への敬意を示したりなどします。

　重要なところでは意見が違えばしっかり否定するものの、なるべく相手を傷つけない言い方、ポジティブな言い方をしながら、お互いがWIN-WINとなる落としどころを見つけましょう。

単語の解説

■ disagree「反対する」　■ I'm afraid〜　「残念ながら〜」

Must

39

🔊 26

その場で決められないこと
を要確認とする

▶ I think that's probably difficult for us to 〜
▶ let me check with my team
▶ could we have some time to 〜
▶ Is Monday OK for you?

　今回のストーリーにおいては、米国からわざわざ来てもらっている以上、「持ち帰って上司に確認」という対応は考えにくいのですが、そういったシチュエーションがあった場合、どのように相手に伝えられるかというところを見ていきたいと思います。

I think that's probably difficult for us to 〜「〜は難しいと思います」

let me check with my team 「持ち帰らせてください」

▶ I think that's probably difficult for us to agree to... but let me check with my team and I'll get back to you by next Tuesday. Is that OK for you?
　「これは難しいと思いますが…チームに確認させてください。来週火曜日までにお返事を差し上げます。よろしいでしょうか。」

could we have some time to 〜「お時間を少しいただけますか」

▶ Well, could we have some time to consider this and discuss it internally?
　「お時間を少しいただけますか、会社内部で議論してみたいと思います。」

Is Monday OK for you?　「月曜は大丈夫ですか？」

▶ If that's the case, I cannot make a decision here on the spot as that goes beyond my authority. May I get back to you after discussing this with our head office?　Is Monday OK for you?

> 「その場合は、私の権限を超えるためここで私が決めることができません。本部と話し合ってからお返事差し上げるのでよろしいでしょうか。月曜日は大丈夫ですか。」

　相手が取引に興味があり、時間的に差し迫った理由がない場合は、このように言って問題となることはないでしょう。ただ「自分では決められない」とだけ言うと、どうして決裁権者でもない人と話しているんだ、と不満に思わせる原因になりかねません。
「可能かどうかチームに確認を取る必要がある」「自分の権限を超えるためマネージャーや本部と話す必要がある」など理由をしっかり伝えるようにしてください。

　I will consider it.（検討します。）は多くの場合、本当に実現が可能かどうか、選択肢として考える、というニュアンスです。日本語ではお断りの言葉として「検討します」がよく使われますが、直訳してこのように言うと、相手を期待させてしまうことになるので気をつけましょう。

　I will think about it.（考えてみるよ。）という表現もありますが、軽い印象（なんら責任を負わない）もあり、おそらくお断りというときは、「難しい」I think it's probably difficult to decide / agree to now.や「今回はないと思う」I don't think we will do it this time, (but 〜)など、丁寧にされどきちんと意思を伝えることが誠実な対応だと言えるでしょう。

単語の解説

■ internally「内部で」　■ beyond my authority「私の権限を超える」

183

決定事項について
まとめて終わる

▶ I'd like to recap the main points we discussed today.
▶ Let's look at what we've decided to do.
▶ Hopefully we can ～

　交渉の最後には、決定事項について、再確認の意味を込めて口頭でまとめてから終わるとよいでしょう。要検討事項や、これからアクションを取る必要があることなども同様に確認します。

▶ I'd like to recap the main points we discussed today.
　「今日話した主な点について振り返りたいと思います。」

▶ Let's look at what we've decided to do.
　「決まったことについて見ていきましょう。」

▶ Shall we try to sum up the main points of our discussion today?
　「今日の議論のポイントについてここでまとめましょうか？」

▶ I'd like to confirm what we have agreed on.
　「合意したことについて確認しましょう。」

▶ We will discuss the issue of ～ internally and get back to you by Monday.
　「～の問題については内部で話し合い、月曜までにご連絡します。」

▶ Regarding the issue of ～ , could you please check with your legal department?
　「～の問題については、貴社の法務部にご確認いただけますか？」

●──決定事項の確認メール
　その場で契約書に署名するのでなければ、交渉の場を離れてなるべくすぐに、決定事項について下記のようにまとめて、Eメールで送っておくの

が便利です。時間が経ってからだと、「あやふやになってしまった」「そんなことは言っていない」など、面倒なことが起こりがちです。

I'd like to confirm what we have agreed on. Universal Apparel US will pay a 10% royalty on sales of Kawaii Stories merchandise annually from the beginning of 2023. Kawaii Stories will provide visual merchandising consulting to Universal Apparel US. Flight tickets and accommodations related to providing such consulting services will be paid for by Universal Apparel US. I believe you have already agreed to the rest of the contract, so our legal counsel will prepare a final contract that includes the royalty provisions we discussed. She will probably be able to send it to you for review by tomorrow.

「合意した内容を確認しましょう。Universal Apparel US は、2023年初頭より、Kawaii Stories の商品売上の10％を毎年支払う。Kawaii Stories は、Universal Apparel US に対し、ビジュアルマーチャンダイジングに関するコンサルティングを行う。その際の航空券および宿泊費は、Universal Apparel US が負担するものとする。現在、当社の法務顧問がロイヤリティの条項を含んだ契約書のドラフトを作成しています。レビュー用に明日までにはそちらに送れるでしょう。」

Hopefully we can 〜 「〜できればと思っています」

Great. As soon as we receive it I'll have our lawyer review it. Hopefully we can sign the contract while we're here.

素晴らしいです。受け取り次第、弁護士に確認します。ここに滞在している間に契約に署名できればと願っています。

単語の解説

■ recap「振り返り、まとめを行う」 ■ sum up「まとめる」

■ merchandise「商品」 ■ ticket「チケット、航空券」

■ accommodations「ホテル、宿泊施設」 ■ legal counsel「法務顧問、法務部長」

■ feasible「実現可能な」 ■ provision「条項」

28

英語力に自信がなく、聞き取りに不安が残るなら的確に伝える

▶ Would you mind speaking a bit more slowly?
▶ I might need to interrupt you to clarify some things.
▶ Do you mean that 〜?

　交渉などビジネスの重要な場面では、専門の通訳や、社内でも英語と海外との交渉に長けた人に同席してもらうことが望ましいものです。ただそうは言っても、予算やスケジュールの点などで難しいということもあるでしょう。

　どうしても経験豊富な人のアテンドなしに進めなければならない場合、どんな態度が交渉を進める助けになるか、見ていきましょう。

●──率直に英語力不足を伝える

　雑談を終えて実際の交渉に入る前に、自分の英語力による制限や、そのためにどうしたいのかを伝えておくのも1つの手です。

▶ Would you mind speaking a bit more slowly?
　「もう少しゆっくり話していただけませんか？」

▶ Sorry, but my English is not so great. Would you mind speaking a bit more slowly?
　「すみません、私の英語力はそう高くありません。もう少しゆっくり話していただけますか。」

▶ I might need to interrupt you to clarify some things.
　「理解のため、中断して明確化させてもらう場合があるかもしれません。」

▶ I apologize in advance, but I might need to interrupt you to clarify some things. I hope that's OK.

　「前もって謝っておきたいのですが、理解のために、中断して明確化することが
　あるかと思います。」

👉 interrupt 人 で「人を邪魔する、人の話を中断する」

　ただ、取引の立場にもよるのですが（このチャプターのサンプルのよう
な場合は、相手が取引に非常に意欲的なので問題とならないかもしれませ
ん）、米国人など、完璧な英語をストレスなく話せることを要求してくる、
あるいはそれを当然とする場合もあります。

　自分ひとりでその場でできる対処法としては、相手の表情や様子を伺い
ながら、ゆっくりとしたスピードでも、なるべく文法を正確に話すとよい
でしょう。

　明確化の表現としては、以下のようなお決まりのものがありますね。

▶ Sorry?　（聞き返しの表現。「今、何と言われましたか？」という意味）

▶ Pardon?　（同様）

聞き取りに不安がある場合、こちらの理解が正しいか、把握した内容を相手に伝えて確認をとっていく必要があります。

　不躾でない言い方として以下のようなものが使えます。

Do you mean that 〜（S + V）？
「それは〜（主語と動詞）という意味でしょうか？」

▶ Sorry to interrupt you, but I don't really understand. Do you mean that we will automatically receive 1 million dollars if 8.5% of sales is below that amount?

　　「中断させてしまいすみません。ちょっとよくわかっていません。該当する売上の8.5％が1億ドルに満たない場合、自動的に1億ドル受け取れるということですか？」

● ──リスニングに不安があるなら、仕切ってしまえ

　そして意外に思われるかもしれませんが、自分が終始仕切るつもりで話す方が、相手がリードする会話よりもずっと楽で、英語力に不安がある場合も安心です。

　ですので、今日の目的や話し合う議題など最初に伝えた後、なるべくこちらから質問し、それに答えてもらうようにするなどして、会話の舵を握るようにしてください。

　また、心掛けとしては重要なことが2つあります。

しっかりとわかるまで、確認し、説明してもらう

　あいまいなまま交渉を進めると、後からとても面倒なことになります。わからないときはわかるまで説明してもらうようにしましょう。

質問文については可能な限りあらかじめ用意しておく

　相手にどんなに耳を傾ける姿勢があったとしても、質問文を理解できないと、なかなか反応しようにも反応できない、という事情があります。よほど非ネイティブの英語に慣れている人は別ですが、交渉などは自分の言いたいことやロジックを構築するのに精いっぱいで、ブロークンな英語の裏にある意図を読み取る余裕が（能力・精神的に）相手にないことも多くあります。

　ですので、ここぞという質問は、相手が答えることに専念できるように、文法や単語ともにしっかりと準備しておきましょう。

Column

ビジネス交渉での「通訳」

　予算の点だけで言うなら、過去の経験から言うと、話がこじれたり文化の違いを埋めきれず失注になってしまう方がずいぶんコストがかかるので、交渉ができる専門の通訳をスポットで頼むのは非常に費用対効果が高くお勧めします。また、スキルが高い人の英語を聞くことは担当者の学びにもつながります。

単語の解説

■ interrupt「中断する」　■ clarify「明確化する」

納期を早める交渉

▶ Could you please look into it?
▶ When do you think you'll be able to check it?
▶ What's the earliest you think it could be done by?

　ここからは、契約交渉とは別に、日々の仕事の中での交渉で使う表現を事例を通して見ていきましょう。

　海外の会社に仕事を頼んだ場合、思ったように作業が進まず遅れがち、ということを経験することもあるでしょう。頼んだことを後回しにされてしまうこともあります。ここは、なんとか納期を早くしてもらうために、急いでほしい旨を伝え、素早い作業を促す表現をしたいものです。

　まずは懸念事項について、確認を促す表現です。

Could you please look into it?
「見てもらえますか？／確認してもらえますか？」

「すぐ見てみます」と言ってもすぐにやってくれないことが続いたとき、実際にはいつにやってくれるのか、と聞くのも1つの手です。

When do you think you'll be able to check it?
「いつ確認してもらえるでしょうか？」

　相手が達成可能な、最短の納期を聞く表現も覚えましょう。

What's the earliest you think it could be done by?
「最短でいつやってもらえるのでしょうか？」

ストーリー：

　　日本のメーカーで働く花子は、インドのIT企業に会社ウェブサイトの開発を依頼しました。サイト自体は仕上がっているのですが、SNSのプラグインがうまく作動せず、広報活動に支障が出るため、迅速に改修してもらうべく、インド企業の担当者・Pratapに問い合わせています。

First of all, thank you for your efforts in developing the website. I'm checking the finished site now, and the social networking plug-ins you embedded are not working properly. Could you please look into it?

「初めに、ウェブサイトの開発にご尽力いただいており、ありがとうございます。今、完成したサイトを確認しているのですが、そちらで埋め込んだSNSのプラグインが正常に動作していません。お手数ですが、ご確認いただけますか？」

Of course. I'll do it right away.

「はい。すぐにやってみます。」

―1週間後―

Pratap, sorry to bother you but regarding the social networking plugins issue I contacted you about last week, could you give me an update?

「Pratapさん、お忙しいところ申し訳ありませんが、1週間ほど前にご連絡したSNSプラグインの問題について、今の状況を教えていただけますか？」

Sure, let me look into it and give you a call back.

「はい、調べて折り返しご連絡します。」

　　こういう返答をしても、実際にはすぐに確認してくれない人もいるので、相手の普段の対応を見ておきましょう。

Sorry, can you do it right now? We've been waiting for a week.

「すみません、いますぐお願いできますか？ 1週間ほど待っているんです。」

...Sure, I'll do it right now. Hmm, they've definitely stopped working...

「…はい、すぐにやります。うーん、確かに動かなくなっていますね…。

話しながらやってくれるなら、それが一番安心ですね。そうでなくても、「いつまでに」ということはきちんと確認しておきましょう。

Column

その言葉は本心ですか？

オランダの社会心理学者 Hofstede は、権力格差、つまり権力の弱い組織の成員が、権力が不平等に分布している状態を予期し、受け入れている程度が高い国があるとしています。つまり、現場の担当者がマネージャーやクライアントに対して意向に沿わないこと（ネガティブなフィードバックなど）をなかなか言うことができないということなのですが、このことに気づかずにいうと、「口ではあんなにポジティブなことを言ったのに…」と紛争の種になることがあります。

トラブル防止の秘訣は**「日時や手段などは具体的に確認」**です。

Yes, they have. When do you think you'll be able to fix it? I'm about to start sales activities for the German branch, so I'd like to have it done by next Friday.

「はい。いつ直りますか？　これからドイツ支社の営業活動が始まるので、来週の金曜日までには完成させたいのですが。」

That would be difficult because our engineers are working at full capacity right now...

「今はエンジニアがフル稼働しているので、それは難しいですね……。」

> What's the earliest you think it could be done by?

「最短で、どれくらいの期間でできると思いますか？」

> We will try to get it done by next Friday, but I can't promise it.

「来週の金曜日までに完成できるようにやってみますが、お約束はできません。」

●──相手のメリットを提示して動かす

　この場合、早く終わらせることに、相手側の
メリットはあるでしょうか。もちろん、間に合
わなければこちらが怒ってもう取引をしない、
というのはポイントの1つかもしれませんが、例

えば追加プロジェクトの受注など、あきらかにプラスになることがあれば、
より頑張る気も起きるというものです。それを上手に伝えましょう。

> Thank you. It's important for us to have the website fully functioning in time for the project timeline, so that helps. If you can fix the problem by next Friday, we will consider ordering the payment system from your company as well.

「ありがとうございます。プロジェクトのタイムラインに間に合うようにウェブ
　サイトを完全に機能させることが重要なので、助かります。来週金曜日までに
　仕上げていただけるなら、決済システムも御社へ発注を検討しますよ。」

> Thank you. We'd be happy if you consider us for any future projects you might have.

「ありがとうございます。将来のプロジェクトをご検討いただけて嬉しいです。」

単語の解説

■ embed「埋め込む、組み込む」

■ plug-in「プラグイン」アプリケーションの機能拡張をするソフトウェアのこと。

■ function「機能する」

🔊
30

予算を増やすための交渉

▶ I need to talk to you about 〜
▶ Can we increase the 〜 budget?
▶ We have to 〜
▶ Even if 〜 , 〜 is too 〜 .

　お客さんや上司に、プロジェクトの途中で予算アップを頼まなければならなくなった——開発にはつきものです。ここでは、予算を増やす必要がある旨をどのように伝え、納得してもらうか、考えてみましょう。

　話を持ち出す際に、よく下記のような表現をします。

I need to talk to you about 〜　「〜について話があります」

予算アップを提案するなら increase the 〜 budget。

Can we increase the 〜 budget?「〜の予算を上げてもらえますか？」

　提案をする際には、必ず理由をセットで話しましょう。
「自分がそうしたい」のではなく「状況から考えてそうせざるを得ない」という話に持っていくのがポイントです。

We have to 〜　「（状況から考えて）〜しなければなりません」

さて、どういう交渉になるのか、サンプルを通じて見ていきます。

ストーリー：

　日本のIT企業（システム開発）で働く、プロジェクトマネージャーのサトシ。ドイツ企業の顧客から、法改正に伴う仕様の変更をクリスマス休暇前に依頼され、承諾したものの、実際にはすでに知らせた以上に開発コストがかかってしまうことに気が付きます。顧客はすでに長いクリスマス休暇に入っているため、サトシの上司のJosephに対し、予算を超えて追加作業を行っていいか確認し、同意を得ようとします。

Hi Joseph, I need to talk to you about the Customer Information Management system development project for DN Corporation.

「こんにちは、Joseph。DNコーポレーションの顧客情報管理システム開発プロジェクトについてお話ししたいのですが。」

Sure, go ahead.

「もちろん、どうぞ。」

Can we increase the system development's budget? The client has requested a change in the specifications due to a change in EU law, and we agreed to it, but upon closer inspection, it looks like we'll need about 100 hours of additional work to implement the changes. I tried to contact Anton, the project manager, but he's already on his Christmas vacation...

「このシステムの開発予算を増やすことはできませんか？　お客様からEU法の改正に伴う仕様変更の要請があり、それを了承したのですが、よくよく考えてみると、その変更を実現するために100時間程度の追加作業が必要になりそうなのです。プロジェクトマネージャーのAntonに連絡を取ろうとしたのですが、彼はすでにクリスマス休暇に入っていて……。」

I see. We cannot wait until the end of his vacation, I mean, until the start of the new year.

「そうですか。クリスマス休暇が終わるまで、つまり年明けまでは待てないということですね。」

We have to deliver the system soon after the New Year's holidays, so we'll be late if we wait for Anton's reply...

「年末年始の休暇明けにシステムを納品しなければならないので、Anton（マネージャー）の返事を待っていたら納期に遅れてしまいます……。」

How about assigning more people to the project and paying them overtime in January?

「（年明けの返答まで待って、必要があれば）プロジェクトの人員を増やして、1月に残業代を払うというのはどうでしょう？」

このように、希望とは違う提案をされて飲めない場合は、「例え〜したとしてもそれは難しい」と、やはり具体的な理由を添えて論理的に拒否しましょう。

❙ Even if 〜 , 〜 is too 〜. 「たとえ〜しても、〜は〜過ぎます」

Actually, the delivery date is January 15. Even if we could start work on the change in specs right after the New Year's holidays on January 5, the schedule would be too tight. We would only have limited time for testing and I'm not comfortable skating on thin ice like that.

「実は、納期は1月15日なんです。年明けすぐの1月5日から仕様変更の反映作業を始められたとしても、スケジュールがタイト過ぎます。テストの時間も十分に取れず、これでは薄氷を踏むようなものです。」

　→skating on thin ice という慣用表現の代わりに、単に risky とも言えます。

196

Hmm, OK. Is the change necessary?

「うーん、わかりました。その変更はどうしても必要なものですか？」

　最後に、この予算アップなしには不都合があると、相手にとってクリティカルなポイントを強く訴えると効果的です。

Unless 〜, the client cannot 〜.
「〜されない限り、クライアントは〜ができません。」

Yes. Due to a change in EU environmental law, it's now mandatory to display information on Element A. Unless this information is displayed, the client cannot start using the system.

「はい。EUの環境法の改正により、要素Aの情報表示が義務づけられました。この情報を表示しないと、クライアントはシステムを使い始めることができません。」

OK. Let's budget an additional 100 hours for now, and send Anton an email, since he might still see your email while he is on holiday. And be sure to call him right after New Year's, OK?

「わかりました。とりあえず100時間の追加予算を組んで、Antonにメールを送ってみましょう。そして、年明けすぐに必ず電話しましょうね。」

Sure, thank you.

「はい、ありがとうございます。」

単語の解説

■ implement「実施する」　■ overtime「残業」　■ reflect「反映させる」
■ skating on thin ice「薄氷の上を滑る（イディオム。危ういこと、薄氷を踏む、の意）」

31

従業員の慰留のための交渉

▶ I was surprised to hear that you want to resign.
▶ Have you decided on your next job yet?
▶ Can I ask why you have decided to quit?
▶ Perhaps we could offer you ～
▶ I'll talk to ～ about what we can offer you.

　英語圏の多くの国では平均的に日本よりも職の流動性が高く、マネージャー以上のポジションであれば、退職を申し出た部下を慰留するシーンに遭遇することも少なからずあると思います。

　その際に、不快感をあらわにしたりなどして乱暴に引き留めるのではなく、何がネックなのか、どんなことが不満で辞めたいのか、部下の気持ちを引き出し、可能な限りのオファーをするための表現をサンプルを通じて見ていきます。

ストーリー：

　中堅の日系ITコンサルティングファームで働いているマサ。部下の若手コンサルタントKellieが給料に満足できず、これから結婚する家族のこともあって、転職活動をし、転職先を勝ち取って直属の上司であるマサに退職したい旨を申し出ました。

　辞めたいという話を聞いて、マサはよりよい待遇のオファーを検討、翌日、2人でじっくり話をするために時間を取りました。

I was surprised to hear yesterday that you want to resign. Have you decided on your next job yet?

「昨日、辞めたいという話を聞いて驚きました。次の仕事はもう決まっているのですか?」

退職の申し出に対し、驚きをまず伝えるというのは一般的ですが、けっして脅したり怒っているような雰囲気を出したり、嘲笑するようなニュアンスを出してはいけません。

I was surprised to hear that you want to resign.
「辞めたいという話を聞いて驚きました。」

今も"want"は変わらないだろうと仮定し、通常は現在形で語りますが、過去形のwantedにして、「今日は気持ちが変わっているといいな……」という一縷の望みにかけるニュアンスを出す言い方もあります。

また、もし次の仕事のオファーに署名をしている場合においては交渉の余地はかなり狭まってしまうため、次の行き先も聞いています。

Have you decided on your next job yet?
「次の仕事はもう決まっているのですか?」

Not yet. I've had some offers but I haven't decided on anything yet.

「まだです。いくつかオファーはあるのですが、まだ何も決めていません。」

辞めるに至った理由を聞くのは重要ですが、ここでも感情をあらわに相手を責めるような口調にならないよう、細心の注意を払いましょう。自分に何かできることはないか、役に立てることはないか、といったスタンスでいるのが(最終的には本人次第ですが)、慰留がうまくいくポイントです。

Can I ask why you have decided to quit?
「なぜ辞めることにしたのか聞いてもよいですか?」

I see. Can I ask why you have decided to quit? You've been a really valuable employee and your performance has always been excellent.

「なるほど、なぜ辞めることにしたのか、聞いてもよいですか？あなたは本当に貴重な社員で、業績もいつも素晴らしいものでした。」

Thank you for saying that. But to be honest, my current salary isn't enough, especially as I'm still paying back my student loans. I've raised this several times in evaluation meetings but there's been no improvement so far.

「そう言ってくださってありがたいです。でも正直なところ、今の給料では足りません。特に学生ローンの返済がまだ残っていますしね。評価ミーティングでも何度かこの点を指摘したのですが、これまで改善されていません。」

辞める理由が給料ならば、希望額を聞くとよいでしょう。

▶ How much would you like to be paid?
　「給料はいくら希望しますか？（あなたはどれくらいほしいですか？）」

他には、以下のような聞き方もできます。

▶ What sort of salary are you looking for?
　「どういった給料を希望されていますか？」

▶ What type of salary would persuade you to stay?
　「どういった給料であれば、あなたは会社に残れますか？」

Hmm, I see. You are being paid 20% more than other employees in the same position... How much would you like to be paid?

「なるほど。同じ職種の他の社員と比べて、あなたには20％ほど高い給料を払っているのですが、あなたはどのくらいほしいのでしょう？」

> Well, at this company, it's difficult for a consultant who has been here less than five years to earn a higher salary. However, I need at least 10 million yen a year. My fiancé is moving here from the U.S and we're going to get married soon. It's going to take him a while to find work because of the recession.

「そうですね、この会社では、5年目以下のコンサルタントが高い給料を得るのは難しいでしょう。 でも、最低でも年収1,000万円は欲しいですね。もうすぐアメリカから来る婚約者と結婚するのですが、不況の影響で彼が仕事を見つけるのに時間がかかりそうなんです。」

　こちらからオファーを提案するときは、以下のように言うことができますが、独断で決定できることはそう多くなく、上司やHRに確認して決める必要がある場合が多いかもしれませんね。

Perhaps we could offer you 〜 　「〜が提供できるかもしれない」
I'll talk to 〜 about what we can offer you.
「どんなオファーができるか、〜に確認します。」

201

Increasing your salary that much would be difficult, but you are an important employee. We're also not sure that Project A would succeed without you leading it. Perhaps we could offer you the use of a company apartment we typically reserve for managers from overseas who have been assigned to the Tokyo office. They're new, and in a good location in central Tokyo. I'll talk to Kevin about what we can offer you. Is salary your only concern?

「そんなに給料を上げるのは難しいですが、あなたは大切な社員ですからね。また、あなたが指揮を執らなければ、プロジェクトＡが成功するかどうかもわかりません。海外から東京支社に赴任してきた管理職のために用意している社宅を提供するのはどうでしょうか。新築で、東京の中心部という好立地です。Kevinにも相談してみます。気になるのは給料だけですか？」

Well, I've almost made up my mind regarding leaving... but... in terms of the job, I've always wanted to be involved in projects related to China. I studied Chinese in college in case you didn't know.

「そうですね、辞めることはほぼ決めているのですが……　仕事の面では、中国関連のプロジェクトに携わりたいと思っていました。一応、大学では中国語を勉強していましたので。」

I don't think it would be that difficult to assign you to projects involving China. We have high expectations for our China projects, so it would be a good opportunity for you to show management how valuable you are to the company.

「中国関連のプロジェクトへのアサインは、それほど難しくないと思います。私たちの中国プロジェクトへの期待は大きいですから、あなたが会社にとってどれだけ価値があるかを経営陣に示すよい機会になるでしょう。」

That's good to hear. But salary remains my biggest concern, and unless there is some resolution there, I probably won't be able to continue here. And I need to know quickly. I have to respond to a job offer I just received by next Friday.

「いいですね。でも、私にとっては給与が一番の心配事なので、それが解決しない限り、この会社で仕事を続けることはできません。それに、来週の金曜日までに、もらった仕事のオファーに返事をしなければならないので、早く知りたいのです。」

No problem. I'll talk with Kevin and HR and get back to you on Monday.

「問題ありません。Kevinと人事部に相談して、月曜日にはお返事します。」

OK.

「わかりました。」

単語の解説

■ student loans「学生ローン」　■ valuable「貴重な」
■ evaluation meeting「評価ミーティング」　■ recession「不景気」
■ concern「問題、気がかり」

成功報酬だけではなく固定報酬ももらうための交渉

▶ we will also need to ask for ～
▶ That might be possible, but ～
▶ Would you mind elaborating on why you don't want to ～
▶ What about if, instead of ～ , you paid by ～

　プロジェクト単位のサービスを売る上で、お客さんからの支払いの方法について交渉する場合もあるでしょう。

　ここでは、サンプルを通じ、成功報酬だけではなく固定報酬ももらうために、その理由をお客さんが納得するように説明する表現を見ていきます。

ストーリー：

　IT コンサルティング会社のパートナーの太郎は、製造業のオペレーション部門ジェネラルマネージャーの Wang に、新規の業務改善コンサルティングを提案しています。太郎は、自社のノウハウに自信があり、早く契約を締結してどんどんプロジェクトを進めていきたいと考えていますが、Wang の会社にサービスを提供するのは初めてなので、会社の方針でどのお客さんからもいつも受け取っている月次固定報酬の部分についても、きちんと説明しないと…と考えています。

We're happy that you're interested in contracting our IT consulting service, but because this is a big project we will also need to ask for a monthly retainer fee.

「御社が我々のITコンサルティングサービスの契約に興味を持ってくださっているのは嬉しいのですが、今回は大きなプロジェクトなので、毎月の固定報酬もお願いしたいと思います。」

最初にわかりやすく、追加の依頼事項を伝えています。

we will also need to ask for 〜　「〜もお願いしたいと思います。」

Even though we have offered to pay 20% of the company's IT cost savings as a success fee?

「成功報酬として、会社のITコスト削減額の20％を支払うことを提示していますが、それでも、ですか？」

Yes. The project is expected to take a year to complete, and given that we generally charge our clients two million yen per month per consultant, we think a monthly retainer is reasonable.

「はい。このプロジェクトは、完成までに1年かかることが予想されますし、弊社では一般的にコンサルタント1人につき月200万円をお客様に請求していますので、月々の固定報酬は妥当だと考えています。」

Hmm, I see. How much do you think we would be able to save on our current IT costs?

「なるほど。現在のITコストと比較して、どのくらいの削減効果があると思われますか？」

Our optimization efforts should reduce the cost of system development, operations, and maintenance. We estimate about a million dollars in total savings.

「我々の最適化の取り組みにより、システム開発、運用、保守のコストを削減できるはずです。合計で100万ドル程度の節約になると考えています。」

20% of one million dollars is quite a large amount... What about if we raised the success fee to 30% in lieu of a monthly retainer?

「100万ドルの20％というのはかなり大きいですが、毎月の固定報酬の代わりに成功報酬を30％に引き上げるというのはどうでしょうか？」

That might be possible, but we also have labor costs and operating costs... Would you mind elaborating on why you don't want to pay a monthly retainer fee?

「それもいいかもしれませんが、人件費や事業経費もありますし…。なぜ毎月の固定報酬をお支払いになりたくないのか、詳しく教えていただけますか？」

　ここでは提案をすぐに全否定するのではなく、理由を説明しやんわりと断っています。

That might be possible, but〜
「それもいいかもしれませんが、でも…」

　そして太郎の会社にとっては月次固定報酬はネックになる部分なので、受け入れられない理由について直接、でも非常に丁寧な形で聞いています。

タロウ

Would you mind elaborating on why you don't want to 〜?
「なぜ〜したくないのか、詳しく教えていただけますか？」

We've paid monthly retainer fees including incurred expenses before, but in general we don't like them. We prefer success fees because we feel that incentivizes vendors to achieve the best results.

「これまでにも、発生した費用を含めて毎月の固定報酬を支払ったことはありますが、概して好みません。成功報酬の方が、ベンダーが最高の結果を出すためのインセンティブになると考えているからです。」

I see. What about if, instead of a monthly retainer fee, you paid by milestone? We can divide the project up into various phases and goals, and you could pay for each goal achieved.

「なるほど。月々の固定報酬ではなく、マイルストーンごとに支払うというのは
どうでしょうか。プロジェクトをさまざまなフェーズとゴールに分けて、ゴー
ルを達成するごとにお支払いいただくことができるのです。」

どうしても月次の固定報酬が相手にとって受け入れがたいようなので、
それに準ずる代替案を提示しています。

> **What about if, instead of ～ , you ～ .**
> **「～ではなく、～というのはどうでしょうか。」**

That is a very interesting proposal, and I'm intrigued by it. I think it might be acceptable to us. If you could give me more specifics about how it would work, I can propose it to my management. I think they will be interested.

「非常に面白い提案で、私も興味をそそられます。これならう
ちで受け入れられるかもしれませんね。どのように機能する
のか、もっと具体的に教えていただければ、うちのマネージ
メントに提案することができます。彼らも興味を持つと思い
ますよ。」

ワン

単語の解説

■ retainer fee「（月額）固定報酬、定額顧問料」　■ success fee「成功報酬」

■ optimization「最適化」　■ in lieu of ～「～の代わりに」　■ incur「発生する」

■ incentivize「インセンティブを与える」

■ vendor「ベンダー、サービス提供者、売り手」

■ be intrigued by ～「～に興味をひかれる」　■ propose 提案する

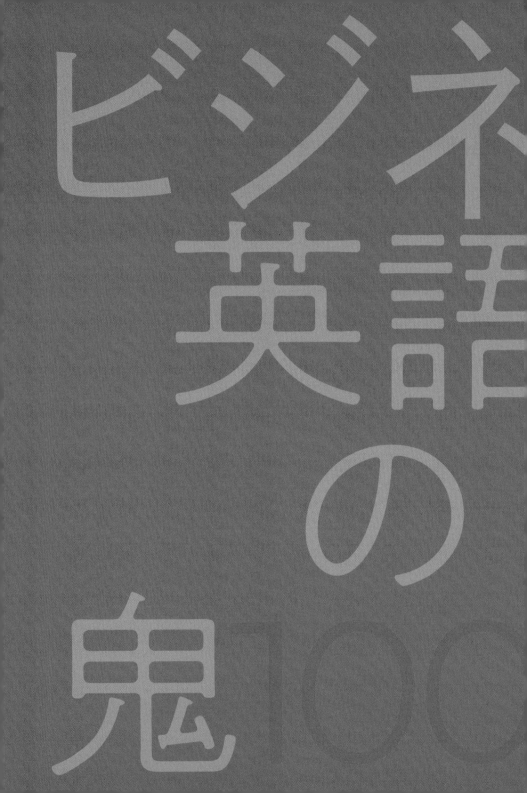

第 5 章
商談で外せない
契約書の確認

この章ではシンプルな売買契約書をベースに、英文契約書の読み方を押さえていきます。国（や、米国だと州）によって法律の内容は異なり、厳密には契約書の書き方にも影響してきますので、この章ではぜひ押さえておきたい英文契約書の大まかなポイントを中心に紹介していきたいと思います。

　あなた自身が法律の専門家ではなくとも、弁護士や企業の法務部の人と話をするのに、あるいはクライアントと契約の交渉をするのに、英文契約書のごく基本的な理解があれば役立ちます。

　サンプルの売買契約書では、日本企業が買主、ニューヨーク州の企業が売主で、一回限りの商品の取引について定めていますが、本章では同サンプル売買契約書の抜粋を見ながら、商品の買主と売主の両方の立場で、それぞれの条項のポイントを見ていきます。

　なお、この章に掲載した売買契約書を下記よりダウンロードできるようにしております(無料。登録など必要ありません)。

　テンプレートとして使用される際は、ご使用前に必ず必ず、内容について弁護士や法務担当者に確認してください。また、このテンプレートを利用し生じた問題等については、著者および明日香出版社は一切の責任を負いかねます。

頭書と前文で契約の背景を確認

▶ be made and entered into 〜
▶ as of 〜
▶ in consideration of 〜

この項では売買契約書の中で最初にくる、頭書と前文を確認します。

この本で解説するのは製品の売買契約書ですが、基本的な考え方はサービスの売買も同じです。

●──頭書で誰と誰の、何に関する契約か定義する

頭書では、本文の具体的な細かい内容に入る前に、「**誰と誰が**」「**何の**」契約を結ぶか、という大きなところ、背景を確認します。

下で紹介する英文のように、日付、契約を結ぶ二者を定めます。

頻出する法律用語を押さえよう

be made and entered into 〜は「（契約などが）**締結される**」という意味。

as of 〜は契約書以外でもビジネスでよく出てきますが、「**〜日付**」という意味ですね。

hereinafter referred to as 〜 は、「**以下〜という**」という意味で、契約書で非常によく見ます。2回以上使用される用語を短い言葉で統一する（＝定義する）際に使います。

会社同士の契約であれば、「会社の登記住所はどこか」「どの法律に基づいて設立された会社

か」等々を契約で繰り返し記載するのは煩雑なので、短い言葉で特定するために、下の例にもあるように、（hereinafter referred to as "Party A"）（以下「当事者A」という）などと書かれます。

SALES AGREEMENT

売買契約書

契約書のタイトルはSALES AGREEMENTのように、太字のゴシック体で、すべて大文字で書くのが慣例です。

This Sales Agreement (hereinafter referred to as "Agreement") is made and entered into as of the date set forth at the end of this document by and between the following parties:

この売買契約書（以下、「本契約」という）は、本書末尾に記載された日付をもって、以下の両当事者間で締結される。

_____, a Corporation (hereinafter referred to as "Party A"), incorporated under the laws of the state of New York, having its principal place of business at the following address:

_____、ニューヨーク州法に基づいて設立され、主たる事業所が次の住所にある法人（以下、「当事者A」という）：（住所）

AND

_____, a Corporation (hereinafter referred to as "Party B"), incorporated under the laws of Japan, having its principal place of business at the following address:

および

_____、日本国法に基づいて設立され、主たる事業所が次の住所にある法人（以下、「当事者B」という）：（住所）

Party は「当事者」という意味で、複数形のsが付くと、「両当事者」という意味になります。定義された Party の最初の文字である P は基本的に常に大文字となります。the など冠詞はつける場合とつけない場合どちらもありますが、いずれにせよ本文全体で統一するようにします。

●──前文で背景を記す

次に Recital（前文）を見ていきます。

ここでは本文に入る前に、「なぜ契約を結ぶか」が書かれています。

ちなみに契約書の形、書き方というのは割合自由なものであり、当事者の合意のもと決められるものなので、こういった前文などがない、あるいはかなり簡略化されていることも、よくあります。

RECITALS
前文

WHEREAS, Seller wishes to offer for sale certain Goods, as defined below;

WHEREAS, Buyer wishes to buy such Goods from Seller;

NOW, therefore, in consideration of the premises and covenants contained herein, Parties do hereby agree as follows:

売主は、以下に定義された商品の販売を希望しており、

買主は、売主から当該商品を購入することを希望しているので、

両当事者は、本契約に含まれる前提および誓約を約因として、以下のとおり合意する。

頻出する法律用語を押さえよう

Whereas という単語自体は訳さないことも多いですが、あえて意味を充てると、「～なので」、「～であるのに対して」、という意味です。文頭に大文字かつ太文字、カンマ(,)付きで置かれ、契約を締結するに至った背景事情を説明します。

　considerationは法律用語としては「**約因**」と訳しますが、これは簡単に言うと、ある約束と交換されたもの、**対価**という意味です。この契約書の文中では in consideration of ～（～を約因として）の形で使われています。

　herein は「本契約書**中で**（この中で）」という意味で、契約書をはじめ法律文書でよく使われる用語です。応用として、hereby, herewith, hereto も、各々「本契約書中で（この中で）」、「本契約書と共に（これと共に）」、「本契約書に（これに）」の意味になります。

　ちなみに、here- は必ずしも「本契約」を意味するわけではなく、「本条項」という意味の場合もあり、参照する部分については文脈で判断するようにしてください。

　いかがでしたでしょうか。

　法律用語は聞きなれない英語が多く、すでに難しく感じた方もいらっしゃるかもしれませんね。

　この頭書や前文というところは、原則として法的拘束力はないとされているところではありますが、契約の経緯や背景が書かれ、契約書の理解には大切なところでもあります。

　馴染むまで何度か繰り返し読んでみて、次の項の「第一条定義」に備えてくださいね。

単語の解説

■ recital「前文」　■ whereas「～なので、～であるのに対して」

■ certain「ある」　■ consideration「約因、対価」

■ premise「the premises で契約の前提、頭書部分という意味。」

■ covenant「誓約」　■ hereby「本契約書によって（これによって）」

■ herein「本契約書中で（この中で）」　■ herewith「本契約書と共に（これと共に）」

■ hereto「本契約書に（これに）」

用語を定義して解釈の違いを防ぐ

- ▶ mean
- ▶ refer to 〜
- ▶ For the purpose of 〜

自分が意図しない解釈の余地をなくす

　日本人同士の間で交わされる契約書でも、用語を定義する条項が設けられることが多いものですが、国際的な、国籍が違う者同士での取引の場合特に、用語を定義し、自分が意図しない解釈の余地をなくすことは非常に重要です。

　契約書で使う言葉があいまいだと、後日、当事者間で無用の誤解や解釈の齟齬の原因となり、また、取引でトラブルが生じたときに、そのあいまいな部分が不利に働くこともあります。

　定義は定義の条項を特に設ける場合と、本文中で都度定義する場合などがありますが、この項では第一条で用語の定義を行う場合について見ていきます。

頻出する法律用語を押さえよう

mean「〜を意味する」　refer to 〜「〜を指す」

共に用語の定義を行うときによく使う言葉です。

Article I.　　　　DEFINITIONS

第1条　定義

For the purpose of this Agreement, the following terms shall have the meanings as defined below:

1. "**Seller**" means Party A.
2. "**Buyer**" means Party B.
3. "**Party**" means Seller or Buyer individually.
4. "**Parties**" means Seller and Buyer collectively.
5. "**Goods**" means product or products supplied by Seller to Buyer in accordance with the terms and conditions of this Agreement.
6. "**Purchase Price**" means the price of Goods.
7. "**Deposit**" means money paid to Seller as a first installment on the purchase of Goods.
8. "**Agreed Time**" means the period of 30 days after receipt and acceptance of Goods by Buyer.

本契約の目的上、以下の用語は、以下に定義される意味を有するものとする。

1.「売主」とは、当事者Aを指す。

2.「買主」とは、当事者Bを指す。

3.「当事者」とは、売主または買主を意味する。

4.「両当事者」とは、売主および買主を総称する。

5.「商品」とは、本契約の条件に従って売主が買主に供給する製品を意味する。

6.「購入価格」とは、商品の価格を意味する。

7.「前払金」とは、商品の購入時に最初の分割金として売主に支払われる金銭をいう。

8.「合意時」とは、買主による商品の受領および受け入れ後30日間の期間を意味する。

また、用語の定義は上に書いたように条項を設ける場合、本文中で都度説明する場合に加え、添付資料で規定する場合もあります。「**添付資料**」を意味する英単語としては、appendix, exhibit, schedule などがあります。

単語の解説

■ collectively「集合的に」

■ appendix, exhibit, schedule「（契約書の）添付資料」

■ terms and conditions「（契約）条件、規約」

売買の合意条項で取引内容を明示的に記載する

▶ shall
▶ shall not

次に、合意条項です。

前文で言及されている売主と買主（両当事者（**Parties**）とされることもあります）が、（これは売買契約書なので）「何を」売るか、買うかということを明記します。その際例えば、製品の品目、カラー、数量、単価なども識別できるように記載します。

▶ Seller shall sell, and Buyer shall buy, the following Goods:
「売主は以下の商品を販売し、買主は同商品を購入する。」

この shall が契約書内で出てくる場合、基本的には「〜しなければならない」といった**義務**を表します（訳し方としては、「〜しなければならない」の他に「〜のものとする」「〜とする」など）。一般的な shall の意味である、「〜だろう」「〜することになっている」とは異なる意味で契約書の中では使われますので、注意が必要です。

will も同様に、契約書の中で義務を表す語として使われますが、will の方が多義的で解釈の余地を与えることになってしまうため、こちらが契約書をしたためる際には通常、shall で統一することをお勧めします。

Article II.　　　SALE

第2条　売買

Seller shall sell, and Buyer shall buy, the following Goods:

- Type: metallic stylus pen with the company logo (custom-designed)
- Color: blue
- Quantity: 20,000
- Unit Price: 1.50 USD

　売主は以下の商品を販売し、買主は同商品を購入する。

- 種別：（特注のデザインが施された）会社のロゴ入りメタリックスタイラスペン
- 色：ブルー
- 数量：20,000本
- 単価：1.5米ドル

　売買するものによって、記載の仕方は異なります。例えば不動産であれば、物件が存在する住所などが必要となるでしょうし、車であればメーカー（maker）や車種（model）なども記載する必要が出てくるでしょう。

　サービスの売買の場合、ここにサービスの詳細を記載することになりますが、そもそも契約書名が(General) Service Agreement となったり、この売買合意条項以外の条項も状況に応じ修正する必要があります。

　この本で一通り流れを理解した後で、インターネットなどでサービスの売買契約書のテンプレートを探し、それをもとに修正を加えることをおすすめします。

　この売買合意条項はシンプルでいて、この売買契約書の重要な前提を決める大切な条項です。また、書きぶり以前に、「本当にこれは提供できるのか」「コストに比して単価は適切か」などといったビジネス自体のことも社内で必ず確認を取りましょう。

単語の解説

■stylus「スタイラス、タッチペン」

契約金額に含まれるものと支払について明確化する

▶ be due and payable on 〜
▶ specify
▶ unless otherwise set forth in 〜
▶ in violation of 〜

税や輸送料をどこまでどちらが負担するか

　契約金額は、商品の価格自体をお互いの合意が取れるように決めるだけではなく、付随する費用を誰が負担するかということも、しっかり決めて記載しておきましょう。

　特に、Sales Tax（売上税）やValue Added Tax（VAT＝付加価値税）といった日本でいう消費税のような物品やサービス購入の際に必要な税金や、輸送料（shipping cost, freight costなどと呼ばれます）についてはポイントとなることが多いです。

　そのほか、場合によってはその他の税金、関税（tariff）やその他の費用もかかってくるでしょうから、契約金額に含まれるかどうか契約書に明示しておきましょう。

●──インコタームズ

　なお、国際売買の金額に関する民間のルールとして、"Incoterms（International Commercial Terms)"もよく適用されます。

　これはインコタームズと呼ばれ、FOB（Free on Board＝本船渡し）、CIF（Cost, Insurance and Freight＝運賃保険料込み）などの貿易条件があります。国際間の遠距離の取引において、契約上の価格がどこまでの費用を含んでいるか（例えば、

売主の工場渡しの価格なのか、買主の店舗までの輸送費や保険料等を含んだものなのか）を定めたもので、例えば、契約金額10,000 USDと一口で言っても買主が負担する金額はずいぶんと異なります。

　詳細はここでは省略しますが、海外取引の契約にしっかり関わる人は貿易関係や英文契約の専門書などで勉強してみるのもよいでしょう。

●──価格と支払期日、払い方を決める

　以下の英文契約書では、商品の価格には税金が含まれておらず買主が負担すること、また配送料（この場合は船積費用）は売主が負担することなどの貿易条件が明記されています。

▶ Seller shall pay any shipping costs incurred in shipping Goods to Buyer.
　「売主が買主向け商品の船積みに伴い生じる船積料金を負担するものとする。」

　また、前払金の**支払期日**を決め、どのように支払うかも指定しています。

▶ Deposit shall be due and payable on March 14, 2022.
　「前払金は2022年3月14日を支払期日とし、それまでに支払う。」

▶ shall be paid to Seller's bank account specified by Seller
　「売主が指定する売主の銀行口座に振り込むこと」

Article III.　　　　PRICE
　第3条　価格

1.　Price of Goods
　For the sale of Goods, Buyer shall accept Goods and pay Seller the following amount: 32,250 USD ("**Purchase Price**"). Seller and Buyer acknowledge the sufficiency of Purchase Price as consideration for Goods.
　1. 商品の価格

本商品の販売にあたり、買主は商品を受け取り、売主に以下の金額を支払うものとする：32,250米ドル（以下「購入価格」という）。

売主および買主は、商品の対価として購入価格が十分であることを認める。

2. Shipping costs

Seller shall pay any shipping costs incurred in shipping Goods to Buyer.

2. 船積料金

売主が買主向け商品の船積みに伴い生じる船積料金を負担するものとする。

3. Deposit

A deposit of the following amount is required to be paid by Buyer: 10,000 USD ("**Deposit**"). Deposit shall be due and payable on March 14, 2022, and shall be paid to Seller's bank account specified by Seller. Except as otherwise provided in this Agreement, Deposit is not refunded to Buyer if this transaction is not completed. After Deposit is paid, delivery of Goods is made in accordance with ARTICLE V, and Buyer has confirmed the acceptance of Goods in accordance with ARTICLE VII, Buyer shall promptly pay the remainder of Purchase Price to Seller.

3. 前払金

買主は、以下の金額の前払金を支払う必要がある：10,000米ドル（以下「前払金」という）。前払金は、2022年3月14日を支払期日とし、売主が指定する売主の銀行口座に支払われるものとする。

本契約に別段の定めがある場合を除き、本取引が完了しない場合には、前払金は買主に返還されない。

前払金が支払われ、第5条に基づいて商品の納入が行われ、第7条に基づいて買主が商品の受け入れを確認した後、買主は速やかに購入代金の残額を売主に支払うものとする。

4. Applicable Sales Tax

Unless otherwise set forth in this Agreement, Purchase Price excludes all taxes, duties, fees, and other charges, which are the responsibility of Buyer.

4. 適用される売上税

本契約に別段の定めがない限り、購入価格には、税金、関税、手数料、その他の料金が含まれておらず、これらは買主の負担となる。

最後のパラグラフについては、両当事者が購入価格の額に納得していること、また、税金などについての取り扱いを規定しています。

▶ Unless otherwise set forth in this Agreement 「本契約に別段の定めがない限り」

これは、契約書でよく使用される表現です。

●──支払いについて
また、支払についての条項は以下の英文のように定めることができます。

Article IV.　　　INVOICING AND PAYMENT

第4条　請求書の発行と支払い

Seller shall provide an invoice to Buyer upon delivery of Goods. Buyer shall pay all invoices, minus the amount of Deposit, in full within 30 days after receipt and acceptance of Goods (hereinafter referred to as "**Agreed Time**").

売主は、「商品」の納入時に買主に請求書を提出するものとする。買主は、商品の受領および受け入れ後30日(以下、「合意時」という) 以内に、前払金の額を差し引いた請求額を全額支払うものとする。

If Buyer fails to pay Purchase Price at Agreed Time, Seller shall in any event be entitled, without limiting any other rights it may have (e.g., Seller had the option to consider Buyer in breach of this Agreement and to terminate it in accordance with the provisions of Article XI), to charge interest on the outstanding amount at the rate of five percent (5%) for each month's delay within the limit permitted by law.

買主が合意時に代金を支払わなかった場合、売主はいかなる場合でも、売主が有しうる他の権利（例えば、売主は買主が本契約に違反しているとみなし、第11条の規定に従って本契約を終了させるオプションを有していた、など）に限らず、法律で認められている限度内で、未払い金に対して1ヶ月の遅延当たり5％の割合で利息を請求する権利を有するものとする。

▶ in breach of ～ 「～に違反している」

支払いが遅れた場合のペナルティについてもここで規定しています。

実際の遅延損害金の金額は、遅延があった場合の自社の実際の損害の程度等考慮して決めてください。

金額やどういった名目の金額なのか、またどの通貨（米ドルか、円かなど）なのかなどは非常にセンシティブなところですので、抜けや漏れがないか自社でしっかり確認し、また相手との理解の齟齬がないか密にやり取りをして、契約書に明記するようにしましょう。

Column

いろいろな通貨の英語表記一覧

米ドル	USD	ex. 10,000 USD
ユーロ	EUR	
カナダドル	CAD	
シンガポールドル	SGD	
英ポンド	GBP	

ドル建て	dollar-denominated / in dollars
円建て	yen-denominated / in yen

単語の解説

- be due and payable on ～　～を支払期日とする
- specify「特定する」
- shipping costs「輸送料、配送料、船積料金」　 sufficiency「十分」
- acknowledge「認める」　 incur「（コストなどが）生じる」
- refund「返金する」　 remainder「残り」
- (customs) duty, tariff「関税」
- be entitled to ～「～する権利（資格）を有する」
- in breach of ～「～に違反する」　 terminate「解除する、終了する」
- outstanding「未払いの」

商品の納入と危険負担の移転を明記する

▶ deliver Goods to 〜
▶ risk of loss
▶ pass to 〜

納入は「期限厳守」を念押しする

　商品の納入については理解の齟齬が発生しやすいところなので、誤解の余地がないように細かく決めておきましょう。

　下記は前項に引き続き物品、形あるものである商品の受け渡しについてですが、成果物が電子ファイルなどでの提供になる場合など、特に同様の取引に慣れていない買主との取引のときなど、「紙ではなく電子ファイルをEメールで送信することでの納品となる」といった詳細も契約書に記載しておくとよいでしょう。

例文 As Goods are defined as software and other electronic media, delivery shall be made electronically and not by physical discs sent through standard mail.

　　「商品はソフトウェアおよびその他の電子媒体として定義されるため、引渡しは電子的に行われ、普通郵便で送られる物理的なディスクでは行われない。」

以下の英文では**納入**についてこう表現されています。

▶ Seller shall deliver Goods to Buyer 「売主は買主に対し商品を納入する」

第1章

第2章

第3章

第4章

第5章

第6章

第7章

第8章

第9章

第10章

Article V.　　　DELIVERY

第5条　納入

Time is of the essence. Seller shall deliver Goods to Buyer on the following date:
　　　・Delivery Date: June 30, 2022
provided that Parties may agree in writing to a different delivery date.

　期限厳守。売主は、以下の日付に、買主に対し商品を納入するものとする。
　　　・納入日2022年6月30日
　ただし、両当事者は、異なる納品日について書面で合意することができる。

ここでは納入の日付が記載されています。

頻出する法律用語を押さえよう

　Time is of the essence. は「**期限厳守**」という意味ですが、大変重要なので、こういった目立つところに持ってくるのがよいでしょう。

　provided that 〜は「**〜を条件として、ただし〜である場合に**」という意味です。

危険負担＝引き渡し場所をどこに設定するか

　次は**危険負担**（risk of loss）の移転についてです。商品が何らかの原因でダメージを負うことは得てしてあるものですが、その責任はどの時点で売主から買主に移るのか、ということを明記します。

　売主の視点に立つと、扱う商品にもよりますが、商品の引渡しを自社の工場や倉庫にすれば、海をまたぐ商品売買における引き渡しの遅延等のリスクはかなり減るとも言えます。

ここでは、title, risk of loss, and other incidents of ownership, subject to Seller's security interest, shall pass to Buyer when goods arrive at Buyer's location mentioned above（商品が上記の買主の場所に到着したときに、危険負担が買主に移転する）としています。

Article VI.　　RISK OF LOSS

第6条　危険負担

Unless otherwise stated herein, transportation is FOB Destination Freight Collect, so freight is charged when Goods reach the destination mentioned above. Title, risk of loss, and other incidents of ownership, subject to Seller's security interest, shall pass to Buyer when Goods arrive at Buyer's location mentioned above (i.e., FOB Destination).

本契約において別段の記載がされていない限り、輸送は、仕向地渡しかつ運賃着払 (FOB Destination Freight Collect) であり、商品が上記の目的地に到着した時点で輸送費が請求されるものとする。所有権、危険負担、およびその他の所有権に係る付随事項は、売主の担保権を条件として、商品が上記の買主の場所に到着したときに買主に移転するものとする。

　危険負担など、お互いの関係が良好なとき、全く問題にならない気がして契約書の条項としても力を入れる気がしない（そもそも正式な契約書中に規定しようとしない）ということもあるかもしれませんが、契約締結後に問題が実際に生じたときにこういった条項こそ、大切になってくるものです。

　契約書を締結しようと交渉している時点で関係が悪化していることなど、そうはありません。修正のきく契約のドラフト作成／交渉時だからこそ、いろいろなケースやリスクを考えて、なるべく網羅的なものを作れるように、心掛けるようにしましょう。

単語の解説

■ provided that ～「～という条件で、ただし～である場合に」

■ time is of the essence「期限厳守」　■ title「所有権」

■ risk of loss「危険負担」

■ FOB Destination Freight Collect「仕向地渡しかつ運賃着払」

■ security interest「担保権」

商品の検査について
明記する

▶ **Buyer shall be allowed to inspect Goods upon receipt**
▶ **within x days of the receipt of Goods**
▶ **as is**
▶ **as per ～**

買主の権利：検査を「いつ」「どう」するか

　検査についての条項を見てみましょう。

　製品の検査を行うタイミングとして納品の前、後、両方に行う場合などがあります。また、場所としても、売主の工場に赴いたり誰かを派遣して行ったり、買主の会社やウェブでの立ち会いで行ったりすることもありケースによりまちまちであるため、双方でしっかり話し合い、納得した上で契約書にも記載しておきましょう。

　このサンプル契約書では、検査をすることができる買主の権利について、タイミングと共に規定しています。

Buyer shall be allowed to inspect Goods upon receipt
「買主は、商品受領時に検査することができるものとし、」

shall do so within 5 days of the receipt of Goods
「買主は商品の受領後5日以内に検査を行うものとする」

検査で破損や不足など問題があった場合、「不適合」があったとして先方にクレームを入れることになります。

▶ nonconformance 　「不適合」

もし不適合があったとしても、検査後期限内にクレーム通知をしなければ、現状のまま受け入れたことに同意する「**現状有姿**」とみなされます。

as is 　「現状有姿」

Article VII. 　　　RIGHT OF INSPECTION

Buyer shall be allowed to inspect Goods upon receipt and shall do so within 5 days of the receipt of Goods. In the event that Buyer discovers any damage, shortages, or other nonconformance of Goods, Buyer shall notify Seller within 5 days after receipt of Goods, specifying the basis for its claim as per the provisions of Article X. Failure to notify Seller by such date shall constitute an acceptance of delivery of Goods as is.

第7条　検査権

買主は、商品受領時に検査することができるものとし、商品受領後5日以内に検査を行うものとする。買主が商品の破損、不足またはその他の不適合を発見した場合、買主は商品の受領後5日以内に、第10条の規定に基づきクレームの根拠を明示して売主に当該検査結果を通知するものとする。当該期日までに売主に当該通知がなされない場合は、「商品」を現状のまま受け入れたものとみなす。

ここでのconstituteは「構成する」という意味で、ビジネス法務では、「**～に該当する**」「**～とみなす**」といった意味となります。

as per ～ 　「～にしたがって」「～の通りに」

不適合があった場合の売主の責任範囲を定める

不適合があった場合の、買主に対する**救済手段**が提示されますが、無限に弁償されるわけではなく、「どこまで売主が責任を負うのか」も同時に、あらかじめ決めておくことになります。

▶ Buyer's exclusive remedy 「買主の唯一の救済手段」
▶ Seller's limit of liability 「売主の責任限度」

この契約では、第10項で以下のように定めています（責任の範囲を定めた8項・9項は次項で扱います）。

will be for Purchase Price of the particular delivery with respect to which losses or damages are claimed, plus any transportation charges actually paid by Buyer.

損失または損害が主張されている特定の納品物の購入価格に、買主が実際に支払った輸送費を加えたものとする。

責任範囲は「購入価格と輸送費まで」ということですね。

Article X. CLAIMS AND REMEDIES

第10条　クレームと救済措置

1. Buyer's failure to give notice of any claim within 5 days from the date of delivery will constitute an unqualified acceptance of Goods and a waiver by Buyer of all claims with respect to Goods.

1.買主が納入日から5日以内にクレームの通知をしなかった場合、買主は商品を無条件に受け入れ、かつ、商品に関するすべてのクレームを放棄したものとみなす。

2. Buyer's exclusive remedy and Seller's limit of liability for any and all losses or damages resulting from defective goods, or from any other cause, will be for Purchase Price of the particular delivery with respect to which losses or damages are claimed, plus any transportation charges actually paid by Buyer.

2. 欠陥品またはその他の原因による損失または損害に対する買主の唯一の救済手段および売主の責任限度は、損失または損害が主張されている特定の納品物の購入価格に、買主が実際に支払った輸送費を加えたものとする。

これら検査やクレームの条項は、商品の性質、業界や企業の慣行により大きく異なるところです。

例えば、製造業が既存の法人顧客と高価な物品の売買を行う場合や買主の工場での組付け用部品等の取引を行う場合では、「納入から１年」など、長期に渡り品質保証を行う場合もよくあります（保証期間に関する表現は次項参照）。一方で、日用品で安価な消耗品の場合には今回のように「売り切り」でビジネスをするケースもあります。

自社の利益を守ることと、業界のサービス水準に合わせ顧客の満足度を高めることのバランスが取れるよう、契約締結前によく話し合っておきましょう。

単語の解説

- inspect 検査する　■ damage「破損」　■ shortage「不足」
- nonconformance「不適合」　■ notify「通知する」
- claim「クレーム（権利の主張、請求）」　■ constitute「〜を構成する、該当する」
- unqualified「無条件の」　■ waiver「権利放棄」　■ sole「唯一の」
- remedy「救済手段」　■ with respect to 〜「〜に関する」
- transportation charge「輸送費」

売主と買主の両方の責任について

▶ whether express or implied
▶ Buyer acknowledges that 〜
▶ Seller expressly disclaims all warranties 〜
▶ In no event

本節では、売主と買主のそれぞれの責任について見ていきます。

売主の「保証」を大文字で強調する

まず、この契約書でのWARRANTIES（保証）の条項では、「この商品は、買主が受領後検査を行い5日以内にクレームがなされる場合（第7条で規定）を除き、現状のまま "as is（現状有姿）"ベースで販売されること、また売主は商品の商品適格性または特定目的適合性を含め保証を行わないものとし、それを買主はacknowledge（認める）する」としています。

> Buyer acknowledges that 〜 「買主は〜を認める」
> Seller expressly disclaims all warranties 〜「売主はすべて否認する」

もちろん、こういった保証の項目も、製品の性質や業界の慣行などに関わってくるため、例えば「1年程度は保証する」という条項も十分あり得ます。その場合は、as is を含む文の代わりに、The Warranty period shall be one year from the date of delivery.（商品の納

どちらの責任……？

入から保証期間は1年です。）といった文に変更することを含め、この条項全体を修正する必要があります。

　Warranty の条項は、英米法の下で買主が見落とさないように、目立つように定めることが求められています。このため、すべて大文字で表記されることもよくあります。

whether express or implied　「明示的かまたは黙示的かを問わず」

☛口頭や書面などで明確に意思表示をするか、性質や状況などから推知されるか、いずれの場合においても、という意味。

Article VIII.　　　WARRANTIES

第8条　保証

UNLESS BUYER RAISES THE RIGHT STATED IN ARTICLE VII, BUYER ACKNOWLEDGES THAT IT HAS NOT RELIED ON, AND SELLER HAS NOT MADE, ANY REPRESENTATIONS OR WARRANTIES WITH RESPECT TO THE QUALITY OR CONDITION OF GOODS, AND THAT IT IS PURCHASING GOODS ON AN "AS IS" BASIS. SELLER EXPRESSLY DISCLAIMS ALL WARRANTIES, WHETHER EXPRESS OR IMPLIED, INCLUDING ANY IMPLIED WARRANTY OF MERCHANTABILITY OR FITNESS FOR A PARTICULAR PURPOSE.

　買主が第7条に記載されている権利を提起しない限り、買主は、商品の品質または状態に関する表明または保証に依拠しておらず、売主も表明または保証を行っていないことを認め、買主は「現状有姿」で商品を購入するものとする。売主は、商品適格性または特定目的適合性の黙示的保証を含め、明示的または黙示的かを問わず、すべての保証を明確に否認する。

不測の事態のために責任には限度を設定する

　以下の第9条は売主の責任の限度を規定する条項です。不測の事態が起こったときに、<u>商品価額以上の責任を問われないように、入れておくのは非常に重要です。</u>

▶ In no event shall Seller's liability exceed Purchase Price paid by Buyer to Seller for Goods giving rise to the claim or cause of action.

> 「いかなる場合も、売主の責任は、請求または訴因を生じさせた商品に対して買主が売主に支払った価格を超えないものとする。」

in no event 「いかなる場合も」

　このように書くことで、売主の契約上の責任（＝補償額）の上限を設定することになるので、ビジネス上のリスクヘッジができます。買主側からの異議が出た場合などは、粘り強く説得する必要があることもあるでしょう。

Article IX.　　　LIMITATION OF LIABILITY

第9条　責任の限度

Notwithstanding anything provided in this Agreement, Seller shall not be liable to Buyer for any indirect, special, consequential, or punitive damages (including lost profits) arising out of or relating to this Agreement or the transactions it contemplates (whether for breach of contract, tort, negligence, or other form of action) and irrespective of whether Seller has been advised of the possibility of any such damage. In no event shall Seller's liability to Buyer exceed Purchase Price paid by Buyer to Seller for Goods giving rise to the claim or cause of action.

本契約に定められているいかなる規定にもかかわらず、売主は、本契約または本契約が企図する取引（契約違反、不法行為、過失、またはその他の行為の形態を問わない）に起因または関連する如何なる間接的、特別、結果的または懲罰的損害（逸失利益を含む）についても、また売主がかかる損害の可能性について知らされていたかどうかにかかわらず、買主に対して一切責任を負わないものとする。いかなる場合においても、売主の買主に対する責任は、請求または訴因を生じさせる商品に対して買主が売主に支払った価格を超えないものとする。

単語の解説

- acknowledge「〜であることを認める」
- express「明示的」 ■ implied「黙示的」
- representation「表明」 ■ warranty「保証」
- expressly「明示的に」 ■ disclaim「否認する」
- merchantability「商品適格性」
- fitness for a particular purpose「特定目的適合性」
- be liable to 〜「〜に対し責任がある」 ■ indirect「間接的な」
- consequential「結果的」 ■ punitive「懲罰的な」
- lost profit「逸失利益（逸失利益として loss of profit と書かれることもよくあります）」
- contemplate「意図する、企図する」 ■ cause of action「訴因」
- tort「不法行為」 ■ negligence「過失」 ■ irrespective「関係なく」
- liability「責任」

契約の解除について
あらかじめ決めておく

▶ Seller may terminate this Agreement and cancel the sale
contemplated hereby〜
▶ any time prior to Closing Date
▶ in the event of Buyer's insolvency or bankruptcy

解除の条項を定める

　通常、「契約解除」の条項では、契約を一方的かつ強制的に終了させる場合について、書かれてあります（このほかに、買主による自己都合解除の条項が設けられることもあります）。

　契約は有効として維持し、よほどのことがない場合解除は行いたくないものですが、そうは言っても相手方が破産してしまったり、買主が支払いをずっと行わなかったり、売主が商品をずっと送らなかったりするようなことがあれば、取引を継続することはできません。この場合、契約を終了させる必要があります。

　このため、通常は（サンプル原稿はこの限りではありません。この項後半参照）以下のように解除の条項を定めておきます。

解除の理由

契約の解除には、第三者から見て「これは仕方ない」と思える合理的な理由がある必要があります。

▶ Seller may terminate this Agreement and cancel the sale contemplated hereby at any time prior to Closing Date.

> 「売主は、以下の場合、取引完了期日前にいつでも本契約を解除し、本契約で企図された販売を取り消すことができる。」

in the event of Buyer's insolvency or bankruptcy
「買主の支払不能または破産の場合」

ここに出てくる Closing Date とは取引の**完了期日**のことです。

TERMINATION

解除

1. Seller may terminate this Agreement and cancel the sale contemplated hereby at any time prior to Closing Date, if:

> i. Buyer fails to pay for any shipment or deposit when due;
>
> ii. in the event of Buyer's insolvency or bankruptcy.

2. Buyer may terminate this Agreement and cancel the purchase contemplated hereby at any time prior to Closing Date, if:

> i. Seller fails to deliver Goods when due without legitimate reasons and prior notice;
>
> ii. in the event of Seller's insolvency or bankruptcy.

1.売主は、以下の場合、取引完了期日前にいつでも本契約を解除し、本契約で企図された販売を取り消すことができる。

> i. 買主が船積に対する支払または前払金の支払を期限内に行わなかった場合。

ii. 買主の支払不能または破産の場合。

2. 買主は、以下の場合、取引完了期日前にいつでも本契約を解除し、本契約で企図された購入を取り消すことができる。

　　i. 売主が正当な理由と事前通知なしに期限内に商品を納入しない場合。

　　ii. 売主の支払不能または破産の場合。

　ただし、サンプルの契約書においては、売主の所在地があるニューヨーク統一商法典に「契約の解除」がすでに含まれているため、今回のような一度限りの取引では特に契約解除について細かく契約書で触れず、準拠する法律を明記しています。

　これは、続く第12項の「一般条項」で「この契約はニューヨーク統一商法典を含め、ニューヨーク州法に準拠して解釈される」ものと定めることと通じます（ Must 54参照）。

Article XI.　　TERMINATION

第11項　解除

> Except where otherwise stated by Parties, the rules of the termination of Agreement shall be governed by the New York Uniform Commercial Code.

　両当事者が別途定める場合を除き、本契約の解除に関する規則は、ニューヨーク州統一商法典に準拠するものとする。

　こういった、米国の統一商法典で定められている場合で、特に一度限りの取引で解除に関し不明瞭なところがないときなどを除き、通常、前ページのような表記をします。

　無事に問題なく取引を終えられ、契約が、当事者が当初企図していた通りに終了するのが一番ですが、時として問題が生じ、契約の解除がやむを得ないことがあります。そんなとき、この条項がなければ、取り扱いに気をもむことも多いでしょう。お互いに、もしものときの契約解除の条件について、事前に合意を得ておくのが重要です。

単語の解説

■ **terminate**　（契約を）解除する、終了する

■ **insolvency**　支払不能

■ **bankruptcy**　破産

一般条項を入れる

- ▶ **This Agreement shall be governed by and construed**
- ▶ **attorn to ～**
- ▶ **irrevocably waive**
- ▶ **causes beyond one's reasonable control**

　一般条項とは、契約書の種類に関わらず、一般的に規定されることの多い標準的な条項のことを言います。

①準拠法を定める

　まず準拠法、つまり、どの国の法律に基づいて契約を解釈／運用するかということをあらかじめ決めておきます。例えば契約書に書いていない事柄など、準拠法に基づいて解釈されます。

　準拠法は買主や売主、または第三国の法律となります。

　多くの場合、いずれの契約当事者も各々自分の所在地国の法律を準拠法にしたいと主張しますが、合意に至らず当事者間の力関係にさほど差がない場合などは、最終的に第三国の法律とすることに落ち着くこともあります。言語の問題で、(ビジネス上の共通語である) 英語圏の国となる場合もあります。

▶ This Agreement shall be governed by and construed in accordance with the laws of the State of New York, including the New York Uniform Commercial Code

> 「本契約は、ニューヨーク統一商法典を含め、ニューヨーク州法に準拠して解釈されるものとし」

be governed by and construed　「〜に準拠して解釈される」

　米国などは、連邦法と州法がありますので、適用されるべき州法を具体的に明記することに注意が必要です。

▶ Seller and Buyer hereby attorn to the jurisdiction of the Courts of the State of New York

> 「売主および買主は、本契約によりニューヨーク州裁判所の管轄権に服するものとする」

attorn to 〜　「〜に服す」

　jurisdiction とは管轄裁判所、すなわち、当事者間の紛争について審理し判決を下す権限を有する裁判所の法域を表す言葉です。問題が発生して紛争に至った場合の裁判所もあらかじめ定めておきます。

　米国では陪審員の制度がありますが、以下のように記載することで、ニューヨーク州では陪審員の免除ができます。これは契約をする日本人側からすると煩雑な手続きを回避できメリットとなりますので、米国との契約の場合は準拠法で該当するか調べておきましょう。

▶ Each of Parties hereby irrevocably waives, to the fullest extent permitted by applicable law, any and all right to trial by jury in any legal proceeding arising out of or relating to this Agreement.

> 「各当事者は、本契約により、適用法で認められている最大限の範囲で、本契約に起因または関連する如何なる法的手続においても、陪審員による裁判を受ける一切の権利を取消不能で放棄する。」

Article XII. GENERAL PROVISIONS

第12条　一般条項

1. **GOVERNING LAW**: This Agreement shall be governed by and construed in accordance with the laws of the State of New York, including the New York Uniform Commercial Code, and Seller and Buyer hereby attorn to the jurisdiction of the Courts of the State of New York. Each of Parties hereby irrevocably waives, to the fullest extent permitted by applicable law, any and all right to trial by jury in any legal proceeding arising out of or relating to this Agreement.

１.　**準拠法**：本契約は、ニューヨーク統一商法典を含め、ニューヨーク州法に準拠して解釈されるものとし、売主および買主は、本契約によりニューヨーク州裁判所の管轄権に服するものとする。各当事者は、本契約により、適用法で認められている最大限の範囲で、本契約、に起因または関連する如何なる法的手続においても、陪審員による裁判を受ける一切の権利を取消不能で放棄する。

Except where otherwise stated in this Agreement, all terms employed in this Agreement will have the same definition as set forth in the Uniform Commercial Code in effect in the State of New York on the date of execution of this Agreement.

本契約に別段の定めがある場合を除き、本契約で使用されているすべての用語は、本契約締結日にニューヨーク州で施行されている統一商法典に規定されているのと同じ定義を有するものとする。

②不可抗力について言及する

　最後に、不可抗力について見ていきましょう。

　今回のサンプルの売買契約書では、この不可抗力（Force Majeure）は最後に並ぶ一般条項の1つとして入っていますが、もちろん、独立して1つの条項にすることは可能です。

　ここでは、両当事者が通常の努力をしてもどうすることもできない、天変地異や災害、戦争などが起きた場合の取引について定められています。

　日本の法律とは異なり、英米法では、契約違反は無過失責任であり、納期に遅れた当事者に過失がない不可抗力が理由で遅れた場合でも、納期に遅れれば契約違反として損害賠償責任が生じます。それを避けるためには、契約書に不可抗力条項を明記しておく必要があります。

　2020年以降、世界はコロナ禍を経験し、「テレワークなので会社のシステムが使えない」「子どもの預け先がなく家族の世話が必要で人手が限られる」など、サービスの提供状況に変化が生じ、この不可抗力条項の重要性が身に染みてわかった、という企業や人も多かったのではないかと思います。

Neither Party is liable to the other for any failure to perform due to～

「いずれの当事者も、～による（契約上の義務の）不履行について、相手方に責任を負わない」

causes beyond its reasonable control

「合理的に制御できない原因」

Seller is not liable for any delivery delay or non-performance caused by～

「売主は、～に起因する納入遅延または不履行については責任を負わない」

そういった不可抗力による問題が生じ、製品やサービスの提供ができなくなるため、「下記のように対応できる」ということも同時に規定しています。

> **Seller may decide to terminate this Agreement in full, in which case it shall provide a complete and total refund to Buyer of any fees paid.**

「売主は、本契約を完全に解除することを決定できるものとし、その場合支払われた料金を買主に完全かつ全額返金する。」

---

2. **FORCE MAJEURE**: Neither Party is liable to the other for any failure to perform due to causes beyond its reasonable control including, but not limited to, acts of god, acts of civil authorities, acts of military authorities, riots, embargoes, acts of nature and natural disasters, and other acts which may be due to unforeseen circumstances. Seller is not liable for any delivery delay or non-performance caused by labor or transportation disputes or shortage, material delays, or other similar delays that may occur, up to 30 days after the expected date of delivery. In the event of such a delay, Seller may decide to terminate this Agreement in full, in which case it shall provide a complete and total refund to Buyer of any fees paid.

2.**不可抗力**：いずれの当事者も、天変地異、民事当局の行為、軍事当局の行為、暴動、禁輸、自然災害、その他の不測の事態を含むがこれに限定されない、合理的に制御できない原因による不履行について、相手方に責任を負わないものとする。売主は、労働争議もしくは輸送争議または労働力もしくは輸送能力の不足に起因する納入の遅延または不履行、重大な遅延、または納入予定日から30日以内に起こりうるその他の同様の遅延または不履行について責任を負わないものとする。当該遅延が生じた場合、売主は、本契約を完全に解除することを決定できるものとし、その場合支払われた料金を買主に完全かつ全額返金する。

この契約書の項は以上で終了です。不可抗力を含め条項全般に言えることですが、問題が発生していない、両当事者の関係が良好なうちに、あらゆるリスクを洗い出し、契約書に落とし込んでおきましょう。小さなことでも、契約書や書面に確実に残し、お互いの合意を都度確認していくようにしましょう。

単語の解説

■ be governed by ～　「～に準拠する」　■ be construed「解釈される」

■ in accordance with ～「～に従って」　■ attorn to ～「服する、承認する」

■ jurisdiction「管轄権、法域」　■ irrevocably「取り消し不能で」

■ jury「陪審員」

■ failure to perform「（契約）不履行」　■ non-performance「不履行」

■ force majeure「不可抗力」　■ act「行為」　■ acts of god「天変地異」

■ civil authorities「民事当局」　■ military authorities「軍事当局」

■ riot「暴動」　■ embargo「禁輸」　■ unforeseen「予見できない」

■ dispute「争議」　■ shortage「不足」

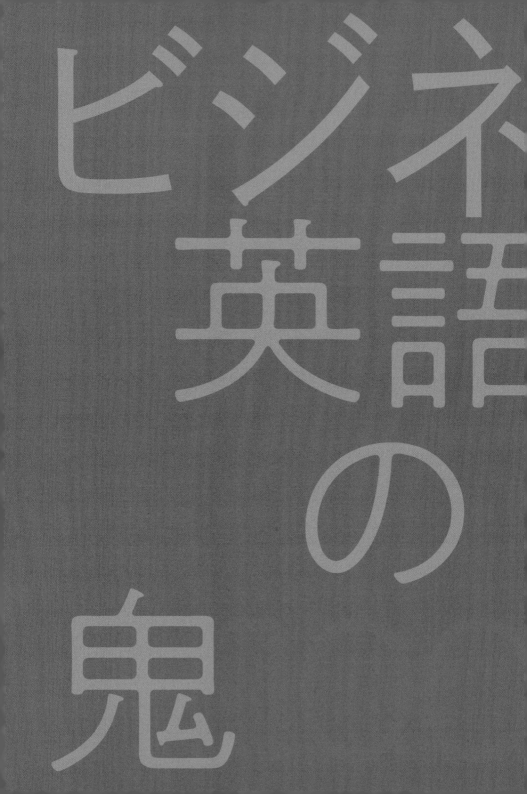

第6章
ビジネスパーソン必須
の会計英語

この章は「会計英語」の章なのですが、会計英語は必ずしも経理や会計士といった「会計のプロフェッショナル」のためだけのものではありません（本書にはプロフェッショナルの方の痒い所に手が届くフレーズも入っているかとは思いますが）。

　英語で会計のことを Accounting と言いますが、もともと account という単語には「説明する」という意味があります。営んだビジネスの結果や予測の数字を適格にコミュニケートする、その相手は株主だったり本社だったり直属の上司だったりそれぞれ異なるでしょうが、相手に意図したことが正しく伝わるように、適格に説明する必要があるというのは同じです。

　この章では、会社の業績をざっくりと説明するための英単語やフレーズから、財務諸表の各項目の増減、その理由の説明、財務指標を使った比較の話、そして社内で話題にする一般的な税務や内部統制、ビジネスの現場で使える管理会計の話をするための英語まで比較的幅広く扱っています。

　本章の会計用語は米国会計基準（**US GAAP**）を中心に、日本の会計基準（**JP GAAP**）の単語の説明を時に交えながら用いています（**GAAP** とは Generally Accepted Accounting Principle の略です）。

　ご自身の担当する業務によっては本章の中で特に直接使用することのない部分もあるかとは思いますが、そこは流し読みしてもらっても構いません。

　章の最初から最後まで、必ずしもすべて履修して覚えようとせず、特に必要なところや興味のあるところから、つまみ食いするように読んでいってもらえれば幸いです。

会社の業績と数字を
語れるようになる

▶ net sales reached 〜
▶ account for 〜
▶ compared to last year,
▶ year on year (YoY)
▶ sales decreased (increased) by 〜

　会社の業績を英語で説明する機会というのは、現代の日本のビジネスパーソンにはどんどん増えてきているのではないでしょうか。

　IR（インベスターリレーションズ）のように、対外的に正式に発表したり、機関投資家とのミーティングにどんどん出ていったりという方もいらっしゃいますが、まずは、海外の親会社や外国人の取締役に英語でレポーティングを行うために、少しずつ会計英語もできるようになりたい、という方も多いでしょう。

　また、全く経理や財務と関係のない部署であっても、ごく基本的な会計英語を学ぶことは価値があります。
「御社はどんな会社？」と聞かれたときに、「大手」とか「中小」とかいうよりも、「売上高でいうと○億円／ドルです」と言った方がスムーズに理解してもらえることが多くあります。日本市場に詳しくない海外の人であれば、「日本で有名な企業」と言ってもピンとこないことも多くあります（Toyotaのようなレベルで大手であれば別ですが…）。

　まずは会社の業績の大きい所をざっくりと簡単に、英語で表す方法を見ていきます。

それではよく使う単語から。

例文 Net sales reached 1,238.9 billion yen, with overseas sales of 773.07 billion yen accounting for 62.4% of the total.
「売上は1兆2389億円に達し、うち海外の売上は7730.7億円、全体の62.4%を占めています。」

net sales reached〜　「売上は〜に達した」

会計英語で頻出するreachは「達する」という意味で、同様の表現としてrecord（記録する）というのもあります。

recordはその名の通り、「初めて大台に乗った」とか、何かこれまでにない額や大きさを達成して、記録として扱えるようなときに特に用います。

account for〜　「〜を占める」

account for〜は「〜を占める」という意味で、内訳を示します。

このあたりの鍵となる動詞をしっかり覚えておくと、スムーズに表現できるようになりますので、ぜひすぐに出てくるように練習しましょう。

例文 Our sales for the fiscal year 2021 were 785.4 million yen, a 5.5% increase compared to last year.
「当社の2021年度の売上は前年と比較して、5.5%上がり7億8540万円となった。」

「〜と比較して」という言い方には、以下のようなものがあります。

> **compared to last year**「前年と比較して」
> **from the previous year**「前年から」
> **year on year、year over year、YoY** (year on year/year over yearの略)
> **a year earlier**「前年同期比」

「増える」はincrease、rise、go up、growなどがあり、
「減る」はdecrease、decline、go downなどがあります。

例文 Our operating income decreased 10% to 9 billion yen.
「営業利益は、前年同期比10%減の90億円となりました。」

例文 Under these conditions, consolidated sales <u>decreased</u> by 1.4 billion yen, or 13.8%, in FY2021 compared to FY2020.

「このような状況のもと、2021年度の連結売上高は2020年度に比較し14億円（13.8%）減少しました。」

🏛 Column

数字の読み方

桁の大きな数字になると、書いたものは理解できても、読む、発表するとなるとドギマギするかもしれません。会議の中で聞かれたときにパッと自信を持って言えるよう、読み方をまとめておきます。

10,000	ten thousand	1万
100,000	one hundred thousand	10万
1,000,000	one million	100万
10,000,000	ten million	1000万
100,000,000	one hundred million	1億
1,000,000,000	one billion	10億
1,000,000,000,000	one trillion	1兆

経験上、**1億が one hundred million** と覚えておくと、とても役に立ちます。迷いやすいからです。

ちなみに、150万のような数字は、1.5 million、one point five million のように言うことが多いです。

●──会計年度は会社によってバリエーションがある

FY（fiscal year）は会計年度の意味で、日本は学校や行政と共に、企業も3月決算（4/1 から 3/31 の1年間）というのが大変多いですが、海外、英語圏の企業はもっとバリエーションがあります。12月決算（calendar year である 1/1 から 12/31 の1年間）が用いられることも多いですが、例えば米 Apple 社の2021年会計年度は2021年9月25日が末日になっています。

このように、米国では（中途半端な感じがするかもしれませんが）月の

途中などで年度末が来ることが多くあります。社内の報告ではあまり関係ないでしょうが、対外的な資料を作成するときなどは、**Fiscal Year 2021 (for the year ending September 25, 2021)**（2021年9月25日に終了する2021年度）というように一言書いておくようにしましょう。

例文 -We just completed a year with record sales of $560 billion in constant currency, including record fourth quarter sales of more than $150 billion and record operating cash flow of $36 billion.

-Walmart U.S. comp sales excluding fuel grew 8.6% in both Q4 and for the year, including 79% annual growth in eCommerce. Walmart U.S. grew net sales by $29 billion for the year.

Walmart Q4 2021 Earnings call

– 第4四半期の1,500億ドル超の売上高と360億ドルの営業キャッシュフローを含む、5,600億ドル（恒常通貨ベース）の記録的な売上高を達成した1年でした。
– ウォルマートUSの燃料を除く売上高は、第4四半期および年間で8.6%増加し、その中にはEコマースの年間成長率79%が含まれています。ウォルマートUSは、年間で290億ドルほど純売上高を伸ばしました。

ウォルマート2021年第4四半期アーニングコール（収支報告）

*in constant currencyとは「恒常通貨ベース」つまり「為替変動の影響を除いた」という意味です。

単語の解説
■ sales「売上」　■ overseas「海外の」　■ reach「達する」
■ record「記録する」　■ account for～「～を占める」
■ fiscal year「会計年度」　■ calendar year「暦年」
■ year on year「前年同期比」　■ operating income「営業利益」
■ cash flow「キャッシュフロー」

56

利益の種類を把握する

- ▶ **operating income increased to ～**
- ▶ **The business went into the red.**
- ▶ **profit attributable to owners of parent totaled ～**

　普段経済系のニュースなどをよく読んでいる方は日本語で馴染みがあるかと思いますが、この項では改めて、それぞれの利益を英語で説明します。

　利益とは、ざっくり言うと、<u>その会社がどれだけ儲けられるのか</u>ということを示します。

　目的によって、注目する利益は異なります。例えばM&Aでは、企業の事業の価値を知るために、営業利益や、EBITDAといった利益指標に着目します。また、会社の株主は配当をいくらもらえるのかを知るために、配当の原資となる純利益に着目します。

▶ Sales / Revenue 「売上(歳入)」

　これは**損益計算書**(Profit and Loss Statement (PL) / Income Statement)の一番上に来る数字で、何も引かれていない「売上」です。Salesは基本的にいつも複数形です。Revenueと書かれることもありますが、同じ意味です。営利企業ではない、政府や公共団体の場合は「売上」とは言えないので、「歳入」「収益」といった意味でこのRevenueが多く使われます。

▶ Gross Profit / Gross Income 「売上総利益」

　売上 Sales から**原価**(Cost of Goods Sold, COGS)を引くと、「売上総利益」いわゆる「粗利」が出ます。IncomeとProfitはどちらも同じ意味でどちらを

使ってもよいのですが、1つの書類の中では統一するようにしてください。

▶ Operating Profit / Operating Income 「営業利益」

上記の売上総利益から、販管費 SGAs (Sales, General, and Administrative Expenses、 Must 58 参照) を除くと、「営業利益」が出ます。

▶ EBITDA 「イービッダー」

金利および税金の支払い前、有形固定資産の減価償却費や無形固定資産の償却費控除前の利益(指標) のことです。

グローバル企業や多国間の企業の業績を比較する際などに使われます。国によって異なる会計基準の違いなどから来る利益の算出方法の違いを最小限に抑え、利益の額を出すことを目的としています。

> ### Column　経常利益
>
> 日本でいうところの経常利益 (Ordinary Profit / Ordinary Income) は、営業利益から営業外収益 Non-operating Profit と営業外費用 Non-operating Expenses を足し引きして算出されますが、これは日本独自のものなので、海外の企業の財務諸表では見かけません。ただ、日本基準 (JP GAAP) に基づく日本企業の業績を英語で発表するときには見かける単語です。
>
> また、日本の純利益は、この経常利益から、特別損益 Extraordinary Gains and Losses を足し引きして算出されます。

▶ Net Profit / Net Income 「純利益」

営業利益 (Operating Profit) から、営業外の収益 (non-operating profit) や費用 (non-operating expenses) をそれぞれ足し引きしたものが**税引前純利益** (Net Profit before tax) となり、そこから法人税などを引いたものが、Net Profit (**純利益**) となります。

257

日本基準の決算発表などでは、非支配株主に帰属する当期純利益を除いた (Net) Profit Attributable to Owners of Parent（親会社株主に帰属する当期純利益）として発表されたりします。

米国基準の場合は、非支配持分に帰属する損益を除いた、Net Income Attributable to (会社名)（当社株主に帰属する当期純利益）となります。

例文 Operating profit came to 630.5 billion yen, ordinary profit was 678.9 billion yen, and profit attributable to owners of parent totaled 480.3 billion yen for this fiscal year.

「当年度の営業利益は6,305億円、経常利益は6,789億円、親会社の所有者に帰属する利益は4,803億円となりました。」

ここまでは利益ばかり扱ってきましたが、損失の場合はどうでしょう。

損失について言及するときは、上記のそれぞれの profit を loss に変えましょう。

Operating Loss（営業損失）、Net Loss（純損失）などです。

ちなみに、赤字、黒字はそれぞれ、red ink / be in the red、black ink / be in the black と言います。そのままですね。

「赤字になった」だと、以下のように言います。

例文 The business went into the red.

「その事業は赤字になった。」

次からはダイアログを通じて、どのようにこういった利益が会話の中で使われているか見ていきましょう。

Profit and Loss Statement

ストーリー：

　Emilly は日本の上場企業「ジャパンドリンク」（米国基準）のマーケティング部で働くアメリカ人。上司から「君は数字についてもっと勉強した方がいい」と言われ、模索しています。そんな中、同社の監査を以前担当していた監査法人のアシスタントマネージャーで日米両方の資格を持つカオリと出会い、カオリの趣味の SNS アカウントの運営を手伝うことを条件に、週に一回、カオリの職場のビルのカフェで、会計について教えてもらうことに…。

There are a few different types of profit out there... but I honestly don't know what the differences are.

「利益っていくつか種類が出てくるけれど……正直なところ、どう違うのかわからないや。」

It depends on the accounting principles you're using, but in general, there are sales at the top, and then gross profit, which is sales minus costs of goods sold (COGS), that is, things related to manufacturing such as raw material purchases, direct labor, freight inwards, factory rent, etc. Operating profit is calculated by subtracting selling, general, and administrative expenses (SGAs) from gross profit. Then, to arrive at what is called net profit before taxes, you would deduct any non-operating expenses such as interest expenses, but also have to remember to add other non-operating income, like interest income. After you deduct corporate and other taxes, you arrive at the final net profit / net income.

「まずはトップの数字から確認するといいよ。

売上、それからその売上から、製品の製造にかかった原価（原材料費や直接労働費、仕入運賃、工場の賃料など）を引いた売上総利益（粗利）、そしてそこから販売費および一般管理費を引いた営業利益、そしてその営業利益から、支払利息のような営業外費用を引き、そして忘れず受取利息などの営業外収益などを足したものが、税引前（当期）純利益と呼ばれるものよ。ここから法人税等を引いて、最終的な（当期）純利益となる。」

Why are there so many different kinds of profits? What are they all for?

「どうして何種類も利益があるの？なんのために？」

Using gross profit, we can see how much profit is left after subtracting the cost of goods sold. It helps to measure the gross profitability of a product and tells you the amount you are left with after paying any direct expenses related to the product.

With operating profit, we can see how much profit was made after calculating all the expenses incurred related to the core business. In other words, if you are a beverage company like Japan Drink, you can see how much money you have made from the business of selling beverages. Add to that the profits and losses from other non-core businesses, such as dividends from investees and subsidiaries, and you get the net profit, which is how much is left in the company at the end.

Say you find out that a company is making an operating loss but has positive net income. You can conclude that the company is not making any profit from its core business but is still reporting positive income because of profits from other businesses which are not their core ones.

「売上総利益では、原価を引いたらどれくらい利益が残るのか、ということを見ることができる。製品の総合的な利益を測り、製品にかかる直接的な経費を引いて残る額を知ることができる。

営業利益では、本業の儲けではどれくらい儲かったのか、知ることができる。つまり、ジャパンドリンクのように飲料の会社だったら、飲料を売る事業でどれくらい儲けたかわかる。それに対し、出資先とか子会社の配当など、本業以外での儲けとか損失を足したりして、純利益を出して、会社には最終的にはどれくらい残るのか、というのを見るんだよ。

例えば、営業損失を出していても、純利益を出していたとするでしょ。そうするとその会社は本業では儲けを出してはいないけれど、本業以外のビジネスで利益を出していると言えるんだ。」

I see! So by looking at the different types of profit, you can see the company from different angles.

「なるほど！それぞれの段階での利益を見ることで、会社をいろんな角度からとらえることができるんだね。」

単語の解説
- Mergers and Acquisitions（略して M&A）「吸収合併」
- revenue「歳入、収益」
- Cost of Goods Sold（略して COGS）「原価」
- Sales, General, and Administrative Expenses（略して SGAs）「販売管理費、販管費」
- gross profit (income)「売上総利益」
- operating profit (income)「営業利益」
- EBITDA「イービットディーエー／イービッダー」
- Profit and Loss Statement (PL) / Income Statement「損益計算書」
- ordinary profit (income)「経常利益」
- non-operating profit「営業外収益」
- non-operating loss「営業外損失」
- extraordinary gain「特別利益」　■ extraordinary loss「特別損失」
- net profit before tax「税引前純利益」
- profit attributable to owners of parent「親会社株主に帰属する当期純利益」
- red ink / be in the red「赤字」　■ black ink / be in the black「黒字」
- subtract「引く」　■ measure「測る」
- raw material「原材料」　■ direct labor「直接労務費」
- freight inwards「仕入運賃」
- interest income「受取利息」　■ dividend income「受取配当金」
- interest expenses「支払利息」　■ core business「本業」

会社の売上の増減の理由を説明する

▶ due to ～
▶ thanks to ～
▶ as a result
▶ reflecting

　次は、売上等の数字の増減理由を説明する表現を見ていきます。
「国内でこの市場は拡大している」「この事業ユニットは最近ふるわない」といった表現は、あいまいで少しイメージしにくいでしょう。
　しかし、「売上高がいくら増えた」「前年同期比で何％増えた」と表現できれば、具体的なイメージを相手に伝えることができます。

理由を表すための前置詞

▶ due to ～　「～によって」
▶ thanks to ～　「～のおかげで」
▶ related to ～　「～に関連し」

理由を表すための接続詞

▶ as a result　「その結果」
▶ as S + V ～　「～なので」
▶ because S + V ～　「～なので」

　では実際にどのように説明できるか、例を見てみましょう。

例文 Thanks to the depreciation of the yen, we have achieved record-high profits of 10 billion yen this quarter.

　「円安により、当四半期は過去最高の100億円の利益を上げることができた。」

例文 Due to the global pandemic, our sales this year deteriorated drastically.
「グローバルパンデミックにより、当社の今年の売上は大幅に悪化した。」

例文 Because our Dubai branch has been successfully selling Product Q, our global sales have doubled year on year.
「ドバイ支店において製品Qの販売が順調であったため、グローバルの売上は前年同期比2倍となった。」

例文 Sales decreased by 5%, reflecting the continued appreciation of the Swiss franc versus most other currencies.
「他のほとんどの通貨に対してスイスフランが引き続き高騰したことにより、売上高が5%減少しました。」

例文 Operating income increased by 10% due to cost reductions and marketing efforts.
「営業利益は、コスト削減およびマーケティング活動に関連し10%のプラスの影響を受けました。」

次にダイアログを通じて実際の文脈で使われ方を確認してみましょう。

Sales and profits may increase or decrease from period to period, but they don't always move in sync.

「売上も利益も、期によって増減があるけど、同じように動くとは限らないんだよ。」

You mean it's possible for sales to go up but profits to go down?

「売上は上がるけど、利益は下がるとか、そういうこともあり得るってこと？」

Exactly. For example, even if sales go up, if the cost of goods sold skyrockets, the gross profit may go down.

「その通り。例えば売上が上がっても、原価が急騰すれば、売上総利益としては下がってしまうこともありうる。」

I see. What if sales and gross profit go up, but operating profit goes down?

「なるほど。売上が上がって、売上総利益も上がって、営業利益としては下がっちゃう場合だったら？」

In that case... you probably spent a lot of money on SGAs. For example, you may have spent much more than usual on marketing activities.

「その場合は……販売管理費にお金をかなりかけた、ということだろうね。例えば、マーケティング活動にかなり、通常より多くの費用を費やしたというケースもありうる。」

Oh I see. That makes sense.

「それならわかるわ。」

Sometimes that's necessary for the growth of the business.

「それも、場合によっては事業の成長のために必要なことだよね。」

If sales, gross profit, and operating profit are up, but net profit is down, what does that tell you?

「売上も上がって、売上総利益も上がって、営業利益も上がって、でも純利益は下がった、という場合はどんなことが考えられる？」

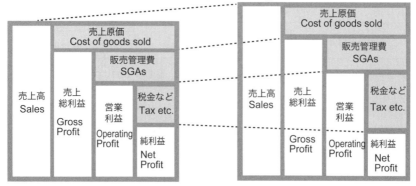

第1章
第2章
第3章
第4章
第5章
第6章
第7章
第8章
第9章
第10章

That can be a result of many situations... the company might have heavy debts resulting in substantial interest expenses, or the value of their investments in other companies has eroded. Or there could be unexpected losses due to some event like a fire. All these alone or in combination can result in a situation in which their net income is considerably reduced.

「多額の借金を抱えて多額の支払利息が発生しているとか、他社への投資の価値が損なわれているとか、さまざまな要因が考えられるわ。あるいは、火事などで予想外の損失が発生したりすることもあるでしょう。これらが単独あるいは複合的に作用して、純利益が大幅に減少してしまうの。」

I see. There's no simple explanation, is there?

「なるほど。それは簡単じゃないね。」

単語の解説

■ depreciation of the yen「円安」　■ record-high「過去最高」
■ quarter「四半期」　■ deteriorate「悪化する」
■ drastically「大幅に」　■ skyrocket「急騰する」
■ result in「結果～となる」　■ makes sense「理解できる」
■ debt「負債」　■ substantial「かなりの」
■ erode「浸食する、損なう」　　■ considerably「大幅に」

原価や経費の増減と
その理由について説明する

- ▶ costs have soared x%
- ▶ the percentage of material cost against production cost
- ▶ costs were reduced to ～

●──原価と経費の種類

原価や経費が急に増えていたらその数字について当然経営陣は気になるので、言及され、説明を求められることもあるでしょう。

そんなときに自信を持って答えられるよう、このセクションでは、会社が負担する原価や経費についての用語と使い方を見ていきます。

また、税務を担当する人にも、節税できるかどうかというトピックにおいて、ここは重要な項目でもあります。

▶ Cost of Goods Sold（原価） …省略して、COGS コグスとも言います

原価 Cost of Goods Sold (COGS) には原材料費 (Raw) Material Costs、直接労働費 Direct Labor Costs などを含みます。粗利／売上総利益（Gross Profit）というと、ちょうどこの原価を売上から引いたものになります。

▶ Expenses（経費）

この経費は、売上から原価（Cost of Goods Sold）を引いた、売上総利益（Gross Profit）から引きます。

経費には右ページのようなものがあります。

人件費：Personnel Expenses　　退職給付費用：Retirement Benefit Expenses

運送費：Freight Expenses　　広告宣伝費：Advertising Expenses

減価償却費：Depreciation Expenses
＊無形固定資産の場合は amortization expenses という

家賃：Rent Expenses　　交際費：Entertainment Expenses

研究開発費：Research and Development (R&D) Expenses

　これらを**販管費**（Selling, General and Administrative expenses(SGAs)）とも言います。

　次に、原価や経費について語っている例を見てみましょう。

原価について

例文 Raw material costs have soared 20% compared to last year due to the rise in commodity prices.

「原材料費は、商品価格の上昇により、昨年比20％高騰しました。」

> **costs have soared x%　「費用が x %高騰した」**

例文 The percentage of material cost against production cost has remained 10% for 5 years.

「製造原価に対する材料費の割合は、5年間10％で推移しています。」

経費について

例文 Selling, General and Administrative expenses decreased due to a reduction in advertising expenses.

「販管費は、広告宣伝費が減少したことにより減少しました。」

例文 Our advertising and marketing expenses were previously 8% of sales revenue but were reduced to 5% this year.

「これまで広告宣伝費は売上高の8％でしたが、今年は5％に抑えました。」

例文 Research and Development expenses increased by $4.2 million in the third quarter compared to the same period last year, due primarily to increased spending on the A project.

「当第三四半期の研究開発費は、主にAプロジェクトへの支出が増加したことにより、前年同四半期に比べ420万ドル増加しました。」

It is important to know not only whether costs and expenses have risen or fallen, but also why, which is what shareholders and management want to know.

「原価とか経費は、上がったか下がったかということと同時に、どうしてそうなったのか、ということが大事で、株主や経営者が知りたいことだったりする。」

Sure, it's natural to want to know how the money was spent.

「まあお金をどこで何に使ったのか、知りたくなるのは当たり前よね。」

Right, and advertising expenses increased 10% from 2021 to 2022....

「でしょ。そして広告宣伝費が 2021 年にくらべて 2022 年は 10％増えてるね…．」

We attended two large international trade shows in 2022. In 2021, we didn't participate in any events like those.

「うちの会社でいうと、2022 年は大型の国際ビジネスショーに 2 つほど出店したわ。2021 年はそういったリアルでのイベントでの参加を差し控えてたし。」

So, advertising expenses increased 10% from 2021 to 2022 due to expenses related to your participation in two large trade shows. With a little explanation, even people who are not familiar with marketing or advertising can easily understand the reasons for the increase.

Let's look at another area. Legal expenses increased 40% in the same period.

「それなら、「2 つの展示会に出展したため、広告宣伝費は 2022 年度、2021 年度より 10％増えました、と。このようにいうと、この分野、マーケティングや広告宣伝に明るくない人でも、増加の理由がわかるので、経費に納得しやすくなるよね。」

他のところも見てみましょう。法務費用が、40％も増えている。」

Yes. That's because this year we needed to hire a high-priced lawyer to deal with a lawsuit involving a substantial amount of money. Fortunately, we won the case, otherwise the company would have suffered heavily.

「そうなの。今年はかなりの高額訴訟があって報酬の高い弁護士を雇う必要があってね。幸運にも訴訟には勝ったけど、会社的にはかなり痛かったな。」

Legal expenses increased by 40% in 2022 due to the expense of hiring the lawyer who defended the company in the lawsuit.

「訴訟で会社を防衛する弁護士を雇う費用として法務費用は40%増えました、と。」

 Column

どんぶり勘定にご用心

　海外の仕入れ先、会計事務所等の中には、どんぶり勘定だったり、実際には発生していないコストや明らかな水増し請求を行うようなところも、先進国でもかなり沢山あります。例えば欧州でも国によっては、載せられるだけ上乗せしてみて、何か文句を言われたら少し修正しよう、というような心づもりでいるファームなども大小問わずあったりします。日本的な常識、名があるところだから大手だからきっちりやってくれるだろうとか、プロフェッショナルが適当なことをするはずはない、という気持ちは横においておき、監査用語でいうところの professional skepticism（プロフェッショナルな猜疑心）を持って、可能な限り、明細やエビデンスをチェックするようにしましょう。大きな数字や何か変動があったとき、少しでもおかしいな？と感じたときは、遠慮せず聞いてみることが大切です。

単語の解説

■ personnel「人員」　■ retirement benefit「退職給付」　■ freight「運送」

■ depreciation「減価償却」　■ soar「高騰する、急騰する」

■ remain「依然として～のままである、とどまる」

■ trade show「ビジネスショー、展示会」　■ defend「守る、弁護する」

資産の内訳や増減について話す

▶ a decrease in one's liquidity
▶ assets that can be converted into cash within a year
▶ get realized

　次は会社の資産についてです。バランスシートの左側に来る、資産の部はAssetsと言います。大きく分けて、流動資産Current Assetsと固定資産Non-Current Assetsの2種類があります。項目としては以下のようなものがあります。

Assets

流動資産 Current Assets	現金・預金 Cash and Cash Equivalents
	（短期市場性）有価証券 Short-Term Marketable Securities
	売掛金 Accounts Receivable
	棚卸資産 Inventories　他
固定資産 Non-Current Assets	有形固定資産 Property, Plant and Equipment
	無形固定資産 Intangible Assets 他

現金と現金同等物：Cash and Cash Equivalents
（短期市場性）有価証券：Short-Term Marketable Securities
　　　　　…売買目的の有価証券や償還日が1年以内に訪れる債券など
売掛金：Accounts Receivable　…「かけ」の売上
受取手形：Notes Receivable
棚卸資産：Inventories　…在庫のこと
有形固定資産：Property, Plant, and Equipment
無形資産：Intangible Assets　…Patent（特許権）など

Short-term marketable securities（短期市場性証券）のように、必要なときにすぐに現金にできる資産を「liquidity（流動性）の高い資産」と言います。

2つの年度を比べて、総合的に、または特定の資産の増減について語る表現を見ていきましょう。

例文 The company's total assets for the quarter that ended June 30, 2021 were \$63.31B, a 3.97% increase compared to 2020, when total assets were \$62.41B, itself a 7.87% increase over total assets in 2019.

「2021年6月30日に終了した四半期の総資産は633.1億ドルで、総資産が624.1億ドルであった2020年と比較して1.45%増加し、2019年の期末の総資産との比較では7.87%増加しています。」

例文 This increase in long term assets shows that growth and sustainability remains the core focus of the company.

「長期性資産の増加は、企業の成長と持続可能性が依然として企業の焦点の中心であることを示しています。」

例文 The company did see a decrease in its liquidity, despite the fact that inventories increased by 6,144 million yen. This is mainly due to a decrease in cash and cash equivalents of 6,065 million yen, trade notes and accounts receivable by 7,595 million yen, and a further 1,966 million yen due to short-term marketable securities.

「たな卸資産が6,144百万円増加したものの、流動性は低下しました。これは主に、現金と現金同等物が6,065百万円、受取手形と売掛金が7,595百万円、さらに（短期市場性）有価証券が1,966百万円それぞれ減少したことによります。」

それでは次にダイアログで会話の中での使われ方を見ていきましょう。

Assets are an essential part of a company's business activities...but do you know that there are different types of assets?

「会社が事業活動を行う上で、そのもととなる資産は欠かせないわけだけど…その資産には種類があるのは知っているかな。」

I think so. I personally have a lot of things besides cash, such as real estate that I inherited from my grandfather.

「それはわかる。私個人でも、現金や祖父から譲り受けた不動産など、いろいろ持っているもの。」

That's right. Among the various types of assets, assets that can be converted into cash within a year, such as cash, marketable securities, and accounts receivable, are called current assets.

「そうね。いろいろある資産のうち、現金や（短期市場性）市場性証券、売掛金など、1年以内に現金にできる資産のことを流動資産と呼ぶ。」

Real estate is a non-current asset because it doesn't necessarily sell quickly when you want to sell it?

「不動産は、売りたいときに必ずしもすぐ売れるってわけじゃないから固定資産？」

That's right. Non-current assets are those that are intended to be held or used by the company for a long period of time, generally for a period over a year, things like real estate, machinery, and equipment.

The ratio of current assets to current liabilities is called the current ratio. Current liabilities are the company's short term obligations due within a period of a year, like accounts payable, loan repayments, outstanding expenses, etc. The current ratio helps to measure a company's liquidity.

「そうね。会社が長期、通常一年を超えて保有したり使用したりする目的のものを固定資産といって、不動産や、会社の機械や備品などが含まれる。流動資産と流動負債の比率を流動比率と言うわ。流動負債は、買掛金、借入金の返済、未払費用など、1年以内に期限が到来する会社の短期の債務のこと。流動比率は、企業の流動性を測るのに役立つわ。」

What is the current ratio of Japan Drink? Is it high or low?

「うちの会社、ジャパンドリンクの流動比率はどれくらい？高いの低いの？」

Japan Drink is a large company in the beverage industry, and its current ratio is about 1.5 times. This means that for every 1 million yen of current liability, the company has 1.5 million yen in current assets which is considered good, and their liquidity profile is strong. Larger companies tend to have a higher liquidity than smaller companies. That means that, even after paying off its liabilities, the company will have enough cash to carry on operations effectively and there won't be a cash crunch.

「ジャパンドリンクは製造業（飲料）で大手企業だけど、流動比率は約1.5倍ね。これは、例えば流動負債100万円に対して流動資産が150万円あることを意味していて、流動性プロファイルは良好であると考えられる。 大企業は、中小企業よりも流動性が高い傾向にある。つまり、負債を返済した後でも、事業を継続するのに十分な現金があり、資金繰りに困るようなことはないでしょう。」

So, the higher the current ratio the better?

「では、流動比率は高ければ高いほどいいの？」

No, it's not that simple. Current assets and current liabilities make up the working capital requirements for a company. A current ratio that is too high may indicate that the company is unable to utilize the cash properly or that the company has too much idle cash – say, a high cash balance – or that it has a high buildup of account receivables which are not getting realized.

「いいえ、そんなに単純でもないの。流動資産と流動負債は、企業が必要とする運転資金を構成するもの。流動比率が高過ぎると、現金を適切に活用できていなかったり、現金残高が多いなど遊休現金が多過ぎたり、回収できていない売上債権が多過ぎたりする可能性があるんだ。」

Ah, I see.

「なるほど。」

単語の解説

- ■ liquidity「流動性」　■ end 〜「〜に終わる」
- ■ convert「変わる」　■ besides 〜「〜の他に」
- ■ current assets「流動資産」
- ■ non-current assets「固定資産」
- ■ current ratio「流動比率」
- ■ current liabilities「流動負債」　■ accounts payable「買掛金」
- ■ loan repayments「借入金の支払い」
- ■ outstanding expenses「未払費用」
- ■ pay off「精算する、完済する」　■ cash crunch「資金ひっ迫／資金繰りに困る」
- ■ working capital「運転資本」　■ beverage「飲料」　■ inherit「相続する」
- ■ be intended to 〜「〜するつもりである、〜することを意図している」
- ■ idle「遊休の、働いていない」　■ get realized「実現する／回収される」
- ■ buildup「蓄積」

▄▀▄ Column

会計用語は英語から覚える！？

　英語の会計用語は慣れてきたら日本のものよりも覚えやすいと言えるでしょう。例えば筆者は、日本で簿記の勉強をする人が買掛金と売掛金、どちらがどちらか紛らわしいと言っているのを聞いたことがあるのですが、英語ではAccounts Receivable（受け取れるアカウント、つまりお客さんから入ってくるお金で、売掛金）、Accounts Payable（支払う必要のあるアカウント、つまり業者に払って出ていくお金で、買掛金）のように、よりクリアです。

　先に一通り英語で勉強してから、日本の簿記や会計を学ぶのも1つの手だと思います。

負債や資本調達の状況について説明する

▶ raise (capital) by 〜
▶ bring in 〜
▶ pay back

　負債・資本とは、会社が投資している資産の調達源泉（借りるのか、株式を発行して調達するのか）を言います。

　バランスシートの右側に来るもので、負債の部は Liabilities、日本で言う純資産の部（資本の部）は Shareholder's Equity と言います。Liabilities には、Current Liabilities（流動負債）と Non-Current Liabilities（固定負債）があります。

　項目としてはどんなものがあるか見てみましょう。

Liabilities

負債 Liabilities	流動負債 Current Liabilities
	固定負債 Non-Current Liabilities
資本 Shareholders' Equity	資本金 Common Stock
	利益剰余金 Retained Earnings

買掛金：Accounts Payable
未払費用：Accrued expenses
前受収益：Deferred Revenue　　負債(Liabilities)
長期債務：Long-Term Debt
資本金：Common Stock
追加払込資本：Additional Paid-In Capital (APIC)
利益剰余金：Retained Earnings
自社株：Treasury Stock　　　　資本(Shareholders' Equity)
その他の包括利益：Accumulated Other Comprehensive Income (AOCI)　など

それでは次に、センテンスでどのように負債や資本調達に関する用語を使うことができるか見てみましょう。

例文 The company has raised capital of \$1.25 billion by issuing bonds.
「当社は、社債の発行により12億5,000万ドルの資金を調達しています。」

例文 Last month Company A was able to bring in \$233 million after issuing new shares.
「先月、A社は新株を発行して2億3300万ドルの資金を得ることができました。」

Assets　Liabilities

ここで、実際の使われ方を知るために、債券と株式での資本調達の2つの例を見ていきましょう。

Japan Drink's equity ratio is 45% or...

「ジャパンドリンクの自己資本比率は45%か…」

"A company's equity ratio is their equity capital divided by their total capital, in other words the percentage of capital in the company that is equity capital," says the book I'm reading. But is a 45% equity ratio good?

「自己資本比率とは、自己資本を総資本で割ったもので…会社のすべての資本のうち、どれくらいを自己資本が占めているか、ということ」と私が読んでいる本に書いてある。45%っていいの？」

It's about average for a manufacturing company. Financially, I'd say the company is stable.

「製造業の平均くらいだね。財務的には安定していると言えるかな。」

So, what does equity capital mean in the end?

「で、自己資本って結局何なの？」

It means money that doesn't have to be paid back. Specifically, it is money raised typically by issuing shares to shareholders.

「返さなくていいお金、ってことなんだ。具体的にいうと、資本金や、株式を発行して、調達するお金のこと。」

I see. Yes, you can sell or buy stocks, but you don't ask the company you own stock in to give you your money back. So what's non-equity capital?

「そっか。確かに株は売ったり買ったりするけど……会社に対して、お金を返せって言ったりしないものね。じゃあ自己資本じゃないものってなんなの？」

It's other people's capital, such as a debt, say from a bank or other financial institution, something you have to pay back. It is raised by borrowing in the form of loans, bonds, etc.

「他人資本なんて言われるんだけど、負債、返さなくちゃいけないことなんだ。銀行から借りたり、社債を発行したり。」

If they ask me to return it and I do, and they don't lend it to me again... that's a nightmare! I'm terrified just thinking about it.

👉That's a nightmare! それは悪夢だ（なんてひどいことだ、というようなニュアンス）

「返せって言われて返して、もしまた貸してくれなかったら、大変！考えただけで恐ろしいわ。」

278

That's right. That's why a capital ratio is said to be financially stable. But if you are borrowing money, the interest you pay can be treated as an expense, so there are some advantages.

「そうね。だから、自己資本比率が高いと財務的に安定していると言われる。でも、お金を借りている場合、支払った利息は経費にできるから、メリットもあるのよ。」

OK, I see that an equity ratio of 100% is not necessarily good.

「そっか。自己資本率100%が必ずしもよいわけではないのね。」

単語の解説

- equity ratio「自己資本率」
- divided by 〜「〜で割った」
- financially「財務的には」
- In the end「結局は、最終的には」
- I'd say「私の考えでは〜だと思う」　■ stable「安定した」
- pay back「返済する」　■ shareholder「株主」
- equity capital「自己資本」
- share / stock「株式」　■ capital「資本（金）、資金」
- financial institution「金融機関」
- nightmare「悪夢」　■ borrow「借りる」
- not necessarily「必ずしも〜ではない」

61

3つのキャッシュフローに基づいて現金の出入りを語る

- ▶ cash generated from operations
- ▶ purchased ～ for
- ▶ spend ～ to acquire
- ▶ issue stock to finance
- ▶ borrow ～ to fund

黒字でも、キャッシュ（現金）がないと会社を運営できないので、キャッシュの流れを把握し、伝えることは重要です。減価償却費のように、実際はキャッシュが出て行っていない費用もあります。また、固定資産をキャッシュで購入した場合など、即時に費用が計上されていなくても、キャッシュが出て行っている活動もあります。

キャッシュが流れていく〜

今企業が使えるキャッシュ（Free Cash Flow）はどのくらいあるのか？

この節では、キャッシュの動きを説明する表現について見ていきます。

▶ Cash Flow from Operating Activities「営業活動によるキャッシュフロー」

営業活動により生み出されたお金の出入りです。具体的には、会社の**純利益**（Net Profit）（＋）や減価償却費（Depreciation）（＋）、棚卸資産（Inventory）の増加額（－）、法人税（Corporate Income Tax）や利息（interest）の支払（－）などです。

例文 Cash generated from operations totaled $3.3 million, an increase of 10% from the previous year.

「営業活動によるキャッシュフローは、前年同期比10％増の330万米ドルとなりました。」

例文 The increase in interest payments in the current year is due to the $17 million in new debt taken on last year.

「当年度の支払利息の増加は、昨年、1,700万ドルの新規借入を行ったことによるものです。」

▶ Cash Flow from Investing Activities「**投資活動によるキャッシュフロー**」

設備投資や、事業への投資といった投資活動によるお金の出入りです。

具体的には、有価証券（Marketable Securities）の購入（－）、固定資産の購入（－）などです。

例文 The company purchased marketable securities for $11.7 billion.

「同社は市場性有価証券を117億米ドルで購入しました。」

例文 The company spent $5 billion to acquire property, plant, and equipment.

「同社は有形固定資産の取得に50億ドルを投じました。」

▶ Cash Flow from Financing Activities「**財務活動によるキャッシュフロー**」

資金調達や、借りたお金の返済に関する活動によるお金の出入りです。

具体的には、借入金（loan）の借り入れ（+）、借入金の返済（－）、株式（Stock / Share）の発行（+）などです。

例文 The company has issued stock the past few years to finance its operations and capital expenditures.

「同社は過去数年間、事業や資本的支出に必要な資金を調達するために株式を発行しました。」

例文 Net cash inflows are a result of issuing more debt to finance capital expenditures.

「純キャッシュインフローは、資本的支出に必要な資金を調達するために負債を多く発行した結果です。」

👉 ちなみに資本的支出とは…不動産や設備などをただ修繕するための費用ではなく、資産の価値を向上させるための費用のこと。

例文 The company has borrowed $50 billion this year to fund operations.

「同社は今年、運営資金として500億ドルを借り入れました。」

281

▶ Free Cash Flow「フリーキャッシュフロー」

　営業活動によるキャッシュフローと投資活動によるキャッシュフローを足したもので、会社が自由に使えるお金を示しています。
　事業を運営した結果手元に残った現金から、事業を継続していく上で必要な設備投資の代金を支払った現金の残りのことです。

例文 Free cash flow decreased to $21 billion for the trailing twelve months, compared with $23.2 billion for the trailing twelve months ending December 31, 2019.

> 「フリーキャッシュフローは、2019年12月31日までの12ヶ月間では232億ドルであったのに対し、直近の12ヶ月間では210億ドルに減少しました。」
>
> ＊ trailing twelve months「直近12ヶ月」

例文 The company has enough positive cash flow from operations to fund operations, fund capital investments, and pay down debt, issue dividends, or repurchase its own stock.

> 「営業活動に必要な資金、設備投資に必要な資金、および負債の返済、株式の配当、自己株式の取得を行うのに十分な営業活動によるプラスのキャッシュフローがあります。」

　それではダイアログで、使われ方を見ていきましょう。

Emily, do you know what a black-ink bankruptcy is?

「エミリー、黒字倒産って知ってる？」

I think I've heard of it, but... the company is profitable but still going bankrupt?

「聞いたことはある気もするけど…黒字なのに倒産しちゃうの？」

That's right. For a company, cash is like blood...if it doesn't flow, the company gets stuck in a cash crunch and goes bankrupt. Even if the company is in the black.

「その通り。企業にとってはキャッシュって血液のようなもので…それが流れないと、資金繰りに詰まって、倒産しちゃうんだ。例え黒字であってもね。」

Sure, you can live in a Disney-like castle and drive a Maserati, but if you can't pay the utility bills, you won't have electricity or be able to run the business.

「確かに、ディズニーのようなお城に住んで、マセラティに乗っていても、水道光熱費が払えなければ、電気が使えず商売ができないよね。」

Right... So there are financial statements that focus only on cash flow, such as cash flow from operating activities, cash flow from investing activities, and cash flow from financing activities. Those statements focus on the flow of cash outflows and inflows, depending on activity.

「そうね…。だからキャッシュフローだけに焦点を当てた決算書も存在する。営業活動によるキャッシュフロー、投資活動によるキャッシュフロー、財務活動によるキャッシュフローの3つ。それぞれの活用により、キャッシュが出たか、入ったかという流れを見るの。」

I think I kind of understand operating activities, but aren't investing and financing activities the same?

「営業活動はなんとなくわかる気がするけど、投資活動と財務活動って一緒じゃない？？」

It can be confusing. Investing activities are investments in businesses, buying and selling of fixed assets, and buying and selling of securities, which are related to the assets on the left side of the balance sheet. Investing activities include interest and dividends that you will receive on such investments. On the other hand, financing activities are related to the right side of the balance sheet, such as shareholders' equity from funds raised through stocks or liabilities such as money borrowed from banks, and the repayment of that money.

「確かにまぎらわしいかもしれないね。投資活動は、事業への投資、固定資産の売り買いや、有価証券の売り買いで、バランスシートの左側、資産のところに関係してくる話なんだ。一方、財務活動はバランスシートの右側、資本について、例えば株式で資金調達したり、銀行からの借り入れや返済についての話になる。」

I see. So what is this "free cash flow?

「なるほどね！じゃあこのフリーキャッシュフローってなあに？」

This is the sum of operating activities and investment activities in the cash flow of activities we just talked about. In other words, how much cash does the company have at its disposal after subtracting capital investment and other expenses from the money made from the core business.

「今話した活動のキャッシュフローのうちの、営業活動と投資活動を足したものなの。つまり、本業で儲けたお金から設備投資などを引いた後、会社が自由に使えるキャッシュはどれくらいありますか、ってこと。」

What exactly do you do with the money you have at your disposal?

「自由に使えるお金って、具体的にはどうするの？」

You can pay back money you have borrowed or pay dividends to shareholders, or you can retain a portion to meet future needs, which is known as the plowing back of profits.

「借りていたお金を返したり、株主に配当したり、あるいは将来の必要性に応じて一部を残しておく、利益の再投資、という方法もあるんだ。」

The greater the free cash flow is, the happier the shareholders will be.

「株主にとってはフリーキャッシュフローが大きい方がありがたいだろうね。」

That's right. It is one of the metrics used to gauge a company's financial soundness. However, it's possible for a company to be temporarily increasing investment in their own business in order to grow it, so sometimes there are aspects that can't be judged from this alone. Shareholders will also consider return on investment (ROI) etc.

「企業の財務の健全性を測るための指標の1つなんだよ。ただ、企業が自社の事業を成長させるために、一時的に投資を増やしていることもあるから、それだけでは判断できない面もあったりする。株主は投資収益率（ROI）などを考慮するんだよね。」

単語の解説

- total ～「合計で～となる」
- spend「費やす」　■ acquire「取得する」
- finance「調達する、融資する」　■ capital expenditures「資本的支出」
- capital investment「設備投資」　■ pay down「払う、頭金として払う」
- issue dividends「配当金を出す」
- repurchase one's own stock「自社株買いをする（自己株式を取得する）」
- black-ink bankruptcy「黒字倒産」
- profitable「利益が出ている、儲かっている」
- get stuck in ～「～にはまる、行き詰まる」　■ go bankrupt「破産する」
- utility bills「公共料金」　■ confusing「混同させるものだ、まぎらわしい」
- retain「保有する」　■ is the sum of ～「～の合計である」
- plow back ～「（利益などを）同じ事業に再投資する」
- at one's disposal「（その人の）好きに使える」　■ metrics「指標」
- gauge「測る」　■ soundness「安全性」
- return on investment「投資利益率」　■ judge from ～「～で判断する」

財務指標を用いて
他社や年度ごとの
比較について語る

▶ be the ratio of 〜 which is invested
▶ be higher (lower) than the average for 〜
▶ it shows 〜
▶ be worth investing
▶ it's better to 〜

　財務指標（financial ratio）とは便利なもので、額ではなく割合（%）で表すため、収益や会社のバランスシートの項目を自社の他の年度や他社と比較するのに大変便利です。

　それぞれの主な指標がどのように成り立っているのか、まずは英語で説明できるように見ていきましょう。

　というのも、会計やファイナンスの専門家や、業務で通常こういった指標を使用している人は別ですが、海外、米国などで特に、自分が「数字に弱い」と考えている人は日本よりずっと多くいる印象です。そんな人たちに対し数字をもとに説得する必要がある場合、わかりやすく説明できれば話も進みやすくなるでしょう。

　👉米国など時に、大手IT企業のマネージャーだったとしても（ファイナンスなどの部署でなければ）こういった数字の成り立ちがしっくり来ず、話が微妙にかみ合わないので前提を説明することがある印象です。

●── 収益性（profitability）を見る指標

まずは会社の収益性（profitability）を見る指標から。

▶ Gross Profit Margin「売上総利益率」

Gross profit margin is the ratio of revenue that exceeds the COGS.

「売上総利益率とは、売上高が売上原価を上回る割合（比率）のことです。」

▶ Operating Profit Margin「営業利益率」

The operating profit margin is the ratio of operating profits to revenue for a company.

「営業利益率とは、企業の売上高に対する営業利益の割合のことです。」

例文 Company X thoroughly reviewed its SG&A expenses and increased its operating profit margin by 10% year on year.

「会社Xは販管費の徹底的な見直しを行い、営業利益率は前年同期比10%アップしました。」

▶ Net Profit Margin 「純利益率」

The net profit margin is the ratio of net profits to revenue for a company.

「純利益率とは、企業の売上高に対する純利益の割合です。」

●── 効率性(efficiency)を見る指標

次は、会社の資産や資本を有効に使っているかどうか、効率性
(efficiency) を見る指標です。

▶ Return on Equity (ROE) 「自己資本利益率」

The return on equity is the ratio of net profits to the average shareholder's equty.

「自己資本利益率(ROE) は、平均株主資本に対する純利益の割合です。」

Investors generally prefer firms with higher ROEs, but ROEs do not indicate whether or not a company is relying on debt to generate better returns.

「投資家は通常、ROE の高い企業を好むが、ROE は企業がより良い収益を生むために負債に頼っているかどうかを示しはしない。」

▶ Long Term Debt to Equity 「長期債務対自己資本比率」

Long term debt to equity is the ratio of long-term debt to a shareholder's equity.

「長期債務対自己資本比率は自己資本に対する長期債務の比率です。」

第1章

第2章

第3章

第4章

第5章

第6章

第7章

第8章

第9章

第10章

▶ Current Ratio　「流動比率」

Current ratio is the ratio of current assets to current liabilities.

「流動比率は、流動負債に対する流動資産の比率です。」

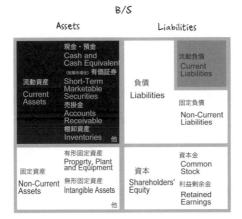

例文 Company S has a low current ratio. That means that they might be having a difficult time paying their immediate debts and liabilities.

「会社Sの流動比率は低いです。つまり、同社は当面の債務の支払いに困難を来たしている可能性がありますね。」

それでは、次に会話での事例を見てみましょう。

These financial indicators are often mentioned in many places in the Investor Relations documents, but which ones are important and how important are they?

「この財務指標っていうのも、よくIR資料のいろんなところで言われているけど、どれがどのくらい大事なの？」

Hmm, it depends on what the person reading them wants to know! But in general, people are interested in knowing whether the company is making a profit and how much that profit is, right? For that, they can check the profit margin and compare it with that of a company's competitors to form an opinion.

「うーん、見る人の目的によるね！でもまあ一般的には、（従業員だったら）仕事をする上で、会社が儲かっているか、それがどれだけなのかって気になるんじゃない？そしたら、利益率を見て、それを競合他社と比べてみたらいい。」

I see. But how exactly do you calculate profit margin?

「そうか！ でも具体的にはどうやって利益率を計算するの？」

Gross profit margin, which is a measure of how much of a company's sales is accounted for by costs, can be calculated as gross profit divided by sales, and operating margin can be calculated as operating income divided by sales. The operating margin tells you how profitable a company's core business is.

「原価の割合が売上のどれくらいを占めるか知るのに、粗利なら、売上総利益／売上、営業利益率なら、営業利益／売上で出せるんだよ。営業利益は会社の本業の収益性を表すものね。」

How much is Japan Drink's operating margin?

「うちの会社はどれくらいなの？」

5%.

「（営業利益率は）5%。」

Is that high or low?

「それは高いの、低いの？？」

That depends on the industry in which the company operates. In terms of the average Japanese soft drinks manufacturer, I'd say it's a little high. It's higher than the average for the entire manufacturing industry, actually.

「業界による。日本の清涼飲料水のメーカー平均で言うと、少し高いくらいかな。製造業全体の平均よりも、高いよ。」

I see. You said that what a person is looking for determines which indicators are important, but what are some of the indicators that are important to shareholders, for example?

「なるほど。見る人の目的って言ってたけど、例えば株主にとって重要な指標はどんなものがあるの？」

One of the most important indicators is return on equity (ROE). That is the ratio of net income to shareholders' equity. You get it by dividing net income by shareholders' equity.

「重要な指標の１つは、自己資本利益率(ROE)だね。株主資本に対する純利益の割合を表している。当期純利益 ÷ 自己資本で求められる。」

Why is return on equity important?

「どうしてこれが重要なの？」

It shows whether a company has made good use of the equity capital invested by its shareholders to generate profits. It is one of the indicators of whether the company is worth investing in or not.

「株主が出資した自己資本を有効活用して、利益を上げたかどうか、ってことがわかるんだ。つまり、投資に値する会社かどうかという指標の1つとなる。」

It says that Japan Drink has a 5% ROE. Does that mean I should sell my company shares?

「うちの会社はROEが5%って書いてある。うちの会社の株って売っちゃった方がいい感じ？」

No, it doesn't mean that. Japanese companies normally have a lower ROE than those in Europe or the United States, and it's better to make a comprehensive judgment based on a combination of several indicators and factors. Moreover, Emily, as someone who is part of the marketing department, you should believe in the success of the company.

「いや、そういうわけじゃない。日本企業は欧米に比べてもともとROEは低めだし、他の指標や要素を併せて、総合的に判断した方がいいね。しかもエミリー、あなたはマーケティング部門の一員として、会社の成功を信じるべきでしょ。」

Oh, I definitely believe in the success of Japan Drinks!

「もちろん私はジャパンドリンクの成功を信じているわよ！」

単語の解説

- financial indicator/ financial ratio「財務指標」
- profitability「収益性」
- current ratio「流動比率」
- financial indicators「財務指標」
- depends on ～「～による」　- in general「概して」
- competitor「競合」
- be a measure of ～「～の指標となる」
- higher than the average「平均より高い」
- be worth investing「投資する価値がある」
- comprehensive「包括的な」

63

他の会社と収益を比較・
分析して得たことを語る

▶ in terms of 〜
▶ higher (lower) than that of 〜
▶ at the same level
▶ consider the fact that 〜
▶ take 〜 into account
▶ from 〜 point of view

　本節では会社間の業績の比較を英語で行っていきます。

　単純に金額を比較する場合、そして前節で見てきた財務指標を使って比較する場合の表現を見てみましょう。

●── Company A と Company B の比較

例文 Company A is bigger in terms of sales, but Company B's profit margin is a lot higher than that of Company A.
「売上高ではA社の方が大きいが、利益率ではB社の方がずっと高い。」

> in terms of 〜　「〜においては」
> higher (lower) than that of 〜　「の方が高い」

例文 Company B has been successful in streamlining its manufacturing process, which has resulted in a lower cost of goods sold.
「B社は製造工程の合理化に成功し、その結果、売上原価が減少しました。」

例文 As for equity ratio, Company B's is higher than that of Company A. This basically means that a company has effectively funded its asset requirements with a minimal amount of debt.
「自己資本比率については、B社の方がA社よりも高い。これは基本的に、企業が必要な資金を最小限の負債で効果的に調達していることを意味している。」

例文 Net profits of Company A and B are at the same level. Considering that Company A's sales have grown 50% compared to last year, we can say that Company A is growing fast, but Company B is more stable and efficient when you take their profit margin and equity ratio into account.

「A社とB社の純利益は同水準です。A社の売上高が昨年に比べて50％伸びていることを考えると、A社は急成長していると言えますが、利益率や自己資本比率などを考慮すると、B社の方が安定していて効率がよいと言えます。」

A社　B社
売上ではB社の方が断然多いけど

A社　B社
中身を比べると収益性はA社が上！

at the same level　「同水準である」

　それでは、次に、実際の企業でどのように、分析したことを伝えることができるか、見ていきましょう。

From a marketing point of view, I'm sure you do a lot of competitive analysis, but from an accounting point of view, you can make similar analyses.

「マーケティングの観点で、競合分析とかきっとエミリーはよくやっていると思うんだけど、会計的にも比較ができるのよ。」

from 〜 point of view　「〜の観点からいうと」

Fuji Beverage, which is our major competitor, has bigger sales than Japan Drink. They are number one in the industry and have a large advertising budget.

「同業の富士ビバレッジの方がジャパンドリンクより売上が多い。業界一位で、広告宣伝費もふんだんにある。」

Is that so? But Japan Drink is growing rapidly, and sales are up 20% year over year. I'm sure that you and your team have a lot to do with that.

「そう？でも、ジャパンドリンクは急成長を遂げていて、前年比売上20％増。エ
ミリーたちの頑張りのおかげだね。」

Thank you for saying that. I have a great team.

「ありがとう。素晴らしいチームよ。」

But in terms of gross profit margin... Here is the copy of their latest IR
release. Fuji Beverage's is much higher, and it recently went up again.

「ただ、売上総利益率では…ここに最新のIR資料があるけど、富士ビバレッジの
方がずっと高く、最近また上昇した。」

Why is that?

「どうして？」

Fuji Beverage has succeeded in streamlining its manufacturing process,
and as a result, their cost of sales has decreased, resulting in a higher
gross profit margin.

「富士ビバレッジは製造工程の合理化に成功し、その結果、売上原価が減少した
のね。」

I see.

「ああ。」

Also, regarding the capital ratio, Fuji Beverage has a higher capital ratio
than Japan Drink. This basically means that the companies are financ-
ing their necessary assets effectively, with minimal liabilities. You get the
idea.

「また、自己資本比率については、富士ビバレッジの方がジャパンドリンクより
も高くなっている。これは基本的に、企業が必要な資金を最小限の負債で効果
的に調達していることを意味している。わかるよね。」

To summarize... Fuji Beverage is the winner in terms of sales, but Japan Drink is catching up. However, Fuji Beverage is still more stable.

「まとめると……富士ビバレッジの方が売上的に勝ってるけど、ジャパンドリンクが追い上げてる。でもまだやっぱり富士ビバレッジの方が安定しているって感じかな。」

That's right. Considering that Japan Drink's sales have increased by 20% compared to last year, we can say that Japan Drink is growing rapidly, but Fuji Beverage is still more stable and efficient in terms of profit margin and capital ratio.

「そうね。ジャパンドリンクの売上高が昨年に比べて20％伸びていることを考えると、ジャパンドリンクは急成長していると言えるけど、利益率や自己資本比率などを考慮すると、まだ富士ビバレッジの方が安定していて効率がよいと言える。」

Hmm... Now that I know more about our rival, I feel more motivated to beat them!

「うーん…とすると競合のことがよりよくわかるわ。彼らに対抗するやる気が湧いてきたわ！」

単語の解説

- **be higher than that of** ～「～よりもその点においては高い」
- **streamline**「合理化する」　**effectively**「効果的に」
- **a minimal amount of** ～「最小限の額で」　**at the same level**「同水準」
- **considering the fact that** ～「～という事実を考慮すると」
- **take into account** ～「～を考慮すると」
- **from** ～ **point of view**「～の観点からいうと」
- **competitive analysis**「競合調査」　**up x%**「x％上昇する」
- **succeed in** ～「～に成功する」

会社の税について説明する

▶ file a tax return
▶ pay corporate tax
▶ Is this expense tax-deductible?

　会社の会計や業績について語るとき、またはM&Aや海外進出などのイベント時、必ずついてまわるのが税についての話です。

　ここでは税について説明するときに欠かせない単語と、文単位での説明の仕方を見ていきましょう。

法人（所得）税　Corporate (income) Tax

（個人）所得税　Individual Income Tax

付加価値税／消費税／売上税

VAT (Value Added Tax)、Consumption Tax、Sales Tax など

事業税　Local Enterprise Tax (Local Business Tax)

住民税　Local Inhabitant Tax

源泉徴収税　Withholding Tax

税務申告書　Tax Return

申告期限　Filing Due Date

納付期限　Payment Due Date

租税条約　Tax Treaty

税務申告をする（申告書を提出する）　file a tax return

法人税を支払う　pay corporate tax

例文 The corporate tax return has to be filed within two months of the last day of the fiscal year at the taxation office where the company has its registered business address. The tax calculated as due (payable) must also be paid within this period.

「法人税の申告は、会計年度の末日から2ヶ月以内に、会社を登記した事業所の管轄の税務署で行わなければなりません。また、算出された税金はこの期間内に支払わなければなりません。」

例文 You can apply for a month's extension in filing the returns for corporate income taxes, consumption taxes, inhabitant taxes, and enterprise taxes.

「法人税、消費税、住民税及び事業税については1か月の申告期限の延長が認められています。」

例文 Entertainment expenses that exceed a certain annual threshold are not tax-deductible.

「交際費のうち、損金算入限度額を超える部分の金額については損金不算入となります。」

例文 Given that Company ABC is classified as a small or medium-sized business, they will have a reduced tax rate of 15% on income less than 8 million yen.

「ABC社は中小法人に該当するため、800万円までの所得金額については軽減税率(15%)が適用されます。」

例文 When the US-Japan tax treaty is applied, the withholding tax rate will be reduced to 10%.

「日米租税条約が適用されると、源泉税率は10%に引き下げられます。」

よくある質問

Is this expense tax-deductible?
「この経費は落とせますか？（損金算入できますか？）」

▶ Is this income taxable? 「こちらは益金算入となりますか？」

▶ Does the US-Japan tax treaty apply here?
「日米租税条約はこの場合適用されますか？」

それでは、実際の使われ方を見てみましょう。

日本の大手企業ジャパンドリンクの経理部で国際税務を担当しているアミは、米国のアイスクリーム会社 USA Ice Cream の日本法人を設立する友人のオードリーから、日本の税務に関するアドバイスを求められました。
アミは快諾し、電話でオードリーからの質問に答えます。

Can you tell me about filing corporate tax returns in Japan? When is the deadline for filing?

「日本の法人税の申告について、教えてもらえる？申告期限はいつなの？」

Corporate tax returns must be filed within two months of the end of the fiscal year at the tax office with jurisdiction over the company's registered office.

「法人税の申告は、会計年度の末日から2ヶ月以内に、会社を登記した事業所の管轄の税務署で行わなければならないの。」

Okay. By when do we have to pay our corporate taxes?

「わかったわ。法人税の納付はいつまで？」

In Japan those are due on the same day as the deadline for filing. Make sure you don't miss the deadline.

「日本では申告期限と同じなの。期限に遅れないよう気をつけてね。」

Thanks, I'll be careful. Is it possible to get extensions for filing in Japan? It's not easy to collect all the necessary data...

「ありがとう、気をつける。日本には、申告期限の延長ってないの？なかなかデータを用意するのは大変よね…」

Yes, that's possible. For corporate, consumption, inhabitant, and enterprise tax filings, the deadline can basically be extended by one month.

「あるよ。法人税、消費税、住民税及び事業税については基本的に1ヶ月の申告期限の延長が認められているの。」

That's good to know. We've been spending a lot of money starting up the business... like paying a judicial scrivener to register the company and real estate contracts. In Japan, those are deductible, right?

「良かった。立ち上げでかなり色々経費使っているんだけど…登記の司法書士さんに払うお金とか。不動産の契約とか。日本でも、損金算入できるわよね？」

Yes. Basically you can deduct the start-up costs from your taxable income.

「ええ。立ち上げにかかる費用は基本的には損金として、課税所得から引ける。」

Thank you. Another thing... We are planning to pay dividends to our parent company, which is a US corporation... Are there any taxes that apply to that?

「ありがとう。それから…米国法人に配当を予定しているんだけど、かかってくる税金ってあるのかしら？」

第1章　第2章　第3章　第4章　第5章　第6章　第7章　第8章　第9章　第10章

Basically, when a Japanese subsidiary pays dividends to its U.S. parent company, it is subject to withholding tax. However, since there is a Japan-U.S. tax treaty, the withholding tax can be reduced or exempted if the application of the treaty is submitted in advance to the competent Japanese tax office for the Japanese subsidiary. If you would like to discuss topics such as tax treaties in detail, I can introduce you to our tax consulting firm. The tax accountant in charge of my case is very good, and she is very friendly and helpful. She used to work in our New York office, so she speaks English very well!

「日本の子会社がアメリカの親会社に対して配当する場合、基本的には源泉徴収税がかかるわよ。ただし、日米租税条約があるので、事前に日本の子会社の所轄税務に条約の適用の届出をすれば、源泉徴収税が軽減されたり、免税になったりするわ。租税条約などのトピックを詳しく検討したい場合は、うちの顧問先の税理士法人を紹介するわ！担当の税理士の方がとても優秀で、親身になって相談に乗ってくれるの。ニューヨーク事務所に勤めていた人だから、英語も堪能よ！」

That would be a big help! Thanks a lot.

「それは助かる！どうもありがとう。」

単語の解説

- pay a corporate tax「法人税を支払う」　■ annual filing「年次報告」
- taxation office / tax authorities「税務署」　■ threshold「しきい値、限度額」
- reduced tax rate「軽減税率」　■ withholding tax rate「源泉税率」
- Japan-US tax treaty「日米租税条約」
- tax-deductible「経費で落とせる／損金算入できる」
- taxable income「益金算入」　■ double taxation「二重課税」
- tax evasion「租税回避」　■ miss a deadline「期限に遅れる」
- get an extensions for filing「申告の延長をする」　■ subsidiary「子会社」

内部統制について語る

▶ Are the responsibilities for 〜 separated from 〜
▶ Is access to 〜 restricted to authorized 〜

この節は内部統制（internal control）についてです。

内部統制の部署で働いている人のみならず、一般のビジネスパーソンもその重要性について知り、必要に応じて質問に対応する必要があります。またマネジメントレベルであれば海外の子会社に、その重要性について英語で説いたりするシーンもきっと出てくるでしょう。

この節では、英語で内部統制について聞かれたときに助けになるような、概念やキーワード、説明について英語で見ていきます。

●── 内部統制とは？背景と概要─

米国の大企業、エンロンやワールドコムの経営破綻に端を発し、不正会計の防止策として2002年に企業改革法（SOX法：サーベンス・オクスリー法）が制定されました。

日本においても、このSOX法を参考にしたJ-SOX法（会社法および金融商品取引法）が2006年に制定され、2008年適用開始、法令への適合や業務の適正を確保する、企業の内部統制システムの構築と経営者による評価、監査人による監査が義務づけられました。

また、日本では、上場企業の経営者は有価証券報告書と併せて自身の評価結果としての「内部統制報告書」を内閣総理大臣に提出しなければなりません。

つまり、特に上場企業において、提出する有価証券報告書の他に、日々の会社の運営を不正がない形でしっかりやっているかということを管理し、それを示すことによって、株主や投資家、取引先などのステークホルダーに会社を信頼してもらうものです。

　内部統制の目的を達成するための5つの構成要素があります。5つの構成要素すべてが事業目的の達成に関係します。

- 統制環境　（control environment）
- リスク評価　（risk assessment）
- 統制活動　（control activities）
- 情報および伝達　（information and communication）
- モニタリング　（monitoring activities）

　内部統制が有効でないことの程度を表す用語についても、押さえておくとよいでしょう

内部統制の

　不備　（Deficiency）

　重大な不備　（Significant Deficiency）

　重要な欠陥　（Material Weakness）

　下に下がるほど、有効ではない度合いが大きくなります。

　次に、実際の内部統制に関する質問のサンプルをいくつか見ていきましょう。どの質問も、上記の構成要素を元に、それぞれの持ち場で、きちんと手順を踏んで統制がなされているかを確認するものです。

内部統制に関する質問の例（cashのセクションより）

例文 Are the responsibilities for collection and deposit preparation segregated from those for recording general ledger entries?

　「回収および預入の責任は、総勘定元帳への記録の責任と分離されているか？」

segregation of duties（職務分掌、職務の分離、SODともいわれます）は職務の執行者と承認者の権限を分離し、個人や部門の権限や責任の範囲を明確に規定することにより、不正を未然に防止するための概念で、内部統制に欠かせないものです。

例文 Are there controls at each collection location, in order to assure timely deposits and an accurate recording of collections?

「各回収の場において、タイムリーな預入と正確な回収の記録を保証するための管理が行われているか？」

例文 Are cash receipts deposited intact on at least a weekly / monthly basis?

「受領した現金は少なくとも週1回/月1回のペースでそのまま入金されているか？」

例文 Is access to the secured area restricted to authorized personnel only?

「セキュリティエリアへのアクセスは、許可された人員のみに制限されていますか？」

それでは次に、ダイアログでどのように本トピックについて話されているか見ていきましょう。

I've finally made up my mind to take the company public! I'm looking forward to the preparations.

シンプルに上場する、というときは go public と言います

「やっと上場する決意ができたよ！これからの準備が楽しみだ。」

Well, congratulations! This is exciting. But Satoshi, do you have any internal controls in place at your company? It seems like you don't have a lot of people in the accounting department...

「いやー、おめでとう！私もワクワクします。ただサトシ、内部統制とか、君の会社ちゃんとできてるの？経理部とかすごい人少なさそうだけど…」

Internal controls? I don't know much about it...

「内部統制？あんまりよくわかっていない…」

That's not good for the president of a listed company. You can't go public without preparing internal controls. You've heard of Enron, right? After the collapse of Enron and WorldCom, the Sarbanes-Oxley Act (SOX) was enacted in 2002 as a way to prevent deceitful accounting practices like window-dressing.

In Japan, J-SOX (Financial Instruments and Exchange Act) was enacted as a kind of Japanese version of SOX, requiring companies to establish an internal control system to ensure compliance with laws and regulations and the appropriateness of operations. It is aimed at protecting investors by improving the accuracy and reliability of corporate disclosures. Under J-SOX, all listed companies in Japan are required to perform risk assessments and the report is required to be certified by independent accountants.

「上場会社の社長がそれはまずいよ。内部統制の準備ナシに上場はできないよ。エンロンのことは聞いたことあるよね？米国の大企業、エンロンやワールドコムの経営破綻があったから、不正会計の防止策として2002年に企業改革法（SOX法：サーベンス・オクスリー法）が制定されたんだ。

日本においても、このSOX法を参考にしたJ-SOX法（会社法および金融商品取引法）が導入され、財務報告の信頼性にかかる企業の内部統制システムの構築

と、経営者評価、監査人による監査が義務づけられたんだよ。」J-SOX は、企業の情報開示の正確性と信頼性を向上させ、投資家を保護することを目的としているの。J-SOX では、日本のすべての上場企業にリスクアセスメントの実施が義務づけられていて、その報告書は独立した会計士による認証が必要とされているわ。」

Ah. I've heard of it.

「あー。なんとなくは聞いたことある。」

It's not enough to have heard of it. You need to understand it! For example, does the person who enters records into the general ledger also collect or deposit cash?

「いやいや、しっかり理解しないとだめだよ。例えば、総勘定元帳への記録をする人が、現金の回収とか預入とかしたりしていない？」

I trust my employees.

「自分の社員を信じているからねえ。」

I understand the sentiment, but that's not going to convince the market. It means you don't have the right internal control structure in place. Segregation of duties is a basic principle. The executor and the approver have to be separated.

「その気持ちはわかるけど、それじゃ、市場は納得しないよ。しかるべき体制が取れていないということになる。職務分掌は基本中の基本だ。執行者と承認者は分けないと。」

I see. I'll have to learn a lot more about all this. I have a lot of work to do.

「確かに。これからそういったところも見ていかないと。やることが盛りだくさんだ。」

It's too much for you to do on your own, so you should hire an internal control professional like a CPA to do it for you, starting with risk identification. One of my classmates from college is now a senior manager at an auditing firm. Let me introduce you to him. He's a very talented person.

「とても自分たちだけでできる量じゃないから、公認会計士のような内部統制の プロフェショナルを雇って、まずはリスクの洗い出しからやってもらうといい よ。私の大学時代の先輩が今監査法人でシニアマネージャーをやっているから、 紹介するよ。凄い優秀な人だよ。」

Yes please! That'd be great. Thank you.

「頼む！助かるよ。ありがとう。」

単語の解説

■ internal control「内部統制」　■ authorized「許可された」
■ segregate「分離する」　■ collect「回収する」
■ deposit「（銀行などに）預ける、預金する」　■ board of directors「取締役会」
■ management「マネジメント、経営陣」　■ control environment「統制環境」
■ risk assessment「リスク評価」　■ control activities「統制活動」
■ information and communication「情報および伝達」
■ monitoring activities「モニタリング」　■ deficiency「不備」
■ significant deficiency「重大な不備」　■ material weakness「重要な欠陥」
■ ensure「確かにする、確保する、確実にする」
■ in place「実施されている、導入されている」
■ make up one's mind to ～「～する決意をする」　■ prevent「防止する」
■ a listed company「上場会社」　■ collapse「崩壊」
■ enact「制定する、実行する」　■ deceitful「欺く、不正直な」
■ independent「独立した」　■ general ledger「総勘定元帳」
■ segregation of duties「職務分掌、職務分離」

株主目線で財務会計に関して会社に質問する

▶ What are the reasons 〜？
▶ Could you tell us 〜？
▶ What are you planning to do to 〜？
▶ When do you anticipate 〜？
▶ Given 〜

　会社の数字についての質問、ということで、株主総会で聞かれる質問の中で、ベーシックなものを集めてみました。M&A の検討時などにも用いることができる経営についての質問が多く含まれています。

会社の業績について

例文 Why has there been a significant decrease in sales?
「売上が大幅に減少したのはなぜですか？」

例文 How were sales and earnings compared to what you were anticipating or had budgeted for?
「想定あるいは予算と比べて、売上や利益はどういうものでしたか？」

例文 What are the reasons the company's results are so different from what was forecasted and from what analysts were expecting?
「会社の業績が予測やアナリストの予想と大きく異なる理由は何ですか？」

What are the reasons 〜？　「〜の理由は何ですか」

例文 How does profitability compare with changes in income? Has net income increased proportionately with revenues, and if not, what has caused this?
「収益性は、利益の変化と比較してどうですか？純利益は収益に比例して増加しているか、そうでない場合、その原因は何ですか？」

例文 Can you tell us how the company's ROI compares with the ROI for other companies in this industry?

「この会社のROIは、同業他社のROIと比べてどうなのか教えてください。」

会社の経費について言及

例文 What was spent this year on advertising and promotion? Will the marketing budget be increased or reduced next year?

「今年の広告・宣伝費はいくらでしたか？来年のマーケティング予算は増やしますか、あるいは減らしますか？」

例文 What was the total expenditure on product R&D (Research and Development)?

「製品の研究開発費の総額はいくらでしたか？」

貸倒償却（bad debts written off）について

例文 Can I ask how much bad debt was written off last year? How does that figure compare with others in this industry? Also, what written-off debts were the largest?

「昨年の貸倒金額を教えてください。同業他社と比べてどうでしょうか？また、どのような貸倒償却が最も多かったのでしょうか？」

経営成績について追及

例文 What are you planning to do to bring the company back to the top tier of the industry where it should rightfully be?

「本来あるべき業界のトップレベルに戻すために、どのようにお考えですか？」

What are you planning to do to〜？「どう予定していますか」

例文 Could you tell us your plans for re-establishing the company as one of the leading companies in the industry as we believe it should be?

「業界のリーディングカンパニーとして再出発するための計画をお聞かせください。」

Could you tell us〜？「〜をお聞かせいただけますか？」

例文 When can we get this company back in production so that we are strong and profitable and can once again pay a dividend even if it's not much, so that our stock can grow in value?

「いつになったら、この会社の生産を再開して、強く、利益を出し、少ないながらも再び配当をして、株式の価値を高めることができるのですか？」

例文 When do you anticipate the company will be at full production strength and therefore strong and profitable enough to pay dividends, even smaller than usual ones, which will help the stock grow in value?

「いつになったら、会社の生産能力が十分に発揮され、通常よりも少ない配当であっても、株式の価値を高めることができるほどのしっかりした収益が得られると予想していますか？」

When do you anticipate〜? 「いつ〜だと予想していますか？」

例文 Given the consistent loss of return to investors over the past decade, do you ever see a time when you might reconsider your capital return policy? Specifically, would you be willing to prioritize share buybacks over dividends in order to help bolster share values?

「過去10年間、投資家へのリターンが一貫して失われている中で、資本還元方針を見直す時期が来ると思われますか？具体的には、株式価値を高めるために、配当よりも自社株買いを優先してもよいのではないでしょうか。」

Given〜 「〜ということを考慮し」

例文 I'm wondering if you have reconsidered, or see a time in the near future where you would reconsider, your capital return policy? To be more precise, I'm wondering if you can imagine prioritizing share buybacks over dividends, in an effort to strengthen shareholder value.

「資本還元政策を再考したことがありますか、あるいは近い将来に再考する時期が来ると考えていますか？正確には、株主価値を高めるために、配当よりも自社株買いを優先することを考えていますか。」

第1章

第2章

第3章

第4章

第5章

第6章

第7章

第8章

第9章

第10章

例文 Why are the results of the operations of ＿＿＿ (competitor) so much better than this company's?

「＿＿＿（競合他社）の経営成績が、なぜ当社よりもはるかに優れているのですか？」

例文 I'd like to hear your thoughts as to why you think ＿＿＿＿＿＿ (competitor) is performing much better than we are.

「＿＿＿＿＿（競合）が我々よりもはるかに優れたパフォーマンスをしている理由について、当社の考えをお聞かせいただきたいと思います。」

例文 Why does the company continue to produce Product A, which is unprofitable?

「なぜ当社は採算の合わない製品Aの生産を続けているのですか？」

▶ Given that Product A is not generating a profit, is there any special reason why the company continues to produce it?

「製品Aが利益を生んでいないのに、当社が製品Aを生産し続ける特別な理由があるのですか？」

単語の解説

■ anticipate「予想する、予期する」
■ forecast「予想する、予測する（データや統計に基づいた予測、といったニュアンス）」
■ analyst「アナリスト」　■ proportionately「比例して」
■ other companies in this industry「同業他社」
■ (bad debts) written off「（貸倒）償却」
■ figure「数字（部屋番号などではなく、会計上の意味を持つ数字など）」
■ rightfully「ふさわしく、正当に」　■ grow in value「価値を高める」
■ decade「10年」　■ capital return policy「資本還元政策」
■ prioritize「優先させる」　■ share buybacks「自社株買い」
■ in an effort to ～「～するための試み（努力）として」
■ shareholder value「株主価値」　■ unprofitable「利益のない、儲からない」

限界利益と損益分岐点を把握する

▶ marginal profit is positive
▶ there is $xx profit per 〜
▶ Income is about $xx per product above break-even

　以降の節では、会社の経営判断や現場で使える、管理会計（Managerial Accounting）の用語について見ていきます。

　これまでの節で見てきた財務会計（Financial Accounting）は外部のステークホルダーに対して正式に報告するためのものだとしたら、管理会計は内部の意思決定で使うためのものです。未来の数字を予測するために使うことができるもので、外部に公表することを前提としている財務会計のように、きっちり決まったルールがあるわけではありません。

　経営における意思決定をする中で、**利益の最大化**というのは非常に重要です。
　そのため、サービスや商品自体の利益を測ることができる**限界利益**（Marginal Profit）がよく判断材料として使われます。販売価格から、そのサービスや商品自体を作るのに直接的にかかった変動費（Variable Cost）を引いて、求められます。

　損益分岐点（Break-even Point）について言及することもよくあるでしょう。売上から、変動費と固定費を引いてゼロになる点のことです。何をいくつ作ったら、収益とコストがトントンになるのか。どこから利益が発生するのか、これにより知ることができます。

　それでは、ダイアログを通じ、会話の中でどのようにこういった表現が使われるのか、見ていきましょう。

ストーリー

　テキサス州の片田舎でブリキのおもちゃ工場を30年ほど経営しているジョニー。従業員は10人ほど。ジョニーは昔ながらの人情や気合を大切にする男性で、これまで会計や経営学などから来る、いわゆる理論とは無縁の生活を送ってきた。高校を卒業後すぐに就職し、現場の勘とお客さんとの関係を大切にし、懸命に弟や妻と共に働き、一時は年商200万ドルにのぼる会社を築き上げた。しかしながら、昨今のおもちゃのデジタル化に伴い、売上は下がり、また原材料費の高騰で事業は厳しい状況にさらされている。

　そんなとき、友人の紹介で知り合った、CPAの日本人女性ミカ。カイゼンの国から来た、ということで、ジョニーは意を決して、ミカに友人としてカフェで自社の経営について相談を持ち掛ける……。

> To tell you the truth, I'm wondering if I should stop production of Toy B. The cost of raw materials has gone up, and the more I sell, the more money I feel I'm losing...

「実はね…おもちゃBについては生産をやめようか悩んでるんだよ。原材料が上がって、売れば売るほど赤字になるような気がしてね…。」

たくさん注文きた

たくさん作った

たくさんお金かかった

なんで全然儲かってないの!?

I see. Looking at the data, the marginal profit on this Toy B is positive.

「そうなんですね。会社のデータを見ると、このおもちゃ B の限界利益自体はプラスです。」

What do you mean? Can you be more specific?

「というと？具体的に説明してもらえるかね？」

Marginal profit is your sales minus variable costs. It is the profit you generate by selling Toy B before paying any fixed expenditures. If it's positive, it implies that the costs of producing each unit of Toy B is recoverable on its sale. From the marginal profit, you then need to pay the fixed expenditures to arrive at the actual or net profit. It is true that the costs of raw materials for Toy B have been going up and up for the last three years, but in terms of sales minus variable costs, there was still $20 profit per toy at the end of last year. Unless the variable costs increase to the point where they exceed the current marginal profit, I think you can continue to produce Toy B.

$50 (sales price) - $30 (variable costs) = $20 (marginal profit)

「限界利益というのは、売上から変動費を引いたものです。これは、固定費を支払う前に、おもちゃ B を販売することで得られる利益です。限界利益がプラスであれば、おもちゃ B の各ユニットの生産にかかった費用が、販売時に回収できることを意味します。限界利益から、固定費を支払って、実際の利益または純利益を算出する必要がありますが。

確かにおもちゃ B の原材料はここ 3 年どんどん上がってきていますが、売上から変動費を引いた額では昨年末の資料を見ても、20 ドルほど残っている。おもちゃ B の限界利益を上回るようなおもちゃを製造するなら別ですが、そうでないなら、このまま残しておいてもいいと思いますよ。」

$50 (売上高) $30 (変動費) = $20 (限界利益)

　　Marginal Profit は、Contribution Margin（貢献利益）とも言われ、どちらかというと一般的には後者の方がよく使われる印象ですが、Marginal Profit と同じく Sales Price から Variable Costs を引いて出すもの、という意味で使われるときと、そこからさらに Direct Fixed Cost（直接固定費）を引いたものとして使われるときの2種類があります。

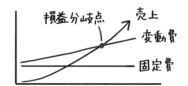

I see. What about my overall business, not just Toy B? As I expected, the cost of raw materials has been rising for the past few years. Our sales have remained the same or even declined a little, but the profit we have left over is getting a lot smaller.

「そうか。おもちゃＢだけじゃなくて、この事業自体については？やはり、ここ数年、原材料の高騰が続いてねえ。売上は変わらないのに、手元に残るお金が少なくなってきてるんだよ。」

In terms of this business as a whole, you are above the break-even point. The break-even point is the point where you are able to recover all of your costs (fixed as well as variable). In other words, at the break-even point, your total sales is equal to your total costs and you are not turning a profit but you are not incurring a loss either.

$50 (sales) - $40 ($30 variable costs + $10 fixed costs) = $10 (net income)

If total costs increase to $50 while sales remain at $50, then this is when the business reaches a break-even point and net income = 0.

Currently, you have a marginal profit of $20 and net income of $10 which implies that even though profits have declined in recent years, you are earning and operating at a higher level than break-even as of the end of last year. Income is still about $10 per product above the break-even point.

「この事業全体でいうと、損益分岐点は上回っていますよ。損益分岐点というの
は、損益分岐点とは、すべてのコスト（固定費だけでなく変動費も）を回収で
きるポイントです。

言い換えれば、損益分岐点では、総売上高と総費用が等しく、利益も損失も出
ていない状態です。

50ドル（売上高）-40ドル（変動費30ドル＋固定費10ドル）＝10ドル（純利益）

売上高が50ドルのままで総コストが50ドルに増加した場合、このとき、会社
のビジネスは「損益分岐点」に達し、純利益＝0となります。

現在、限界利益は20ドル、純利益は10ドルで、ここ数年利益が減少している
とはいえ、損益分岐点よりも高いレベルで収益を上げていることになります。
昨年末の時点では、損益分岐点よりも製品1個あたり10ドルほど高い収益を上
げています。」

Hmm, I see. By the way, when you say fixed costs and variable costs, do
you mean that fixed costs are those that occur regardless of sales, and
variable costs are those that vary depending on sales and the number of
products manufactured?

「なるほど。ところで、固定費と変動費というのは、固定費は売上に関係なく発
生するもので、変動費は売上や作った量によって変わるもののことであってい
るかね。」

That's right. Fixed costs are things like rent, depreciation, and insurance
premiums. These costs will be there even if you do not produce a single
unit of any product. Variable costs are things like raw material costs,
sales commissions, and direct labor or outsourcing costs, which are in-
curred only when you produce actual goods. For example, if you do not
produce any goods, you will still have outflow in the form of rent but your
raw materials expenses will be zero.

「その通りですね。固定費とは、家賃や減価償却費、保険料など、製品を1個も作らなくても発生する費用のことです。変動費とは、原材料費、販売手数料、直接人件費や外注費など、実際に商品を生産したときにのみ発生する費用のことです。例えば、商品を生産しない場合でも、家賃は発生しますが、原材料費は商品を生産するつもりがないと発生しません。」

単語の解説

- managerial accounting「管理会計」
- marginal profit「限界利益」
- contribution margin「貢献利益」
- variable cost「変動費」
- break-even point「損益分岐点」
- raw material「原材料」
- positive「正の（金額）」　■ specific「具体的な」
- profit you generate by selling 〜「〜を売ることで得られる利益」
- it implies that 〜「〜であることを（暗に）意味する」
- fixed expenditure「固定費」　■ recoverable「回収可能な」
- the profit we have left over「手元に残った利益」
- turn a profit「利益を出す」
- incur a loss「損失が出る」　■ incur「生じる」

損益分岐点を下げる

▶ lower the break-even point
▶ lower the fixed costs
▶ increase the percentage of profit per unit
▶ raise the list price of the product

　会社の利益を最大化するためには、ざっくり**損益分岐点を下げる**（lower the break-even point）、もしくは**売上自体を上げる**（increase sales）の2択です。

　損益分岐点を下げる方法としては、下記の方策が考えられます。

・ 固定費を下げる（lower the fixed costs）

・ 変動費を下げる（lower the variable costs）

・ 販売価格を上げる（raise the list price of the product）

ダイアログの中で、どのように説明されているのか見ていきましょう。

Even though we're making $100,000 in profit, it's still only one-tenth of what profits were 10 years ago. Even if we wanted to work on developing a new toy, we couldn't afford to invest in it.

「10万ドルの利益が上がっていると言っても、10年前に比べたら1/10になっているんだよ。新しいおもちゃの製作に取り組みたいと思っても、とても投資できやしない。」

Well...you need to increase sales by selling more units, or lower the break-even point...

「そうですね…まず考えられるのは、もっとたくさん売って、そもそもの売上を上げるか、あるいは損益分岐点を下げるかですね…。」

How would we lower the break-even point?

「損益分岐点を下げるっていうのはどういうことだい？」

There are three main ways to do this. You could lower your fixed costs, lower your variable costs (increasing the marginal profit ratio) or raise the list price of the product itself (also increasing the marginal profit ratio).

「大きく分けて3つ考えられます。固定費を下げる、変動費を下げる（限界利益率を上げる）、または製品の販売価格自体を上げるのです（こちらも限界利益率が上がる）。」

Ok, I think I understand the theory, but what exactly should I be doing?

「うーん、理論はわかるけど、具体的にはどうしろと？」

When it comes to reducing fixed costs, for example, you could restructure and reduce the number of employees, or you could close the factory museum established next to the factory and free up the rent for that...

When it comes to 〜 「〜ということについては、〜に関していえば」

「固定費の削減について言えば、例えばリストラを行って人員を削減するとか、工場のとなりに設立されている資料館を閉鎖して、その分の賃料を浮かすとか…。」

Some of my employees have been with me for 30 years since the beginning of the company, so I can't just let them go — they are like a family to me. We bought the land from a neighbor 15 years ago, and we built the museum on it. So it's a fixed asset. It's true that the number of museum visitors has been decreasing lately though...

「設立当初から30年お世話になっている人もいるんだ、社員は私の家族みたいなものだから首は切れない。資料館の土地は、隣から15年前にうちが買って、建てたものなんだよ。だから固定資産だ。確かに、最近訪れる人は少なくなってるな…。」

It's close to the station, so the museum land would sell for a good price.

「この工場は駅からも近いですし、資料館の土地は高く売れそうですね。」

The station was built ten years ago, after the museum was built. We were lucky because we were able to buy it cheap. If I could sell it, I wouldn't have to pay annual property taxes.

By the way, what can I do about decreasing variable costs?

「駅は10年前に、資料館を建てた後にできたんだよ。安く買えて運が良かった。これが無事売れるなら、年間の固定資産税も払わなくて済むな。

ところで、変動費を下げるということについてはどうしたらいいんだい？」

You need to lower the costs of raw materials...

「原材料費を下げるということですが…」

I've been working with my suppliers for 20 years, and I can't just ask them to lower their prices.

The last option of raising the sales price of the product itself... Are you suggesting that I should raise my prices?

「仕入れ先には20年お世話になっているし、彼らも生活があるから値下げは頼めないな。

最後の、製品の販売価格自体を上げるというのは、要するに値上げするということかね？」

Yes, that's right. You said that the prices of your company's toys have not changed for 20 years, so is it really not possible to raise prices? If price elasticity is low, then even if the price goes up, demand for that product may not drop that much. Elasticity is often high for essentials like food, but low for non-essential items such as toys.

Alternatively, if you foresee more demand, you can increase production and even if you don't negotiate for lower prices with your suppliers or don't increase prices, you can still improve profitability due to economies of scale. Fixed costs by their nature will remain the same but on a per unit basis will be lower. For example, if fixed costs are $100,000 for 5,000 units, that is $20 per unit. However, if you increase your sales to say 6,000 units, then your fixed costs will still be $100,000 but the per unit cost would drop to $16.67.

「そうですね。御社のおもちゃは20年間価格が変わっていないということですが、本当に値上げできないんでしょうか？需要の価格弾力性と言って、この数値が低ければ、商品の価格が上がってもそこまで需要が低下しないことも考えられます。生鮮食品などはこれが高いことが多いですが、おもちゃなどの生活必需品ではないものは、低いことが多いです。

また、需要が増えると予測される場合には、生産量を増やすことができ、サプライヤーとの値下げ交渉や値上げをしなくても、規模の経済により収益性を向上させることができます。固定費は、その性質上、変わらないけれども、単位当たりの金額は低くなる。例えば、固定費が5,000個で10万ドルの場合、1個あたり20ドルになります。しかし、売上高を6,000個に増やした場合、固定費は10万ドルのままですが、1個あたりのコストは16.67ドルに下がります。」

We've been in business for a long time and I love seeing the joy on the faces of the children who buy our toys. The parents of children around here don't have very high incomes, and I want them to be able to buy our toys and for their children to be happy with those toys.

「子供たちの喜ぶ顔が見たくてここまで事業を続けてきたからねえ、このあたりの子供を持つ親というのはそんなに収入も高くないんだよ。そんな人たちにも、私たちのおもちゃを手に取って、喜んでもらいたいねえ。」

単語の解説

■ lower「下げる」　■ put up / raise「上げる」

■ in profit「利益で（売上と区別するときに用いることがある。文脈により意味が変わるので注意）」

■ free up「解放する、自由に使う」　■ price elasticity「価格弾力性」

■ foresee「予見する、見越す」　■ economies of scale「規模の経　済」

■ essentials「生活必需品」　■ non-essential items「生活必需品ではないもの」

■ alternatively「代わりに」　■ property tax「資産税」

外注か内製化か

▶ consider outsourcing it to 〜
▶ hire someone to handle it
▶ If you outsource it, you can 〜
▶ On the other hand, if you want to hire someone who can handle 〜

　製品やサービスを外注（outsource）した方がいいのか、それとも内製化、人を雇い社内で作る（hire someone）方がいいのか。それぞれのコストを出して比較することにより、判断材料にすることができます。

　外注する場合は**外注費**（Subcontract Expenses）として、必要なときに計上する**変動費**（Variable Cost）化させることができます。
　内製化する場合は給料、人件費として、常に計上される**固定費**（Fixed Cost）となることが多いです。
　単純なコストの面以外でも、もちろん社内でエキスパートを抱えるメリット等も考慮に入れて、最終的な決定をする必要はあるでしょう。

I know that there are limited options for lowering the break-even point for now. Next, let's talk about increasing sales... If I may ask you a frank question, Jonny, how much yearly profit would you like to make? You said $100,000 is not enough at all.

「損益分岐点を下げるためにできそうなことは限定的だということがわかりました。次に売上高を上げることについてですが…お伺いしてよろしければ、ジョニー、手元に残る利益としてはどれくらいほしいですか？ 10万ドルでは全然足りないとおっしゃいましたが。」

Well, first of all, I'd like to get it up to the $1 million or so that we used to get at the peak. With that much money, we could invest in new manufacturing machines. I want to make tin toys out of the cans that canned food comes in. I want to buy a machine that can do that.

「いやあ、まずは最盛期の100万ドルくらいまでは上げたいねえ。これだけあれば、新しい機械にも投資できる。缶詰の缶を再利用したブリキのおもちゃを作りたくてねえ。そのための機械を買いたいんだよ。」

That's a great idea, especially with the sustainability trend these days.

「世の中のサスティナビリティの流れを見ていると、非常によい目の付け所だと思います。」

By the way, Jonny, what happened to the plan you mentioned earlier to make and sell Toy C? I heard that Toy C is just as eco-friendly, but can be handled by existing machines. There's still plenty of room for machine utilization, isn't there? I personally know a business owner who wants to order Toy C because a customer of his wants it.

「ところで社長、以前話をしてくれた、おもちゃCを作って売る計画はどうなりましたか？おもちゃCは同じようにエコだけれども、確か既存のマシーンで対応できると聞きました。まだ機械の稼働率にも余裕がありますよね？私の知り合いの経営者で、おもちゃCだったら顧客が欲しがっているから、発注したいと言っているんです。」

Hmm, Toy C... We can certainly do it with the machines we have, and we can afford the machine utilization, but the problem is that we need a specialist. We really need to hire an experienced craftsman to finish Toy C.

「うーん、おもちゃCか…。確かに今ある機械でできるし、機械の稼働率にも余裕があるんだけど、問題は、スペシャリストが必要ということなんだよ。おもちゃCの仕上げはどうしても、経験のある職人を雇わなければいけない。」

Let's say you receive an order for 5,000 units, what are the additional costs per unit?

「例えば5000個受注する場合、1個あたり追加でいくらのコストがかかりますか？」

I got the numbers from our accountant.

Toy C Craftsman Annual Wages -$50,000

Number of items a person can make in a day -200 pieces

-250 working days in a year

-25 days needed to make 5000 toys

$50,000/5000=10

So, if we make 5,000 toys, the labor cost is $10 per toy.

Material costs are $20 per unit. Variable overhead costs are $5.

The selling price would be $50

「経理担当から数字をもらってきたよ。

おもちゃC職人年収　$50,000

一日に一人が作れる数　200個

一年間の勤務日数　250日

5000個を作るために必要な日数　25日

$50,000/5000=10

5000個作るなら、人件費は1個あたり10ドルになるね。

材料費は1個あたり20ドル。変動間接費は5ドル。

販売価格は50ドルでは売れると思うけど。」

200個／日

Okay, I'll calculate it. Let's assume there are no costs incurred other than the aforesaid ones.

50 dollars − 35 dollars = 15 dollars

That's $15 per unit of marginal profit, which is lower than for Toy B. Jonny, you mentioned hiring a craftsman earlier, but is outsourcing an option? I don't know if the orders will be stable yet.

「では計算します。上記のコスト以外はコストは生じないと仮定します。

50ドル−35ドル＝15ドル

限界利益1個当たり15ドル、おもちゃBよりも低い水準ですね。

Jonny、先ほど職人を雇うと言いましたが、外注するのは選択肢にありませんか？まだ受注が安定するとも限りませんし。」

Yeah, that's right! A friend of mine has a factory that specializes in selling Toy C, and he said he can make them for $30 a piece.

「ああ、そうだね！おもちゃCを専門にしている友人の工場があるのだけれど、そこでは1個30ドルで作ってくれると言っていた。」

That sounds great! If we get to 10,000 orders, we can think about producing Toy C internally as the labor cost per unit will be $5 per unit, but for now, I'd say outsourcing is the way to go for Toy C.

「いいですね！もし受注が1万個になれば、1個当たりの人件費が5ドルになるので考えなおす必要がありますが、今のところは外注した方がおもちゃCについては良さそうだと言えますね。」

Particulars	MAKE	BUY
Order received for (in units)	5000	5000
Selling Price ($50/unit)	50	50
Total Revenue	$250,000	$250,000
Cost of Goods Sold (COGS)		
Material Costs ($20/per unit)	$100,000	0
Additional fixed cost - Craftsman Salary ($10/per unit)	$50,000	0
Variable overhead Costs ($5/per unit)	$25,000	0
Purchased from friend's factory ($30/per unit)		$150,000
Total COGS	$175,000	$150,000
Marginal Profit	$75,000	$100,000

詳細	製造	購入
受注(単位：個数)	5000	5000
販売単価(50ドル／個)	50	50
総売上	$250,000	$250,000
売上原価		
材料費(20ドル／1個)	$100,000	0
追加の固定費－職人の給料（10ドル／1個）	$50,000	0
変動費－間接(5ドル/台)	$25,000	0
友人の工場から購入(30ドル／1個)		$150,000
売上原価合計	$175,000	$150,000
限界利益	$75,000	$100,000

単語の解説

- outsource「外注する」
- subcontracting expenses「外注費」
- at one's peak「ピーク時に」
- sustainability「持続可能性」
- afford「〜の（する）余裕がある」
- craftsman「職人」

投資の回収可能性を
検討する

▶ how long it will take you to recoup the cost of investment
▶ it will take x years for you to recoup the cost of 〜
▶ That's acceptable.
▶ indicators for making investment decisions
▶ It is used to assess the value of an investment

　次に、投資を決定する際の判断材料として使える、投資の回収可能性について見ていきましょう。

　投資を回収するという言葉は次のように表現できます。
recoup an investment
recover an investment

投資評価の指標としては、下記のようなものがあります。
Payback Period（回収期間）
Net Present Value（正味現在価値）
Internal Rate of Return（内部収益率）

それぞれの指標については、下のダイアログを通じて見ていきます。

～決算営業利益で100万ドルを記録した後～

Thanks to you, we're going to achieve $1 million in operating income this year.

「今年はおかげで営業利益100万ドル達成できそうだよ。」

That's great!

「良かったですね！」

I think I'm going to buy the machine to process recycled tin that I've been wanting for a long time... Do you think I should?

「念願の回収したブリキを加工するためのマシンを買おうと思うんだけど…どう思う？」

Yes, but you should see how long it will take you to recoup the cost of the machine you purchased. Shall we do that?

According to the method of calculation known as the "payback period" method, which predicts the after-tax cash flow each year to see how long it will take to recoup the cost of the investment, it will take four years for you to recoup the cost of the machine.

Payback period = investment amount / average cash flow for each period
= \$100,000 / 25,000
= 4 years
That's how you arrive at four years to recover the investment cost of \$100,000 from the sales of products manufactured by the machine.

「いいですね！購入したマシンの費用がどれくらいで回収できそうか見てみましょうか。

回収期間法、つまり毎年の税引き後キャッシュフローを予測し、どれくらいの年数で投資した費用が回収できるか見るものによると、4年で回収できるようですよ。

回収期間 = 投資額／各期の平均キャッシュフロー

= \$100,000 / 25,000

= 4

つまり、その機械で製造した製品の売上から、投資費用の10万ドルを回収するには4年かかるということですね。」

That's acceptable. I'll buy it !

「それはいいですね。では今回買いましょう！」

Other indicators for making investment decisions include the net present value (NPV) method and internal rate of return (IRR), both of which consider the time value of money.

Net present value (NPV) is the net value of all future cash inflows less cash outflows over the entire life of an investment or project, discounted to the present time. It is used to assess the value of an investment and takes into account all income, expenses — capital, as well as revenue — associated with a given project. Internal rate of return (IRR) is the rate which makes the NPV equal to zero. By finding the IRR, you can find the minimum rate of return that is required in order to consider the project.

「他にも投資判断をする指標としては、お金の時間的価値を考慮したNPV（Net Present Value）やIRR（Internal Rate of Return）などがあります。

NPV（Net Present Value）は、投資やプロジェクトの全期間における、将来の現金流入額から現金流出額を差し引いた額を現在に割り引いたものです。投資の価値を評価するために使用され、プロジェクトに関連するすべての収入、費用（資本金および収入）を考慮します。内部収益率(IRR)とは、NPVがゼロになる率のことです。IRRを求めることで、そのプロジェクトを検討するために必要な最低限の収益率を求めることができます。」

単語の解説

- **recoup**「（投資などを）回収する、取り戻す」
- **payback period**「回収期間」
- **net present value**「正味現在価値」
- **internal rate of return**「内部収益率」
- **cost of the investment**「（当該）投資費用」
- **entire**「全体の」
- **take into account** 〜「〜を考慮する、考慮に入れる」
- **minimum rate of return**「最低利益率」

原価計算

- ▶ adopt cost accounting
- ▶ compare actual costs and standard costs
- ▶ analyze the differences and their causes
- ▶ make improvements

　原価計算（cost accounting）を適切に行うことによって、製品やサービスの生産性が可視化されます。そうして得られたデータを、経営企画や予算の策定、価格策定や外部との価格交渉に役立てることができるでしょう。

　原価計算のポイントは、**標準原価**（Standard Cost）をもとに、**実際原価**（Actual Cost）を算出し、それを比較（compare）することです。その差異や原因（differences and their causes）を分析（analyze）することを**原価差異分析**（Cost Variance Analysis）と言います。

　下記のダイアログで、原価計算についての大まかな説明と、使い方を見ていきましょう。

> Our distributors have been asking us to lower our prices. That's difficult to do because the cost of raw materials has been going up in recent years. I don't know how to explain that to them.

「販売代理店から、もっと原価を下げてくれないかと言われてねえ。原材料価格だって近年上がってきてるんだし、難しいよ。どうしたら説明できるかなあ。」

> How about adopting cost accounting at this time? If you can properly explain to your distributors why your products are priced the way they are, they may not ask you to reduce prices unnecessarily.

「この際、原価計算を導入してみてはいかがですか？取引先に、原価の根拠をきちんと説明できれば、むやみに値下げに同意しなくても良さそうです。」

adopt cost accounting　「原価計算を導入する」

> Cost accounting?

「原価計算？」

> Yes. By looking at past data, a "standard cost" is defined and an "actual costs" calculated.
>
> **Standard direct material costs** are material costs obtained by multiplying the standard consumption by the standard price.
> **Standard direct labor costs** are labor costs calculated by multiplying the standard direct labor hours by the standard wage rate.
> **Standard manufacturing indirect costs** are indirect costs calculated by multiplying the standard indirect cost allocation rate by the standard operating hours.
>
> It is also possible to compare actual costs and standard costs, and to analyze the differences and their causes. This is called cost variance analysis.

「はい。過去のデータをもとに、「標準原価」を定めて、原価の計算を行います。
　　標準直接材料費：標準消費量に標準価格を掛けた材料費のこと。
　　標準直接労務費：標準直接作業時間に標準賃率を掛けた労務費のこと。
　　標準製造間接費：標準間接費配賦率に標準操業時間を掛けた間接費のこと。

また、実際原価と標準原価を比較して、差異とその原因について分析すること
もできます。これを原価差異分析と言います。」

compare actual costs and standard costs
「実際原価と標準原価を比較して」

I understand roughly, but what do you get when you do a cost variance
analysis?

「なんとなくわかったけど、原価差異分析をしたら、何がわかるの？」

By analyzing the differences between the standard and actual costs, we
can analyze where and why the differences occurred. Standard costs
will tell you the costs that should have been incurred whereas actual
costs, as the name suggests, are the costs you incurred in reality. In oth-
er words, you don't have to say, "I'm spending too much, but I don't know
what's going on." A cost variance analysis will help you find and control
unwarranted outflows and better manage your finances.

「標準と実際にかかったものの差異を分析して、その差異がいったいどこで、何
が原因で発生したのか、ということが分析できるのです。標準原価は、どれだ
けのコストをかけるべきだったかを教えてくれるもので、一方、実際原価は、
その名の通り、現実にかかったコストです。原価差異分析は、不当な支出を発
見し、管理するのに役立ちます。

つまり、なんとなく使い過ぎちゃってるけどよくわからないなあ…ということ
がなくなるのです。」

I see... This way we can examine whether we are using too much material and make improvements as necessary...and we can also explain the basis of our prices in detail to our distributors.

「そっか、これなら私たちの方でも、使い過ぎているところがないか検討して必要に応じてカイゼンすることができそうだし…どうしても無理なら、その理由を細かく代理店にも説明できる、ってもんだね。」

make improvements 「カイゼンする」

単語の解説

- cost accounting「原価計算」
- standard cost「標準原価」
- actual cost「実際原価」
- cost variance analysis「原価差異分析」
- distributor「販売者、代理店、卸業者」
- adopt「採用する、導入する」
- unnecessarily「不必要に」
- operating hours「運転時間」
- unwarranted「正当な理由のない」

活動基準原価計算 (ABC)

▶ which product is costing you what 〜

　通常の原価計算を用いても、間接費の計算があまり実態を反映していないことがあります。製品やサービスの種類が多い場合に言えるでしょう。その場合、**活動基準原価計算** (Activity-Based Costing, ABC 以下「ABC」と呼びます) といって、製品やサービスにかかっているコストをできるだけ正確に反映させるために、間接費の**配賦** (Allocation) 計算をなるべく実態に即して行う方法を取ることがあります。

　そもそも伝統的な原価計算よりも複雑なものなので、実務で使うことがない人はこういうものもあるんだ、というくらいの軽い気持ちで (必ずしもすべての用語を暗記する必要などない)、以下眺めてもらえればと思います。

　以下のダイアログでは、ABC をその用語を交えて具体例と共に説明しています。

Thanks to you, I understand how cost accounting works. But overhead costs... there are so many things like rent, utilities, and also the labor cost of, for example, Mr. Smith, who works in the administrative department. Are we going to allocate the overhead costs uniformly by work hours or something?

「おかげで原価計算の仕組みはわかったよ。ただ、間接費がねえ…家賃とか光熱費とか、管理部門で働くスミス氏の人件費とか、あまりにもいろいろあるからね。それを作業時間とかで一律に配賦しちゃうの？」

That's a very good guess, Jonny. There is also the activity-based costing (ABC) method, which calculates the resources for each activity that occurs during manufacturing. Cost drivers, the causes of cost, are identified and the allocation rate for each activity is calculated based on them. The allocation rate is then applied to the data generated by the cost driver, and the resources are allocated to the cost object (the object of the cost).

For example, consider that you have a $40,000 per year electricity bill. The electricity expense is directly proportional to the number of man-hours worked. For the year, say there were 2,000 man-hours worked, which in this example is the cost driver. You calculate the cost driver rate by dividing the $40,000 a year electric bill by the 2,000 man-hours, yielding a cost driver rate of $20. Now, say in a month, for product Toy G, the company uses electricity for 15 hours while for product Toy B, it uses electricity for 50 hours. The overhead costs for Toy G is $300 ($20*15 hours) and for Toy B it will be $1,000 ($20 * 50 hours). So individually you can figure out which product is costing you what and whether it's contributing profit to the business or not.

「さすがですね、ジョニー社長。製造間接費の総額のことをリソースというのですが、製造中に発生する活動、アクティビティごとにそのリソースを計算する、活動基準原価計算法（ABC）という方法もあります。原価を発生させる要因、コストドライバーを特定し、それをもとに各アクティビティへの配賦率を計算します。コストドライバーの発生データに対し配賦率をかけ、リソースをコストオブジェクト（原価計算の対象）に配賦します。

例えば、年間40,000ドルの電気代がかかっているとします。電気代は作業工数に直接比例します。年間の作業工数が2,000時間だったとすると、この例ではこれがコストドライバーとなります。コストドライバー率の計算は、年間40,000ドルの電気代を2,000時間分の工数で割ることで行われ、コストドライバー率は20ドルとなります。ここで、ある月に、製品「おもちゃG」では15時間、製品「おもちゃB」では50時間電気を使用したとします。「おもちゃG」の間接費は300ドル（20ドル×15時間）、「おもちゃB」は1,000ドル（20ドル×50時間）となります。このようにして、どの製品にどれだけのコストがかかっているのか、また、ビジネスに利益をもたらしているのかどうかを把握することができます。」

which product is costing you what〜

どの製品にどれだけのコストがかかっているのか

It's a little complicated, but it means that I can look at overhead costs more closely and assign them to activities that I think are appropriate, right? If so, then this will make it easier to review overhead costs.

「ちょっと複雑だけど、間接費をより細かくみて、妥当だと思われる活動に割り振っていく、ということだね。これだったら、間接費の見直しもしやすそうだ。」

That's right. If you take the extra step and introduce activity-based costing, it will be easier to review overhead costs in detail and examine whether there is any waste.

「その通りですね。ひと手間かけて活動基準原価計算を導入すれば、間接費を具体的に見直して、無駄がないか検討しやすくなります。」

単語の解説

- **Activity-Based Costing**「活動基準原価計算」
- **allocation**「配賦」
- **administrative department**「管理部門」
- **overhead costs**「間接費」
- **resource**「リソース」
- **activity**「アクティビティ、活動」
- **cost driver**「コストドライバー」
- **cost object**「コストオブジェクト」
- **uniformly**「一律に」 ■ **allocation rate**「配賦率」
- **assign**「割り当てる」
- **appropriate**「適切な」

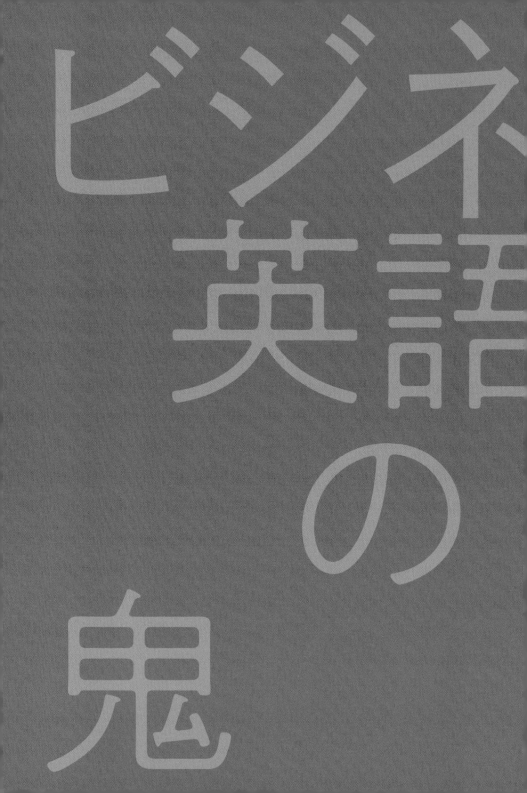

第7章
やる気を引き出す
部下の褒め方叱り方

英語圏における叱り方の
タブーを知る

▶ タブーを紹介しているので今回はありません

　昔の洋画を見ていると、激昂した上司が部下をどなって叱りとばす、といったシーンもたまにありますが、現在の英語圏、特に欧米のオフィスにおいてはそういったシーンは稀です。

　なぜか。
　人前で大声で叱られ、プライドを傷つけられたことにショックを受けた人は、より転職がしやすい欧米においてはすぐに辞めてしまうかもしれないし、それよりも怖いのは、パワハラで訴えられてしまうことです。

　他の人のいる前で叱らない、というのは基本です。
　日本から新しく海外に配属になった人の中にはついやってしまう方もいるかもしれませんが他の社員にもよくない影響を与えますので避けましょう。
　以下は、絶対に避けた方がよい叱り方です。なぜNGなのかもそれぞれ解説しています。

　少し強い表現も使用していますので、パワハラなどに敏感な方、過去に上司からのひどい叱られ方にトラウマがある方などは、ここを飛ばして次の節からの正しい叱り方を読み進めてください。

How many times do I have to tell you, John? The numbers you've entered are wrong. We're in the middle of the busy season, it's the end of the fiscal year, and a person like you is a huge pain in the ass. Is your head working properly?

「何度言ったらわかるんだい、John。君が入力した数字が違っているよ。この決算でめちゃくちゃ忙しいときに、君のような人がいると大迷惑なんだよ。君の頭はちゃんと動いているのかい？」

　huge pain in the ass は「うっとおしい」という意味のスラングですが、こういった言葉はプロフェッショナルとして職場で使うのは避けることをお勧めします。
　明らかに相手をけなす言葉を用いて「叱る」のはやめましょう。その代わり、**何が間違っているのか、どうすればいいのか、的確に伝えましょう。**

...

！

（マネージャーが机を叩く）

Why don't you say something? You're just sitting there with a blank look. Look at Kate. She finished three days ahead of the deadline and made no mistakes. She's three years younger than you... Don't you feel embarrassed? And your hair is too long for a man.

「なんとか言ったらどうなんだい。仏頂面して…。Kateをごらんよ。彼女は期限より3日も早く仕上げて、ノーミスだよ。君より3歳も若いのに…恥ずかしいと思わないのかい？それからだいたい髪の毛も男のくせに長過ぎるんだよ。」

　従業員がおびえるような叱り方は慎みましょう。パワハラになります。

髪の毛も含め身体に関わること、性別に関わること（男のくせに…）への言及は避けましょう。マナー違反です。飲食業などで衛生上ヘアスタイルの規定がある場合もあるかとは思いますが、その場合も言葉を尽くして丁寧に説明しましょう。

I'm sorry...

「すみません…」

If things could be solved by just saying sorry, we wouldn't need police! Don't you think so? You're going to write the reports for Kate and Michael as well, so don't go home early today, and if you don't like this, then come in this weekend and do the work. Understood?

「すみませんで済んだら、警察は要らないんだよ！え？
　KateとMichaelの分のレポートもお前に書いてもらうから、今日はすぐに帰らず、反省してるなら土日も出てきてしっかり仕事をするんだぞ。いいな？」

　「すみませんで済んだら〜」は、日本では怒るときの決まり文句として使われる言い方ですが、真意が伝わりにくいですし、こう言われてもどうしたらいいかわからないので、注意する方法として効果的ではありません。
「反省してるなら土日も出てきて〜」といった懲罰的な仕事の振り方はパワハラとなりますのでやめましょう。

Oh, sorry but I can't come in on Sunday. I have to attend Mass.

　「あ、すみません、日曜は教会でのミサがあるので行けません」

Which is more important, your private life or work? Give that a bit of a thought.

「プライベートと仕事どっちが大事なんだよ？
　反省しろ。」

...

「プライベートと仕事どっちが大事」こういったことをダイレクトに聞くのも NG です。よいプライベートあっての仕事です。

また、宗教はその人の大切な信条に関わることなので、尊重し、宗教的な行事などは、可能な限り融通を利かせられる方法を探りましょう。

このセクションでは、敢えて強い言い方をしている例を持ってきましたが、こういった言い方は現在の日本であっても、職場で認められるものではないでしょう（実際には業界によってはまかり通っている場合も少なくはないかと思いますが）。

しかし、例えばアメリカではこういった上司の部下へのハラスメントが即訴訟につながる可能性もあります。会社が訴えられ、日本円にして数千万円程度の賠償金が支払われることもあります。

ですので、特に欧米のオフィスにおいてはそもそも叱り方のイメージから変えてほしい、という想いで、このセクションを執筆しました。

Must

74

🔊 33

ミーティングを設けて注意する

▶ Do you have a moment?
▶ Are things going OK?
▶ The reason I asked you to come to my office today is 〜
▶ I have to (need to) tell you that 〜

　ちょっとした業務上の注意であれば、他の人に聞こえない少し離れたブースに呼んで注意する、という形でもよいのですが、しっかり話し合いたいときは、上司である自分のオフィスに呼んだり、ミーティングルームを予約して話すとよいでしょう。

　部下のプライバシーを守りつつ、誤解なくわかってもらうために、時間をとって話すことが大切です。

Do you have a moment? 「今時間ありますか？」

▶ Can you come to（my office / my room/ meeting room A）in x minutes?
「（私のオフィス/私の部屋/ミーティングルームA）に、x分で来られる？」

　このように言って、まずは面談の約束を取り付けましょう。
　その上で、部下が来て着席したら、一息ついて話し始めます。

　いきなり本題に入るよりも、相手を気遣ったり、当たり障りのない雑談から始めるとよいでしょう。

▶ How are you? 「元気ですか／調子はいかがですか？」

Are things going OK? 「最近はどうですか？」

▶ How are you holding up in this heat?　「最近暑いですけど元気ですか？」

その後、今日呼んだ理由、議題について話します。

The reason I asked you to come to my office today is〜.
「今日このオフィスに来てもらうようお願いしたのは、〜という訳です。」

そして、今日の本題について伝えます。

I have to (need to) tell you that〜　「〜について話さないとね」

これで、何かネガティブなことが話されるのだな、ということが相手に伝わります。

それではカリフォルニア州のバックオフィス業務アウトソーシング会社、A&Bのサンプルを見てみましょう。

ストーリー
東京オフィスからマネージャーのTaro Kato氏が半年前に配属され、米国人と共に働いています。

Hi John, do you have a moment?

「John、ちょっといいですか？」

I will finish this in about 5 minutes, and then I'll be free.

「5分くらいで終わるので、その後は時間があります。」

OK, no problem. Take your time, but when you're finished, can you come to my office?

「わかりました、問題ありません。ゆっくりどうぞ、終わったら私のオフィスに来てもらえますか？」

Sure.

「もちろんです。」

▶ Take your time 「ご自身のペースでどうぞ、あせらずごゆっくり」

(ノックの音)

Come in.

「どうぞ、お入りください。」

Please have a seat.

「座ってください。」

Thank you.

「ありがとうございます。」

How are you? Are things going OK?

「調子はどうですか？ うまくいっていますか？」

I'm managing OK. Thank you for asking.

「大丈夫です。聞いてくださってありがとうございます。」

I see. Well, I asked you to come to my office today because I need to talk to you about some of your bookkeeping work.

「そうですか。今日は、あなたの記帳の仕事について話がしたいので、私のオフィスに来てもらいました。」

Is there something wrong?

「何か間違えがありましたか？」

Unfortunately, yes. I need to tell you that the bookkeeping work you did for Company A was unsatisfactory. Alexandra had to spend over 5 hours reviewing and correcting your work.

「残念ながら、そうですね。あなたが行ったＡ社の記帳作業には不十分な点があったことをお伝えしなければと。Alexandra は５時間以上もあなたの仕事を見直し、修正しなければなりませんでした。」

単語の解説

■ bookkeeping「簿記、記帳」　■ unsatisfactory「不十分」
■ review「見直し、チェック」　■ correct「訂正する」

第1章
第2章
第3章
第4章
第5章
第6章
第7章
第8章
第9章
第10章

353

問題が起きた理由と
対処策を一緒に考えていく

▶ Do you have any thoughts about what might be the problem?
▶ What do you think might be the issue?
▶ Is there something preventing you from 〜?
▶ Do you know why this might have happened?

　英語圏で部下を叱る場合、ただ頭ごなしに感情に任せて怒鳴りつけるというのではなく、冷静に不満な点を伝え、理由と、今後どうすればよいのかを会社の方針や評価基準に合わせて探っていくというのが一般的です。

問題が起きた理由を一緒に考える

問題について、部下の考えを聞くフレーズ

Do you have any thoughts about what might be the problem?
「何が問題なのか、何か考えはありますか？」

What do you think might be the issue?
「何が問題になっていると思いますか？」

問題が起きてしまった理由について聞くフレーズ

Is there something preventing you from 〜?
「何か障害(になっていること) があるのでしょうか？」

Do you know why this might have happened?
「なぜこのようなことが起きたのかわかりますか？」

それではサンプルを見てみましょう。

> Oh... I'm really sorry about that.

「そうなんですね…本当にすみません。」

> Do you have any thoughts about what might be the problem? You are in your third year here and normally at this point you would be becoming a reviewer. The company cannot accept work that has this many mistakes. Reviewers should only be spending a maximum of one hour reviewing your work.

「何が問題なのか、何か考えていることはありますか？　あなたは入社3年目で、本来ならこの時点でレビュアーになっているはずです。これだけのミスがある仕事を会社は受け入れることができません。レビュアーがあなたの仕事をチェックする時間は、最大でも1時間程度です。」

☛supervisor 監督者／主任　などとも変更可能。

> Yes I know... During that job, I wasn't able to concentrate fully on the work and couldn't even do a proper self-review. I don't normally make so many mistakes.

「はい、わかっています…あのときは、仕事に集中できず、きちんとした見直しもできませんでした。私は普段こんなにミスをしませんよね。」

> Is there something preventing you from concentrating on work?

「何か仕事に集中できない理由があるのでしょうか？」

Actually, the problem is... one of our clients. The person in charge at Company B calls me every two to three hours to ask me questions. I really don't know how to handle it.

「実は、問題は…あるクライアントのことなんです。
B社の担当者が2〜3時間おきに電話をかけてきて、質問をしてくるんです。どうしたらいいのかわからないんです」

I see. The client has recently had to lay off some employees and I think the person in charge of accounting is very nervous right now. OK, I will assign Alexandra to handle communications with them. She has experienced a similar case before and it would be good for you to learn from her.

「なるほど。そのクライアントは最近リストラをしたので、経理担当者は今、とても神経質になっていると思います。では、彼らとのコミュニケーションはAlexandraに任せましょう。彼女は以前にも同じようなケースを経験しているので、あなたも彼女から見習えばいいと思います。」

Great, that will help a lot. Thank you.

「いいですね、それであれば（状況が）かなり改善されると思います。ありがとうございます。」

Sure.

「はい。」

再発防止について一緒に考える

　問題について把握したら、今度はそれをまた起こさないために何ができるのか、一緒に考えていきましょう。

▶ I would like to discuss how we can avoid the problem so that it won't occur again.

　「この問題が二度と起こらないように、どうやって回避するかを話し合いたいと思います。」

次のように言うこともできます。

▶ Can we discuss how to make sure this problem doesn't occur again?

　「この問題が二度と起こらないようにする方法を話し合いましょうか。」

▶ Let's discuss ways to ensure that this problem is avoided in the future.

　「この問題が今後起こらないようにするための方法を話し合いましょう。」

▶ I understand that ～

　「～はわかりました」

▶ What do you think you could have done differently?

　「どうすればよかったと思いますか？」

▶ What can I do better as your manager?

　「あなたのマネージャーとして、私には何がもっとできますか？」

それではサンプルを見てみましょう。

Lastly, can we talk about how to avoid the problem in the future?

「最後に、今後、このような問題が起こらないようにするために何ができるか話しましょうか。」

Yes, of course.

「はい。ぜひ。」

I understand the fact that you had some trouble with Company B and you couldn't concentrate on the bookkeeping job for Company A. In retrospect, what do you think you could have done differently when you realized it was becoming a problem?

「B社との間でトラブルがあり、A社の記帳の仕事に集中できなかったということはわかりましたが、振り返ってみて、それが問題になっていることに気づいたときに、どうすればよかったと思いますか？」

Well... maybe I could have told Alexandra, my Company A supervisor, about the fact that I couldn't concentrate on the job due to the problem with Company B. Or, maybe I should have come to you directly regarding the problem with Company B.

「そうですね…… A社のレビュアーであるAlexandra に、B社との問題で仕事に集中できないことを伝えるべきだったかもしれませんし、B社との問題について直接加藤マネージャーに相談すべきだったかもしれません。」

Either would have been fine. Alexandra will talk to me anyway. The bottom line is that whenever you experience a problem which you can't solve easily by yourself, let me know about it. I will be happy to talk with you about it.

「どちらでもいいと思います。Alexandra は私に話しますしね。肝心なのは、自分では簡単に解決できないような問題が発生したときには、いつでも私に知らせてくれることです。喜んでお話ししますよ。」

　The bottom line is（肝心なのは）は the main thing is（重要なのは）と置き換えることもできます。

> OK, I will do that from now on.

「わかりました。今後そうします。」

> It's always better to try to solve a problem before it gets too big, so don't hesitate to ask in the future. OK?

「問題が大きくなる前に解決するに越したことはありませんから、今後も遠慮せずに聞いてくださいね。いいですか？」

> Alright, I understand that now.

「はい、わかりました！」

> Good. OK, that's all for now.

「はい。では、今日は以上です。」

単語の解説

■ concentrate on「集中する」　■ undergo「経験する」

■ avoid「避ける」　■ hesitate to do「〜するのをためらう」

■ the bottom line is「結論は〜　肝心な点は」

よい褒め方とNGな褒め方

▶ **You did a great job handling that difficult situation!**
▶ **I'm impressed with (by) 〜**
▶ **We are amazed by 〜**
▶ **I appreciate 〜**

NGな褒め方

> Hi Jessie, I need to talk about tomorrow's meeting with the new client...
> Ah, you've already prepared the presentation slides for that? Even the
> handout? That's very proactive of you — you'd make a great wife! You're
> beautiful, witty, and on top of that, you have a good figure, so you'll be
> very well received by the client!

「やあ、Jessie、明日の新規クライアントとのミーティングについて話したいんだけど…。ああ、プレゼンテーションスライドはもう用意してあるんですね？配布資料も？気が利くね、君はいい奥さんになるよ！美人で気が利いて、何よりスタイルもいいんだから、クライアントからの評判もいいはずだよ」

proactive（気が利く、進んで物事を行う）まではいいですが、それを、「奥さんになる」とかジェンダーの問題と結びつけるのは、職場では厳禁です。too personal（個人的過ぎる）ことを持ち出さないようにしましょう。

「美人」だとか「スタイルがいい」というのも、確かにポジティブなコメントではありますが、公的な場で人の容姿に言及するのは好ましくないので避けましょう。「進んで積極的に仕事をするからクライアントの評判がいい」というのは結構ですが、容姿や女性性に関することによりよく捉え

られている、というのは職場においてはよい褒め方ではありません。

よい褒め方

> Hi Jessie, I need to talk about tomorrow's meeting with the new client... Ah, you've already prepared the presentation slides for that? Even the handout? Great! Can I have a look? These PowerPoint slides are very well structured and nicely designed, too. Didn't you say you worked for a big PR agency before joining us?

「やあ、Jessie、明日の新規クライアントとのミーティングについて話したいんだけど…。プレゼンテーションスライドはもう用意してあるんですね？配布資料も？よかった。確認してもいいですか？このパワーポイントのスライドは、構成がしっかりしていて、デザインもきれいですね。以前、大手のPR会社で働いていたとおっしゃっていましたよね？」

> Yes, I worked for Paint & Two for three years.

「はい、Paint & Twoで3年間働いていました。」

> Oh that's why this is so well done. I'm really impressed with your capacity for handling creative tasks!

「ああ、だからこんなによくできているんだ。あなたのクリエイティブな仕事をこなす能力には、本当に感心させられますよ！」

👉your capacity for の代わりに、how you handle/tackle も可

ここで実際に部下を褒めるときに使えるフレーズをご紹介します。

▶ Great! 「すごいね！」

▶ You did a great job! 「よくやったね！」

▶ You did a great job handling that difficult situation!
「難しい状況を乗り切って、よくやったね！」

▶ Good work on this. 「（これについて）うまくやったね。」

▶ Excellent job. 「素晴らしい仕事だね。」

▶ Very impressive! 「素晴らしい（感銘を受けるよ）！」

I'm impressed with (by) 〜 「感心する」

▶ I was impressed by how well you handled that difficult situation.
「難しい状況をうまく乗り切ったのには感心したよ。」

I'm impressed with your capacity to 〜 「〜の能力には感心するよ」

We are amazed by 〜 「〜には感心するよ」

▶ We are consistently amazed by how well you perform. Keep up the great work!
「君のパフォーマンスにはずっと感心しているよ。この調子で頑張って！」

▶ Thank you for taking care of this so quickly.
「これに素早く対応してくれてありがとう。」

I appreciate 〜 「〜に感謝する」

▶ I appreciate the effort you put in preparing such great slides in such a short time.
「こんなに短時間でそんな素晴らしいスライドを準備してくれてありがとう。」

単語の解説

■ proactive「積極的、気が利く、先を見越した」　■ witty「機知に富んだ」
■ capacity「能力、容量」

🏰 Column　　大切なことは言葉にして伝える

　日本では「あうんの呼吸」などと言って、言葉にしなくとも自然に伝わり、思い合って行動できることがよしとされている部分がありますが、いろんな国籍や文化の人が共に働いている職場において、それは理想的な考え方ではありません。部下やチームメイトに対する感謝やよいと思った行動は、本人に直接、言葉にして伝えましょう。

　I appreciate ～の「～」についてもなるべく具体的に表現することが重要です。ビジネスパーソンにとって、お給料や待遇はもちろん言うまでもなく大事なことですが、「やりがいを持って働けているか」という問いにおいて、自分が会社やチームに貢献できている、必要とされているといった感覚を持てていることが重要だと言われます。それならなおさら、減るものではありませんし、その人がいてありがたいと思った感情があれば、恥ずかしがらず積極的に本人に伝えていきましょう。

77

36

評価ミーティングで
ポジティブな
フィードバックをする

▶ How was last year for you?
▶ How do you think your year has gone?
▶ I really appreciate how hard you work.
▶ Your reputation with our clients is very good.

　評価ミーティングでは、こちらから一方的にフィードバックするよりも
まず、**面談をしている相手から、自分のパフォーマンスについて考えてい
ることを話してもらう**のがよいです。

　その上で、同じように認識している点、違う点を話す方が、相互にコミ
ュニケーションを取ることができ、受け入れやすくなるでしょう。

How was last year for you?
「昨年はあなたにとってどうでしたか?」

How do you think your year has gone?
「今年はどうだったと考えていますか?」

▶ How would you sum up this past year for you personally?
　「この1年を振り返ってみて、どうでしたか?」

それではサンプルを見ていきましょう。

Hi John. How are you today?

「こんにちは、John。今日の調子はどうですか？」

I'm good, thank you. Sorry for being late. I had to deal with an urgent request from Company C.

「元気です、ありがとうございます。遅くなってすみません。C社からの急な依頼に対応しなければなりませんでした。」

That's all right. You haven't taken any days off recently. Any vacation plans?

「大丈夫ですよ。最近、休んでいませんね。何か休暇の予定はありますか？」

My wife and I are planning to go to Luxembourg next month for our anniversary.

「来月、妻との結婚記念日にルクセンブルクに行く予定です。」

Oh, nice! I was there five years ago on a business trip. I recommend taking a walk across Adolphe Bridge — it's very nice. Hope you will have a great time!

「おお、いいですね。私は5年前に出張で行ったことがあります。アドルフ橋を渡ってみるのもいいですよ。楽しんできてくださいね。」

Yes, we're looking forward to it. Thank you.

「そうですね、楽しみにしています。ありがとうございます。」

OK, let's begin. So, how was last year for you?

「はい。では、始めましょう。では、あなたにとって昨年はどんな年でしたか？」

As for my work last year, I think overall it went well. With Alexandra's guidance, I was able to handle the issues with Company B that were causing problems earlier in the year.

👉As for my work last year は、As far as work is concerned, の言い換えも可

「昨年の私の仕事に関しては、全体的にうまくいったかと思います。Alexandraの指導のもと年初に問題となっていたB社の問題にも対処することができました。」

this past year

You've been with us for three years now and I really appreciate how hard you work. Your reputation with our clients is very good since you always respond to them in a timely manner and give them appropriate advice.

「あなたは入社して3年になりますが、本当によく働いてくれていますね。いつもタイムリーに対応してくれて、適切なアドバイスをしてくれるので、お客様からの評判もかなりよいですよ」

Thank you.

「ありがとうございます。」

Sure.

「はい。」

I really appreciate how hard you work.
「本当によく働いてくれていますね」

このような形で日頃のハードワークに対する感謝を述べています。

▶ Your reputation with our clients is quite good since you always respond to them in a timely manner and give them appropriate advice.
　「いつもタイムリーに対応してくれて、適切なアドバイスをしてくれるので、お客様からの評判もかなりよいですよ。」

具体的によい所、できている点を褒めています。具体的に話すのがポイントです。ポジティブなフィードバックのための表現については、前項のよい褒め方と NG な褒め方でも多く掲載しているので、参考にしてください。

単語の解説

■ reputation「評判」　■ appropriate「適切な」

37

評価ミーティングで
建設的なフィードバックを
する

▶ As you look back over last year, what do you think are some things you could have done differently?
▶ there is room for improvement
▶ Going forward I would like you to 〜
▶ Can you improve your work in that way?

　前項からの続きで、評価ミーティングでどのように部下に対して建設的なフィードバックをするか、見ていきます。できていない点を指摘するだけでなく、**今後を見据え、成長を促していくための配慮のあるフレーズを使う**のがポイントです。

> **Next, as you look back over last year, what do you think are some things you could have done differently?**
> 「次に（前項のようなポジティブなフィードバックの後に）、昨年を振り返って、こうすれば良かった、と思うことはありますか？」

　まずこのように言われると、ああ次は「建設的な」フィードバックについてだな、と面談の参加者は理解することができます。

　他の言い方としては以下のようなものもあります。

▶ How would you assess your performance over the past year? Is there anything you would have done differently given the chance?
　　「この1年のご自分のパフォーマンスをどう評価しますか？叶うなら何か別のやり方でしていたということはありますか？」

▶ As you think back over the past year, what if anything would you change or do differently?
　　「この1年を振り返ってみて、何か変えたい、あるいは違うやり方でしたかったということはありますか？」

では、ダイアローグで確認しましょう。

> Next, as you look back over last year, what do you think are some things you could have done differently?

「次に、昨年を振り返って、もっとこうすればよかったと思うことはありますか？」

> Well, I think I've learned from my mistakes regarding the experience with Company B, and I now know that if there's anything that I don't think I can solve quickly on my own, I need to consult Alexandra or you right away. Other than that...moving forward I think I'd like to learn more about how to analyze financial statements so that I can add value in my own way, rather than just doing what I'm told.

「B社での失敗から学んだことは、自分一人ではすぐに解決できそうにないことがあれば、すぐにAlexandraやあなたに相談しなければならないということです。

それ以外にも…今後は、単に言われたことだけをやるのではなく、自分なりの付加価値をつけられるように、財務諸表の分析方法を学んでいきたいと思っています。」

> I see. You completed the bookkeeping for five companies last year without any big problems, and you are now able to create basic analytical reports, which is a good thing. But as we discussed earlier, there were still some errors in your work, so there is room for improvement. Going forward I would like you to decrease the number of mistakes by at least 50% so that the reviewers don't have to spend more time than what has been allocated.

「なるほど。昨年、5社分の記帳を大きな問題もなく終え、基本的な分析レポートも作成できるようになった…というのはよいことですね。ただ、先ほども話したように、まだいくつかミスがあったので、改善の余地はあると思います。

今後は、ミスの数を最低でも50％は減らして、レビュアーが割り当てられた以上の時間を費やす必要がないようにしてもらいたいと思います。」

What do you think about that? Can you improve your work in that way?

「それについてはどう思いますか？そのように業務を改善することはできそうですか？」

Definitely. I'm going to spend more time reviewing my own work before giving it to the reviewers. Also, Alexandra told me that she thinks I make more mistakes when I work at night, so I will try to come to the office one hour earlier and leave earlier.

「間違いなく。レビュアーに渡す前に、自分の仕事のレビューにもっと時間をかけようと思います。あと、Alexandraが『夜に仕事をするとミスが増えると思う』と言っていたので、いつもより1時間早くオフィスに来て、早く帰るようにします。」

Great.

「いいですね。」

　建設的なフィードバックは言い方が大事です。

▶ there were still some errors in your work
　　「まだいくつかミスがあったので」

　相手を主語にして **You made** 〜（あなたが〜した）のように言うと角が立ちますが、まだいくつかミスがあった、と事実のみを伝えています。

┃ **there is room for improvement**　「改善の余地がある」

　これからにフォーカスした、ポジティブな言い回しですね。

Going forward I would like you to～　「～してもらいたい」

▶ Going forward I would like you to decrease the number of mistakes by at least 50% so that the reviewers don't have to spend more time than what has been allocated.

　「今後は、ミスの数を最低でも50％は減らして、レビュアーが割り当てられた以上の時間を費やす必要がないようにしてもらいたいと思います。」

　今後について、必要なことをハッキリと言っています。事実なので言われた方は少しショックかもしれませんが、嫌みや罵りなど感情的なものが全く入っていない分、受け入れざるを得ないでしょう。

　その後、言いっぱなしにならないように、次のように確認しています。

Can you improve your work in that way?
「そのように業務を改善することはできそうですか？」

　同様の言い方としては、下記のようなものがあります。

▶ Do you think that's doable?
　「それは達成できると思いますか？」

▶ Do you have any thoughts on how you can achieve that?
　「それを実現するために何か考えていることはありますか？」

単語の解説

■ room for improvement 「改善の余地」

■ allocate 「割り当てる」

■ doable 「実行可能な」

昇進について伝える

▶ get a promotion
▶ we aren't able to promote you at this time
▶ that was an improvement compared to 〜
▶ if you 〜 , you are more likely to get promoted 〜

次は昇進について話す場合です。

●──**昇進判断は理由とともに伝える**

評価ミーティングで質問を受けることもあるでしょう。すぐに昇進できるとしたらそれはhappyなニュースですが、残念ながらそうではない、と伝えなければならないときもあるでしょう。そんなときも、部下を励ましながら事実を伝えるフレーズをご紹介します。

| **get promotion 「昇進する」** |

| **we aren't able to promote you at this time**
「今回はあなたを昇進させることができません」 |

| **that was an improvement compared to 〜**
「〜に比べ改善が見られました」 |

| **if you 〜 , you are more likely to get promoted 〜**
「〜をすれば、〜に昇進する可能性が高くなります」 |

では、会話で見ていきましょう。

OK... Then, am I going to get a promotion? Do you think I can become a senior associate?

「わかりました…　それで、私は昇進できるのでしょうか？　シニアアソシエイトになれますか？」

Well, unfortunately, we aren't able to promote you at this time. If you were a senior associate, you would be assigned review jobs mainly. To do that, you'd need to be more used to adjusting entries, and that process would have to be pretty much error-free. For example, the review time allotted to the bookkeeping for small companies like Company C is just 10 hours annually. But last year your job for Company C required your reviewer Alexandra to spend 15 hours fixing mistakes you had made.

「残念ながら、今のところ昇進はできません。シニアアソシエイトになれば、主にレビューの仕事を任されることになりますが、その仕事をするためには、まず決算整理仕訳に慣れて、それをミスなく、あるいはほぼミスなしでできるようになる必要があります。例えば、C社のような小さな会社の記帳業務に割り当てられているレビュー時間は、年間10時間程度です。しかし、昨年のC社でのあなたの仕事においては、レビュー担当のAlexandraがミスを修正するために15時間を費やしました。」

mistakes you had made（あなたのミス）はかなりきつい言い方ではあるので、problems with your work と少し表現をやわらげる方が通常は無難かと思います。

Of course, that was an improvement compared to the bookkeeping for Company B and I know that you spent more time reviewing your work, but still, there is a lot more room for improving your work.

「もちろん、B社の記帳業務に比べれば改善されていますし、あなたが見直しに多くの時間を割いていることも知っていますが、それでもまだまだ改善の余地がありますね。」

373

> I see.

「はい。」

> If you improve the accuracy of your work by the end of this year, you are more likely to get promoted next year. But for that, you really need to make sure the reviewers are able to keep within the allocated review hours. ※

「今年中に仕事の精度を上げれば、来年昇格できる可能性が高くなりますが、そのためにはレビュアーが割り当てられたレビュー時間内に収まるようにしなければなりません 。」

> I'll definitely do that!

「絶対にそうします！」

※ audio では allotted review hours と言っていますが、ほぼ同じ意味です。

●──部下が昇進する際のフレーズ

サンプルでは残念な結果を伝えましたが、晴れて昇進が決まった部下には以下のような祝福と期待の言葉をかけるとよいでしょう。

▶ Congratulations! The company has decided to promote you to senior associate from this September.

> 「おめでとう！9月から、あなたをシニアアソシエイトに昇進させることが決まりました。」

▶ I'm sure you will do well and manage those working under you well.

> 「うまく部下を管理して、やってくれると思っていますよ。」

▶ You will be managing two bookkeepers, Mike and Judy, and reviewing their work.

> 「Mike と Judy、2名の記帳係を管理することになりました。」

 Column

評価ミーティングについて■

　日本企業の人事考課面談では、上司から部下へ評価や昇進、昇格、ボーナスなどを伝えるという要素が強いかと思いますが、欧米の評価ミーティングの場合、もう少し率直にフィードバックについて語り合う部分もあったりします。

　また、日本企業よりも流動性が基本的に高いため、評価ミーティングで「正しく評価されていない」、「正当な報酬を受けていない」と感じた部下がさっさと辞めてしまう、ということは非常によくあります。ですので、部下が昇進や昇給に対する不満を打ち明けた場合、ただなんとなくなだめるというのではなく、理由をきちんと伝え、場合によっては昇給の可能性などを別途、上にかけあってみる、といったことも重要になるでしょう。

単語の解説

■ promotion「昇進」　■ error-free「ミスのない」

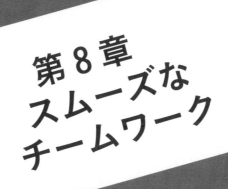

第8章
スムーズな
チームワーク

39

プロジェクト開始の
ミーティング

▶ Let's get started.
▶ Thank you very much for attending this meeting.
▶ Shall we introduce ourselves?
▶ I will serve as 〜
▶ Who's next?

外資系の企業では、プロジェクトごとにメンバーが集まってチーム編成することが多くあります。

そうしたチームのまとめ役としてプロジェクトを進める際の言葉の選び方を学んでいきましょう。

チームがまとまるキックオフ

まずはテレカンによるキックオフミーティングでの自己紹介を以下のサンプルを通して見ていきます。

プレゼンの章でもお話ししましたが、第一印象というのは非常に大切です。後から知識や経験、気遣いなどを見せることにより取り戻せることもありますが、最初に見せたい自分のイメージ（例 知的で頼れるけど親しみやすい、エネルギーに溢れていて好奇心旺盛な、人間味に溢れるリーダー）を決めて、それに沿うような自己紹介を簡潔に行いましょう。

関連分野の豊富な経験など、経歴が相手に伝わっている場合、相手が予想しているだろうものとは逆のイメージで、初めはリラックスしてユーモアを交えて伝えるのもよく使われる手です。こちらが構えて完璧な部分のみを見せようとすると、相手の本音も引き出しにくいものです。

　とはいえ、自分のことに関する長い話は疎まれるもの。名前や役職に加え、プラスアルファで伝えることはあらかじめ考えておき、自分が聞き役になっても冗長な感じがしないか、チェックしておきましょう。

　また、とても緊張するシーンではあるのですが、照れ笑いは（英語圏の人から見たら、文脈のないところで"笑うのはとても不自然に映るので"）禁物です。

今回のサンプルのダイアログについて

にしのみやとし
西宮 敏は東京・渋谷にあるモバイルアプリ会社 JP mobile apps に勤めています。日本で昨年大ヒットした自社アプリをヨーロッパで売り出そうと、プロジェクトマネージャーとしてヨーロッパ本社（ルクセンブルクに所在）メンバーとチームを作りプロジェクトを始めることにしました。

アンシャーロット
アビシェク
トシ
ジョシュ
トーマス

プロジェクトの紹介：

プロジェクト名：Ramen Daisuki app 「ラーメン大好き　アプリ」
チームメンバー
Project manager（プロジェクトマネージャー）：Toshi Ninomiya　西宮敏
IT lead（IT マネージャー）：Abhishek
Marketing lead（マーケティングマネージャー）：Anne-Charlotte
Localization lead（ローカリゼーションマネージャー）：Josh
Business Development lead（ビジネスデベロプメント（営業））：Thomas

Toshi: Hello everyone. Can you hear me?

トシ：皆さんこんにちは。私の声が聞こえますか？

Toshi: Good. Let's get started. Thank you very much for attending this meeting. This is the kickoff meeting for the "Ramen Daisuki" app localization project which will be done by the Luxembourg office.

トシ：よし。では始めましょう。このミーティングにお集まりいただき、ありがとうございます。こちらは、ルクセンブルクオフィスが担当する「ラーメン大好き」アプリのローカライズプロジェクトのキックオフミーティングです。

Toshi: First of all, shall we introduce ourselves? There are some of you I haven't met before.

トシ：まずは自己紹介をしましょうか。お会いしたことのない方もいますし。

Toshi: I will start. I'm Toshi.* I will serve as the project manager for this project.** I was born and raised in Tokyo. And I've been to the Luxembourg office a few times. I'm a huge fan of ramen too, so I'm really looking forward to working with you all on this project. Who's next?

トシ：まず私から。私はトシです。このプロジェクトではプロジェクトマネージャーを務めます。生まれも育ちも東京です。ルクセンブルクのオフィスにも何度か行ったことがあります。ラーメンも大好物なので、皆さんと一緒にこのプロジェクトに取り組めることをとても楽しみにしています。次は誰でしょう？

👉 *シンプルに I will be the project manager. と言い換えもできます。I've been chosen to be 〜に選ばれた　という言い方もできます。

**少しだけ個人的なことや他の人と関わりがあることを入れると親近感を持ってもらえます。

Thomas: Hi Toshi, everyone, I'm Thomas. I'm the Business Development lead. I'm in charge of advertising for our apps. I'm looking forward to working on this project too.

Thomas：トシ、皆さん、こんにちは、私は Thomas です。ビジネスデベロップメントの担当です。私はアプリの広告を担当しています。私もこのプロジェクトに携わるのを楽しみにしています。

Toshi: Good.

トシ：よろしくお願いします。

　名前と役職のほかに、以下の Josh や Abhishek のように、少し部門のイメージが伝わりにくいかなと思うときは具体的な業務内容の説明を手短に加えてもよいでしょう。

Josh: Hello everyone! I'm Josh. I'm the Localization lead. We have a translation team for almost all major languages, including Japanese, of course.

Josh：皆さん、こんにちは。私はJoshです。ローカライズを担当しています。ほとんどの主要な言語に対応した翻訳チームを持っており、もちろん日本語にも対応しています。

Toshi: Thanks, Josh!

トシ：ありがとう、Josh。

Anne-Charlotte: Hi all! I'm Anne-Charlotte, the Marketing lead.

Anne-Charlotte：皆さん、こんにちは。私はマーケティング担当のAnne-Charlotteです。

Toshi: Great. Abhishek?

トシ：素晴らしいですね。Abhishek ?

Abhishek: Yes. I'm the IT lead. My team and I design and draft appropriate specifications for our apps. We also research possible problems with Asian apps when launching in Europe.

Abhishek：はい。私はIT部門のマネージャーです。 私のチームは、アプリの設計と適切な仕様書の作成を行っています。また、アジアのアプリがヨーロッパで発売される際によく起こる問題の調査をしたりしています。

Toshi: Great.

トシ：素晴らしいですね。

単語の解説

■ be born and raised「生まれも育ちも」

■ kickoff meeting「プロジェクトなどのスタートのミーティング」

■ lead「部門やチームの長」　■ specification「スペック、仕様、特徴」

40

プロジェクトの背景の説明

▶ according to our research,
▶ these data points convinced us that 〜
▶ we should try to enter the 〜 market

　　プロジェクトの概要や背景を説明する際は、情報を過不足なく簡潔に伝えることと同時に、Why「なぜそのプロジェクトなのか」がわかるように、理由を必要であればデータを交えて伝えましょう。

　　以下のサンプルでは、ラーメン大好きアプリが日本でヒットした状況と、これまでおよびこれからの海外進出予定、欧州でのフードアプリや日本食の浸透状況をデータと共に説明しています。

according to our research,　「私たちのリサーチによると」
these data points convinced us that〜　「データにより〜を確信する」
we should try to enter the 〜 market　「〜市場に進出するべき」

Toshi: Thanks everyone. To start I'd like to share more about this project. Ramen Daisuki is an app that has been a big hit in Japan since last year, with the total number of downloads in Japan last year exceeding one million. We will release Ramen Daisuki in the US this summer, and in the winter we plan to release it in France and Germany, starting with a soft launch first in Luxembourg, since our European headquarters are there.

トシ「みなさん、ありがとうございます。まず始めに、このプロジェクトについて詳しくお話ししたいと思います。

〝ラーメン大好き〟は、昨年から日本で大ヒットしているアプリで、昨年の日本での累計ダウンロード数は100万件を超えました。〝ラーメン大好き〟は、今年の夏に米国でリリースし、冬にはフランスとドイツでもリリースを予定していますが、まずは欧州本社のあるルクセンブルクでソフトローンチを行います。」

For those who haven't used it yet, Ramen Daisuki is an app that shows you ramen shops near your location, along with ratings and reviews, and also allows you to download over 10,000 original ramen recipes from Japan and around the world.

「まだお使いでない方のために説明しますと、〝ラーメン大好き〟は、現在地の近くにあるラーメン店を評価やレビューとともに表示し、さらに、日本や世界の1万件以上のオリジナルラーメンレシピをダウンロードできるアプリです。」

According to Sensortower, the number of food and drink app downloads is growing exponentially in Europe – 29% more in the last quarter of 2020 compared to the same quarter in 2019.

「Sensortower社の調べによると、ヨーロッパでは飲食アプリのダウンロード数が飛躍的に伸びており、2019年のQ4と比較しても、2020年Q4では29%伸びています。」

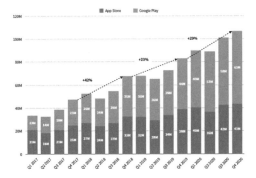

Food & Drink Saw Record Adoption in Europe During Q4 2020

Quarterly European downloads of food & drink apps on the App Store and Google Play

Source: ：https://sensortower.com/blog/state-of-food-delivery-apps-europe-report-2021

Not only that, but according to our own research, 90% of respondents in the French Ramen Fan Club, an association in France, said they would download a ramen app right now if it was available. Of course, we need to do further market research, but these data points convinced us that we should try to enter the Western European market.

「また、弊社独自の調査によると、フランスのラーメンファンクラブにおいて、9割が、ラーメンアプリがあれば今すぐダウンロードしたいと回答しました。

もちろん、さらなる市場調査は必要ですが、これらのデータから、西欧市場への参入を試みるべきだと確信しています。」

単語の解説

■ soft launch「ソフトローンチ（本格的なサービス開始の前に、都市や店舗など限定でサービスを始めてみること）」

■ convince「納得させる、確信させる、説得する」

目標設定と役割分担

▶ This will be taken care of by 〜
▶ Can you handle 〜?
▶ This is for 〜
▶ By 〜 if that is OK for you?

　プロジェクトの運営では個人（各部門のマネージャー）の貢献が非常に重要になります。いわゆる「お見合いエラー（2人以上で行うワークにおいて相手がしてくれると思って、手をつけずにいたタスクを結局誰もしないこと）」を避けるために、誰が・いつ・どこまでやるか、仕事のスコープ（範囲）を決め、きっちり分担しましょう。

Toshi: Let me talk about the role of each team and the timeline. Now we are in April. We plan to finish translation and localization of the app in three months.This will be taken care of by Abhishek's and Josh's teams. Josh, is the schedule agreeable to you? Can you handle hiring the translators?

トシ「各チームの役割とタイムラインについてお話ししましょう。

今、4月です。3ヶ月でアプリの翻訳とローカライズを完了させる予定です。

これは、AbhishekとJoshのチームが担当します。 Joshはこのスケジュールで大丈夫ですか？翻訳者の手配もお願いできますか？」

This will be taken care of by 〜 「これは〜の担当になります」
Can you handle 〜? 「〜を扱ってもらえますか？」

Josh: For the general functions of the app, no problem. But we cannot translate all 10,000-plus recipes into French and German.

Josh「アプリの一般的な機能の部分については問題ありません。しかし、1万点以上のレシピをすべてフランス語とドイツ語に翻訳することはできません。」

Toshi: Right. We don't have the budget for that either. But there is a recipe ranking feature. What if we only translated the top 100 recipes?

トシ「たしかに。そのための予算もありません。でも、レシピにはランキング機能がありますね。もしトップ100のレシピだけを翻訳するとしたらどうでしょう？」

Josh: That should be fine.

Josh「それなら大丈夫でしょうね。」

Toshi: Good. Any other comments... Abhishek?

トシ「いいですね。他にコメントがありますか、Abhishek はどうですか？」

Abhishek: Yes. I am wondering... some functions cannot be used in Europe due to the GDPR law. For example, usually we are not allowed to transfer personal info about customers, such as address, age, gender, or food preferences, outside of the EU, even if that would be beneficial for the customers. The data needs to be processed within the EU.

Abhishek「はい。GDPR という法律のため、ヨーロッパでは使えない機能があるんですよね。例えば、住所、年齢、性別、食べ物の好みなどの消費者の個人情報を、たとえ消費者のためであっても、通常 EU 圏外に保管・転送することはできません。データは EU 内で処理する必要があります。」

Toshi: I see. Could you please talk to the legal department and see what would be the best possible solution for that?

トシ「なるほど。法務部に相談して、何が一番よい解決策になるか検討してもらえませんか？」

Abhishek: OK.

Abhishek「わかりました。」

Toshi: While localizing the app, we need a marketing plan drafted as well. This is for Anne-Charlotte. How long will it take for you to prepare a draft marketing plan?

トシ「アプリのローカライズを行う一方、マーケティングプランも作成してほしいのですね。こちらはAnne-Charlotteの担当です。マーケティングプランのドラフト作成に、どれくらい時間がかかりますか？」

This is for 〜　「これは〜（名前）の担当です」
How long will it take for you to prepare 〜？
「〜の準備にどれくらい（の期間／時間）かかりますか？」

Anne-Charlotte: Two weeks should be fine. I already have some ideas in mind.

Anne-Charlotte「2週間もあれば大丈夫です。すでにいくらかアイデアがありますし。」

Toshi: Great.

 トシ「いいですね。」

Toshi: Thomas, can you make a list of prospective advertising partners in Luxembourg, France and Germany?

 トシ「Thomas、ルクセンブルク、フランス、ドイツの広告パートナー候補のリストを作ってもらえますか？」

Thomas: Sure, but right now I am quite occupied with some other projects. When do you need this by?

Thomas「もちろんです。（ただ、）今、私は他のプロジェクトで忙しくしています。いつまでに必要ですか？」

Toshi: By the next meeting on April 25 if that is OK for you?

トシ「次回のミーティング（4月25日）までにお願いできますか？」

By 〜 if that is OK for you?
「もしあなたが大丈夫なら〜まではいかがでしょう？」

Thomas: No problem.

Thomas「問題ありません。」

Toshi: Great.

トシ「素晴らしい。」

Toshi: So... everyone understands what they need to do now? The next meeting will be on April 25 at 9 a.m. Luxembourg time. I will ask for updates from everyone then. Does anyone have any questions?

トシ「では、皆さん、今やるべきことを理解していただけましたでしょうか？次回のミーティングは4月25日、ルクセンブルク時間の午前9時です。そのときに皆さんから進行状況をお聞きします。何か質問はありますか？」

（全員OK）

Toshi: Good. OK, so that's all for today. If you have any questions or need my help, don't hesitate to drop me a message. I'm really looking forward to hearing your updates at the next meeting! Have a good day everyone!

トシ「いいですね。OK、では今日はここまでにしましょう。何か質問があったり、私の助けが必要な場合は、遠慮なくメッセージを送ってください。次のミーティングで皆さんの進捗を聞くのをとても楽しみにしています！皆さん、よい一日をお過ごしください。」

単語の解説

■ **feature**「機能、特徴」　■ **wonder**「〜かと思う」　■ **preference**「好み」
■ **prospective**「見込みの」

オンライン会議を円滑に
進めるための指示

▶ Could you unmute yourself, please?
▶ We lost you for a minute there.
▶ Would you mind taking the minutes / notes?
▶ I've got a hard stop at 〜

　この節ではオンライン会議において、司会進行役がよく使う指示の表現を集めました。

　すでによくオンライン会議に出ている方にとってはお馴染みのものが多いでしょう。それくらい汎用性が高い表現ばかりです。直接口頭でいうことが多いですが、相手のオーディオに問題がある場合など、チャットボックスに書き込むこともあります。

アプリ（PC）の操作を注意する

参加者の発言が聞こえない場合

▶ Could you check your microphone please?
「マイクを確認していただけますか？」

▶ You're on mute. Could you unmute yourself, please?
「あなたはミュート（音声が出ない設定）になっています。ミュートを解除していただけますか？」

▶ Noah, we couldn't hear you very well due to the connection. Could you say that again?

　「Noah、接続の関係で、よく聞こえませんでした。もう一度言っていただけますか？」

▶ George, we missed the last 30 seconds due to a bad connection. Could you repeat that?

　「George、接続が悪かったので、最後の30秒ほど聞こえませんでした。もう一度繰り返していただけますか？」

▶ We lost you for a minute there. Could you say that again?

　「1分ほど聞こえませんでした。もう一度言っていただけますか？」

何度も設定しなおしているのにそれでも聞こえない場合

▶ We still can't hear you. You might want to restart your pc.

　「まだ聞こえません。ＰＣを再起動する必要があるかもしれません。」

会議やセミナーに先立ってルールを伝える

▶ Remember to unmute yourself when you are speaking. Switch it back to mute when you're not speaking.

　「発言する際はミュートを解除するのを忘れないでください。話していないときはミュートに戻すようにしてください。」

▶ Liam, would you mind taking the minutes / notes?

　「Liam、議事録を取っていただくのは問題ないでしょうか？」

ハードストップ（この時間までには絶対終わらせないといけない）について

▶ May I remind everyone that we have to finish the meeting by 4 p.m.

　「皆さんには、16時までに会議を終わらせなければならないことをお伝えしておきます。」

▶ I've got a hard stop at 2 p.m. due to another conference call.

　「14時には別の電話会議があるため、終えないといけません。」

上手に会議をリードする

発言がかぶってしまった場合

▶ There are two people speaking at the same time. Bill, can you continue?
Ken, we'll come back to you in a moment.

「同時に２人の方が発言されましたね。Bill、続けていただけますか？ケン、すぐにお戻ししますからね。」

言いそびれているアイデアを引き出す場合

▶ Tom, you said you had a great idea for that. Could you tell us more about it?

「Tom、それについていいアイデアがあると言っていましたよね？詳しく聞かせてもらえませんか？」

現在のテーマから外れた場合

▶ Raja, that's very interesting, Could you hold on to that idea and share it with us when we come to discussing solutions a bit later?

「Raja、それはおもしろいですね。そのアイデアについて、少し待ってもらって、また後でソリューションについての話をするときに聞かせてもらってもいいですか？」

スクリーンをシェアする場合

▶ Let me share my screen.　「私のスクリーンをシェアさせてください。」

▶ Are you able to see my screen?　「私のスクリーンが見えますか？」

▶ We would like to record this meeting for those who cannot participate today. Is everyone ok with that?

「本日ご参加いただけない方のために、この会議を録画したいと思います。皆さん、こちらよろしいですか？」

単語の解説

■ hard stop「ハードストップ（この時間までにはかならず終わらせなければならない）」

■ mute「ミュートにする」 ■ unmute「ミュートを解除する」

■ bad connection「接続の悪さ」 ■ minutes「議事録」

■ notes「記録」

 Column

チェア（司会進行役）をすること

　一般的に、自分の英語がビジネスにおいてまだ十分ではないと感じている人は、チェア（司会進行役）をすることに苦手意識があるでしょうが、これは実はもったいないことです。何度か経験したことがある人はわかるかもしれませんが、実はノンネイティブ、少し英語に苦手意識がある人にこそ、チェアはおすすめの役割なのです。

　もちろん、司会進行に必要なフレーズは覚えておく必要がありますが、それをクリアできれば、意味がすんなり理解できなかった発言をまとめて言い直して相手の了解をもらったり、こちらから質問をしてその範囲で答えてもらったり、自分で話の主導権を握ることができるので、理解もしやすいもの。チェアは会議の参加者の印象にも当然残りやすいので、機会があればぜひ一度、思い切って引き受けてみましょう。

🔊 43

マネージャーによる
進捗確認と各自の報告

▶ I would like everyone to give us an update on 〜
▶ （名前）, shall we start with you?
▶ Could you tell us how 〜 is progressing?
▶ Could you give us updates on 〜

　この節では、進捗確認の会議の進行について見ていきます。

　各チームに話が振れるように気を配りましょう。ついたくさん話したがる人、指名されないと話さない人、いろいろあると思います。発言の多寡が偏り過ぎないようにするのも、会議の満足度を高めるコツです。

Toshi: Hello everyone. OK, it seems everyone has joined, so let's start the meeting. Unfortunately, Thomas will not be with us today due to a personal matter. I will catch up with him separately on another day.

I would like everyone to give us an update on the progress of the Ramen Daisuki app project. Josh, shall we start with you?

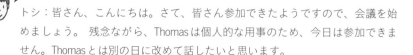

トシ：皆さん、こんにちは。さて、皆さん参加できたようですので、会議を始めましょう。 残念ながら、Thomas は個人的な用事のため、今日は参加できません。Thomas とは別の日に改めて話したいと思います。

それでは、皆さんから「ラーメン大好き」アプリプロジェクトの進捗状況を教えていただきたいと思います。Josh からお願いします。

I would like everyone to give us an update on 〜
「皆さんから〜の進捗状況を教えていただきたいと思います」

> **(名前), shall we start with you?**
> 「(名前), あなたから始めてもらえますか？」

Josh: Sure. I have already arranged translators for the French and German versions, and they've already started working on the translation. Everything is going well and we should finish it in three months, so we're on schedule.

Josh: : はい。フランス語版とドイツ語版の翻訳者を手配して、すでに翻訳作業を始めています。すべてが順調に進んでいて、3 ヶ月後には完成する予定ですので、予定通りですね。

Toshi: That's great. If you run into any problems, please let me know.

トシ：それは素晴らしいですね。もし、問題が発生した場合は、ぜひ教えてください。

※ run into problems：「問題にぶつかる」

Josh: Sure.

Josh：もちろんです。

Toshi: OK. Next, Abhishek, could you tell us how the IT side of thing is progressing?

トシ：よし、次はAbhishek、IT面での進捗状況を教えていただけますか？

Could you tell us how 〜 is progressing?
「（プロジェクト）の進捗を教えていただけますか？」

Abhishek: Sure. I have talked to our legal counsel and as we <u>thought</u>, it's not easy at all to comply with GDPR regarding users' personal data. We need to store the data in the EU and can only use it outside of the EU with a plugin.

👉thought は、feared「恐れていた」や expected「予想した」も使えます。

Abhishek：はい。法務部長に相談したところ、思ったとおり、ユーザーの個人データに関するGDPRへの対応は簡単ではありませんでした。EU内でデータを保管し、プラグインを使ってEU外で活用する必要があります。

Toshi: I see. It seems that the same thing happened in the US too. Let me discuss this with the US team and get back to you with some ideas for how we might deal with this.

トシ：そうですか。どうやらアメリカでも同じことが起こったようです。アメリカのチームと相談して、この問題に対処するためのアイデアについてお返事します。

Abhishek: Great.

Abhishek：ありがとうございます。

Toshi: All right. Then, Anne-Charlotte, could you give us an update on marketing?

トシ：わかりました。続いて、Anne-Charlotte、マーケティングに関する状況を

教えてください。

> **Could you give us an update on (プロジェクト)?**
> **「(プロジェクト) の(現在の) 状況を教えていただけますか？」**

Anne-Charlotte: Sure. We've already drawn up a marketing plan. We've also talked to ramen YouTubers and other influencers in Luxembourg, France, and Germany. We've done keyword research and we've mocked up some paid search ads that are ready for your review. As soon as you give the go-ahead, we can start our marketing campaigns.

Anne-Charlotte：マーケティングプランはすでに作成しています。ルクセンブルク、フランス、ドイツのラーメンYouTuberやその他のインフルエンサーにも声をかけています。また、キーワード調査を行い、検索広告のドラフトを作成しましたので、ご確認いただけます。"GO"サインをいただきましたら、すぐにマーケティングキャンペーンを開始します。

Toshi: Thank you for being so proactive. The marketing budget will be limited for the soft launch and we cannot do everything at the same time. I'll review the plan and let you know which marketing channels we should concentrate on for now.

トシ：先回りして対応してもらい、ありがとうございます。ソフトローンチのためのマーケティング予算は限られていますので、すべてを同時に行うことはできません。計画を見直して、今のところ、どのマーケティングチャネルに集中すべきかをお知らせします。

単語の解説

■ comply with 「～を遵守する、～に従う」　■ personal data 「個人情報」
■ store 「保存する」

397

個人の問題でワン・オン・ワンミーティングを開く

▶ I'm really sorry to hear about 〜
▶ How far have you gotten with the project?
▶ I'm flexible about 〜

　この項では、1対1のミーティングでの表現をお話ししましょう。

　通常の日報や連絡だったら、メールやチャットで日頃やり取りしていることでしょう。またテレカンに欠席した人に、ただ決定事項や様子を知らせるだけであれば、議事録やテレカンの録画をシェアするのでよいかもしれません。しかし、少し詳しく確認したいことがある場合、あるいは最近連絡が滞りがちになったりしていて状況を知りたい場合、パーソナルなことについて話したい場合など、ワン・オン・ワンミーティング（one on one meeting：一対一のミーティング）を開くことが有効になるでしょう。

　今回は、業務にも関係してくるパーソナルな事情について話すミーティングのサンプルを見ていきます。サンプルでは海外とのやり取りになっているのでオンラインですが、対面でのミーティングも基本は同じです。

気持ちに寄り添う表現

I'm really sorry to hear about 〜
「〜のことについて、お悔やみ申し上げます（お気の毒に思います）」

　サンプルではいきなり仕事の話題をせず、マネージャーの家族へのお悔やみを述べるところから始まります。仕事の前に相手の状況を気遣ったり、近況を聞いたりするのは大切です。家族の不幸などあった場合はなおさらです。

Oh, don't worry about it. 「それはいいんですよ／心配しないでください。」
Is everything ok? 「大丈夫ですか？」

Toshi: Hi Thomas, how are you? I'm really sorry to hear about your grandmother.

トシ：Thomas、調子はどうですか？おばあさまのことは本当に残念ですね。

Thomas: Thank you. Sorry I had to miss the last meeting.

Thomas：ありがとうございます。前回のミーティングを欠席してしまってすみません。

Toshi: Oh, don't worry about it. Is everything OK?

トシ：あ、それはいいんですよ。大丈夫ですか？

Thomas: Yes, thank you. It was a nice funeral, but I'm ready to get back to work.

Thomas：はい、ありがとうございます。よいお葬式でした。でももう仕事に戻る準備ができていますので。

Toshi: Good. Then, how far have you gotten with the project? I know you weren't in the office for the last week...

トシ：それでは…プロジェクトの進捗についてはいかがでしょうか？先週はオフィスにいなかったようですが...。

仕事の話に移ったところで、進捗を聞きます。

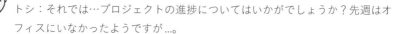

How far have you gotten with the project?
「プロジェクトの進捗についてはいかがでしょうか？」

Thomas: I've prepared a list of potential advertising partners, including ramen shops in Luxembourg, France, and Germany. We will be contacting them about placing ads on the app's advertising platform. I'll send it to you after we finish this call.

Thomas：ルクセンブルク、フランス、ドイツのラーメン店など、広告パートナーの候補をリストアップしました。アプリの広告プラットフォームへの広告掲載について、連絡していきます。この電話が終わったら、リストを送ります。

Toshi: That's great. Anne-Charlotte is now preparing the overall timeline for the marketing plan.

トシ：それはいいですね。 Anne-Charlotteは今、マーケティングプランの全体的なタイムラインを準備しています。

Thomas: Yes, she's been occasionally giving me updates. I need to decide the timing regarding when to start talking with the prospects.

Thomas：そうですね、彼女は時々報告してくれます。広告パートナーと話を始めるタイミングを決める必要がありますね。

Toshi: Good.

トシ：そうですね。

Thomas: Uh... I would like to ask for one thing if possible.

Thomas：あの… できれば1つお願いしたいことがあるのですが。

Toshi: Sure, what's that?

トシ：はい、何でしょうか？

Thomas: Would it be possible to have a one-on-one meeting with you from home for the next project update instead of attending the group meeting? The reason is, I cannot come to the office early to join the conference call this month as I have to take my kids to their nursery school. My wife is now in Africa on an urgent business matter.

Thomas：次のプロジェクトアップデートですが、グループミーティングに参加する代わりに、自宅から1対1のミーティングをすることは可能でしょうか？というのも、今月は子供を保育園に送っていかなければならないので、早めにオフィスに

来てテレカンに参加できません。妻が今、急ぎの仕事でアフリカに行っていまして。

Toshi: No problem. As long as you can handle the project on time, I'm flexible about these minor administrative things.

トシ：問題ありません。あなたがプロジェクトを期限内に処理できるのであれば、こういった小さな事務的なことも柔軟に対応しますよ。

変更などに柔軟に対応できると伝えたいときは以下の表現が便利です。

I'm flexible about 〜　「〜については柔軟に対応できます」

Thomas: Thank you.

Thomas：ありがとうございます。

単語の解説
■ funeral「葬式」

📻 Column
ワン・オン・ワンミーティング

　メールや会議などで伝えたことがどうもうまく伝わっていなくて、よくない方向に進んでいる気がする、あるいはこれまで本当によく働いてくれていたのに、最近はなぜかうまく連絡がつかなかったりミスが多く見受けられる…そんなとき、相手の状況を知る強い味方がワン・オン・ワンミーティングです。得られる情報は少し限定されますが、オンライン会議でのミーティングも、文面よりは伝わることが多いです。

　例えば、「やりたいです！」と言っているけれど、相手の表情は少し浮かない感じかもしれない。あるいは、「わかります！」と言ってはいるが、それはこちらを安心させるための言葉であって、ちょっと質問してみると全然わかっていない様子が露呈してしまうかもしれない。

　英語のネイティブでない分、文面だけでは感じ取ることが難しいことで、コミュニケーションも問題が生じやすいとも言えます。問題が大きくなる前に、ぜひ早めに、直接話し合う機会を設けましょう。

チャットでの指示

▶ I have a quick question.
▶ Do you want to have a conference call?
▶ I see.
▶ Keep me updated.

　最近では、簡単なやり取りは社内チャットなどで済ませるという会社も増えています。Eメールのように型が特にあるわけではありませんが、共通点としては、いきなり要件から始めないこと。

　Hi や Hello といったあいさつから、まず始めるようにしましょう。あいさつの言葉の後に相手の名前を呼びかけるのもパーソナルな感じがしてよいですね。

　あいさつの後に、

▶ I have a quick question. 「ちょっと質問があります。」

とワンクッション話すのもよいでしょう。

　また、チャットをきっかけに、すぐに電話／オンライン会議システムでのコールに移りたい人もいますので、

▶ Do you want to have a conference call? 「テレカンで話しますか？」

のように聞くのもよいでしょう。

　ただチャットというコミュニケーションツール自体はそんなに長いテキストを何度も送ることを想定されていませんし、後から見直す必要がある

コミュニケーション、転送する必要がある添付ファイルを送る場合には不向きだったりします。

　そういったときは、Eメールを相手に送ってから、

▶ I sent you an email.　「Eメールを送りましたよ。」

　のように、お知らせのためにチャットで声をかけるという風にもよく使われます。

▶ Email sent.

　のように省略されたメッセージもよくあります。

「了解」という言い方は、下記のようなものがあります。

▶ I see.　「わかった。なるほど。」
▶ OK.
▶ (I) got it.　「了解。」
▶ No problem.　「問題ない(です)。」

　お礼も、次のように略すことが(少しカジュアルですが)ままあります。

▶ Thanks.　「ありがとう。」
▶ Thanks for asking.　「聞いてくれてありがとう。」

　基本的にチャットの会話はカジュアルなものがベースですね。

　会話の相手が、どこかに検討して確認する場合など、

▶ Keep me updated.　「アップデートよろしく。」

　のように、伝えることもできます。

Josh: Hi Toshi. I have a quick question.

Josh：こんにちは、トシ。ちょっとした質問があります。

Toshi: Hi Josh. Sure, go ahead. Do you want to have a conference call?

トシ：こんにちは、Josh。どうぞ。テレカンで話しますか？

Josh: No, that's OK. I have another call soon.

Josh：いえ、大丈夫です。すぐに別の電話がありますので。

Toshi: OK.

トシ：わかりました。

Josh: Can we add a halal mark for the description of some of the ramen shops? Abhishek is now writing the specs for the app using the US version for reference and noticed it's not included.

Josh：ラーメン屋の説明にハラルマークをつけることは可能ですか？ Abhishek は今、米国版を参考にアプリの仕様を書いていますが、ハラルマークが含まれていないことに気づきました。

Toshi: Oh, it isn't? Let me see... you're right, there's a mark for vegetarian or vegan in the US version, but not for halal.

トシ：え、入ってないんですか？そうですね… 確かに、US版にはベジタリアンやビーガンのマークはありますが、ハラルのマークはありませんね。

Josh: Yes. There are many Muslims living in Europe, and they need to know if the ingredients are halal or not.

Josh：はい。ヨーロッパには多くのイスラム教徒が住んでいますから、彼らはハラルの食材が使われているかどうかを知る必要があります。

Toshi: I see. Please include it in the specs. Any other marks we need to add in Europe?

トシ：なるほど。ぜひスペックに入れてください。他にヨーロッパで追加しなければならないマークはありますか？

Josh: I don't think so, but we'll check with Anne-Charlotte and let you know.

Josh：それはないと思います。Anne-Charlotte に確認してみますので、また連絡しますね。

Toshi: OK. Thanks for pointing that out. Please keep me updated.

トシ：わかりました、ありがとう。よろしくお願いします。

単語の解説

■ halal「ハラールの」（イスラムの掟に合致した）

■ vegan「ビーガンの、ビーガンの人（卵や乳製品を含め、動物性食品を摂取しない人）」

■ ingredient「材料、成分」

意見を出し合って決める

▶ How about 〜
▶ I would like to have everyone's opinion on this.
▶ I personally would 〜
▶ to me, 〜 would be the better choice.

この節では各自意見を出し合って、1つに決める、まとめていく方法を
サンプルをもとに見ていきます。

人に意見を聞く、発言を求める表現には以下のようなものがあります。

How about you, (名前)?　「(名前)、あなたはどうですか？」

▶ (名前), what do you think?　「(名前)、あなたはどう思いますか？」

実際に個々の意見を聞いていく前に、みんなの意見が知りたい旨を伝え
てもよいですね。

**I would like to have everyone's opinion on this.
「皆さんのご意見を伺えればと思います。」**

また、意見を言うときに、他の人の考えを尊重しながら、「あくまで自分
の意見としては」と前置きするとマイルドになります。

▶ In my opinion, 「私の意見では」
▶ I think 〜「私は〜だと思います」
▶ I personally would 〜「私は個人的には〜します」

**to me, 〜 would be the better choice
「私にとっては、〜の方がよい選択肢のように思えます」**

「〜の場合は」と限定するのも角が立ちません。

▶ in terms of 〜 「〜に関しては、」

一方、「断然〜です」と言い切る表現もあります。

▶ Definitely 〜 「断然（絶対）〜です」

▶ I cannot think of any better 〜 than 〜
「〜よりよい〜は考えられません」

Toshi: That is all from me. Now, Anne-Charlotte has something to ask everyone. Anne-Charlotte?

トシ：私からは以上です。では、Anne-Charlotte が皆さんにお聞きしたいことがあるそうです。どうぞ、Anne-Charlotte ？

Anne-Charlotte: Thank you, Toshi. Regarding the pop-up store in Luxembourg, the marketing team has decided to hold events every day. We have already chosen who to invite for most of the days, but haven't fixed the invitations for the final day.

We have narrowed it down to "Mr. Oike Luxembourgish", the Ramen YouTuber, or Mr. Müller, the chairman of the West Europe Food Apps Association. We're wondering which person would be more appropriate, and I'd like to have everyone's opinion on this.

Anne-Charlotte：トシ、ありがとうございます。ルクセンブルクのポップストアについては、マーケティングチームで毎日イベントを開催することに決めました。ほとんどの日のゲストはすでに決まっているのですが、最終日のゲストはまだなのです。

ラーメンYouTuber の「ルクセンブルク・ミスター大池」さんか、西ヨーロッパ食品アプリ協会会長の Mr. Müller*まで絞り込みました。どちらの方がよいか悩んでいるので、皆さんのご意見を伺えればと思います。

※ Müller はドイツ語やルクセンブルク語などでは、ミュラーと発音します（収録音声は英語読みです）。

Josh: Definitely Mr. Oike Luxembourgish. He is super popular among young people in Luxembourg. He introduces good ramen noodles from all over Luxembourg and the greater region on his channel every day. I cannot think of any better person.

Josh：間違いなくルクセンブルク・ミスター大池さんですね。彼はルクセンブルクの若者の間で大人気です。ルクセンブルクを中心とした各地の美味しいラーメンを毎日自分のチャンネルで紹介しています。彼以上の人はいないと思います。

Abhishek: Well, to me, Mr. Müller would be the better choice. He has served as the chairman for more than five years. I'm sure he is well-connected with other companies that have developed food apps. And he's a ramen lover too.

Abhishek：そうですね、私としては Mr. Müller がいいんじゃないかと思います。彼は5年以上、会長を務めています。食品アプリを開発している他の企業とのコネクションも豊富でしょう。しかも、ラーメン好きだし。

would be the better choice の言い換えとして、下記があります。

▶ I personally would invite 〜
「（私は個人的に〜を招待したいと思います）」

Toshi: I see. How about you, Thomas? What do you think?

トシ：なるほど。では、Thomas はどうでしょう？どう思いますか？

Thomas: Well, in terms of advertising, Mr. Müller is very attractive. He might introduce more potential ad partners to us. But we cannot ignore the popularity of Mr. Oike Luxembourgish. Ramen fans will be very happy to see him.

Thomas：広告という意味では、Mr. Müller はとても魅力的です。彼なら、もっと多くの広告パートナー候補を紹介してくれるかもしれない。でも、ルクセン

ブルク・ミスター大池さんの人気は無視できません。ラーメンファンも大喜び
でしょう。

> Anne-Charlotte: I agree. Either would be very good for our business anyway. Toshi, what do you think?

Anne-Charlotte：そうですね。 どちらも、私たちのビジネスにとって非常によ
いのではないでしょうか。トシ、どう思いますか？

上記のI agree.はYou're right.（そうですね。）や、You make a good point.
（それはいい点をついていますね(確かにそうですね)。）とも言い換えられます。

> Toshi: How about inviting Mr. Oike Luxembourgish to the pop-up store event and Mr. Müller to the launch party? We are going to invite the media and our partners to the party as well. I'm sure Mr. Müller will be better received there.

トシ：ポップアップストアのイベントにはルクセンブルク・ミスター大池さん、
ローンチパーティにはMr. Müllerをお招きしてはどうでしょう。ローンチイベ
ントには、メディアやパートナー企業も招待する予定です。Mr. Müllerの方が受
けがいいと思います。

> Anne-Charlotte: That's a great idea!

Anne-Charlotte：それは素晴らしいアイデアですね。

　こういったシーンでも意見を積極的に言う人は限定されがちなので、そ
の他の人に振ったり、あるいは他の人の意見に左右されない各メンバーの
意見を知りたい、という場合は事前にアンケートのような形で意見をもら
ってから、その結果をもとに会議で話し合う、というのもよいでしょう。

単語の解説

■ association「協会」　■ chairman「会長」　■ popularity「人気」

46

業務上の問題に対処する
ープロジェクトの遅延

▶ We need to discuss the delay in 〜
▶ If possible, can you 〜 ?
▶ You agreed with 〜
▶ Let me get straight to the point.
▶ In a worst-case scenario, we can 〜

　プロジェクトを進める中で、小さな失敗や遅延はつきものです。ここではその中でも遅延について言及し、理由を探り、リカバリープランを遂行する流れを見ていきます。

　まずは、遅延を議題にあげるところから。

> **We need to discuss the delay in 〜**
> 「〜の遅延について話し合う必要がある」

　遅れずにプロジェクトを進めるため、以下のような表現で提案できます。

予定していた進捗

▶ How about 〜ing...? 　「〜するのはどうですか？」

> **If possible, can you 〜 ? 「もし可能であれば、〜してもらえますか？」**

▶ This way, 〜 could be finished in time?
　「このようにすれば、期限内に終わりますか？」

Toshi: We need to discuss the delay in the French translation that you mentioned in today's group meeting.

410

トシ：今日のグループミーティングで、あなたが言っていたフランス語の翻訳の遅れについて話し合う必要がありますね。

Josh: Yes. Let me get straight to the point: we need more time for the French translation. At least another month.

Josh：はい。単刀直入に言いますと、フランス語の翻訳にはもっと時間が必要です。最低でもあと1ヶ月は必要です。

Let me get straight to the point.
「単刀直入に言うと／ポイント（結論）からお話しさせてください」

Toshi: Can I ask why? You agreed with the timeline we had established, which was three months.

 トシ：理由を聞いてもいいですか？あなたは、設定した3ヶ月というスケジュールに同意したはずです。

You agreed with〜　「〜について同意されましたよね」

以前合意したことについて確認しています。詰問している雰囲気を出さないために、ここではWhy? の代わりに、Can I ask why? と聞いています。

Josh: Earlier, yes, but... let me explain the situation. We began with two of our senior translators but one of them strained his back and is on sick leave. And so the proofreader needs to spend more time reviewing the work done by his replacement.

Josh：以前はそうでしたが、……状況を説明します。
最初はシニアの翻訳者2名でスタートしたのですが、そのうちの1名が腰を痛めて会社を休んでしまったのです。そのため、校正者は後任者の作業を確認するのに多くの時間を割く必要がありまして。

Toshi: Hmm. We've already created marketing plans based on the timeline and we can't change those now. How about adding another proofreader?

トシ：うーん。すでにタイムラインに基づいてマーケティングプランを作成しているので、今さらタイムラインを変更することはできませんね。もう１人校正者を加えるのはどうでしょう？

Josh: Well, unfortunately that won't work. The proofreading has to be done by one person so that the terminology used in the translation is consistent.

Josh：残念ながら、それはできません。翻訳に使われる用語を統一できるよう、校正者は１人でなければならないのです。

Toshi: If it's possible, can you ask the proofreader to work extra hours? I will allocate funds for that. That way the French translation could be finished in time.

トシ：もし可能であれば、彼に時間外労働をしてもらうことはできますか？そのための予算を確保します。そうすれば、フランス語の翻訳を時間内に完成させることができますよね？

Josh: I will try, but it depends on his schedule as well so I can't guarantee that will solve the issue.

Josh：やってみますが、彼のスケジュールにもよりますので、それで問題が解決するとは保証できません。

Toshi: Sure. In a worst-case scenario, we can translate the main parts of the app and keep the rest in English during the soft launch period.

トシ：そうですね。最悪の場合、ソフトローンチの期間中に、アプリの主要部分を翻訳して、残りは英語のままにしておくこともできます。

　最低限達成できそうなこと、必要なことのイメージを共有するために以下のように言うことができます。

> **In a worst-case scenario, we can 〜**
> **「最悪のシナリオでも、私たちは〜することができます」**

Joshやチームの安心感につながります。

Josh: Good idea. We did the same for the Karaage app.

Josh：いいアイデアですね。唐揚げのアプリでも同じことをしましたよ。

Toshi: Thank you for sharing the problem with me right away. Let me know about any other problems you're facing. That's much better than finding out about a problem when it's too late.

トシ：問題点をすぐに教えてくれてありがとう。ほかにも何か問題があれば、いつでも私に知らせてください。手遅れになってから気づくよりもずっといいですからね。

Josh: Sure.

Josh：そうですね。

　失敗や遅延で怖いのが、現場での問題が上まで上がってこないことです。よい情報に比べ悪い情報は当然、上がってきにくいものです。自分のネガティブな評価につながりかねないですからね。
　日頃からオープンなコミュニケーションを可能にする信頼関係を構築しましょう。ネガティブなニュースをすぐに報告してくれたこと自体に敬意や感謝を表するのも１つのポイントです。

単語の解説

■ inexperienced「未経験な」　■ replacement「代わり、置き換え」
■ strain「痛める、くじく」　■ terminology「用語」　■ rest「残り」

47

プロジェクトの達成を祝う

▶ Will you make a toast?
▶ Let us raise our glasses together to celebrate our achievement.
▶ Join me and raise your glasses to celebrate 〜
▶ Here is to our 〜

　プロジェクトも無事完了し、成功を祝うときがきました。今回はアプリのローンチパーティでの乾杯のスピーチ（英語ではtoastと言います）を通して、どのようにチームに対して謝辞（acknowledgement）を述べ、共にプロジェクトの達成を祝うことができるか、見ていきます。

　経営学者のジム・コリンズ博士が提唱した Level 5 leadership の中に「窓と鏡の法則（The window and the mirror leadership）という言葉がありますが、本当に優れたリーダーは問題が起こったときには鏡を見つめ、自分の中（内部）に原因があったとして探り、よいことがあったとき、成功したときは窓を見て周り（外部）のおかげで成功することができたと他の人を称賛することができるのだそうです。

　プロジェクトが具体的にどのように成功したのか、そしてそれには誰の（どのチームの）どういった努力が貢献しているのか、言及する方法をサンプルと一緒に見ていきましょう。

　まず、司会者が乾杯の音頭(あいさつをする）を促します。

▶ Will you make a toast?　　　「乾杯のあいさつをお願いできますか？」
▶ (名前), would you like to make a toast?
　　「(名前) さん、乾杯のあいさつをお願いできますか？」

謝辞には以下のような表現を用いることができます。

▶ You put in a tremendous effort to finish 〜

「〜を完成させるために力を尽くしてくれた」

▶ This achievement would not have been possible without 〜

「この成功は、〜なしにはあり得ませんでした。」

▶ I am truly grateful for 〜

「〜に心から感謝しています。」

▶ Thanks to the efforts of you and your team 〜

「あなたとあなたのチームのおかげで〜」

▶ Your team did an amazing job with 〜

「あなたのチームは〜で素晴らしい仕事をしてくれました。」

その場にいない人への謝辞は以下のような表現を用いることができます。

▶ And although she is not here today, I'm also very grateful to 〜

「今日この場にはいませんが、〜にも大変感謝しています」

乾杯自体の言い方にもバリエーションがあります。

▶ Let's raise our glasses together to celebrate our achievement. Cheers!

「みなさんグラスをお取りいただき、一緒にプロジェクトの成功（達成）を祝いましょう。乾杯！」

▶ Join me in raising your glasses to celebrate 〜

「それではご一緒にグラスを取って〜を祝いましょう」

▶ Here's to our fantastic achievement. Cheers.

「我々の素晴らしい達成に乾杯！」

▶ Let's all raise our glasses in celebration of our achievement. Cheers.

「みなさん揃ってグラスをお取りいただき、プロジェクトの成功を祝いましょう。乾杯！」

MC: Will you make a toast, Toshi?

MC：トシさん、乾杯のあいさつをお願いします。

Toshi: Sure. Good evening everyone. Thank you for joining us today to celebrate the launch of the Ramen Daisuki app in Luxembourg.

トシ：ええ、喜んで。皆さん、こんばんは。本日は、ルクセンブルクでの「ラーメン大好き」アプリのローンチを祝して、お集まりいただきありがとうございます。

集まってくれた参加者全員への感謝の言葉を最初に述べるのもスムーズで、オーディエンスの関心をひきます。

As many of you have already heard, this app is doing exceptionally well. A video introducing the app by Luxembourg-based ramen YouTuber "Mr. Oike Luxembourgish" has so far gotten over 1 million views.The pop-up store, where you can download the app and eat ramen for 10 euros, sold over 1,000 cups of ramen in two days. And to my surprise, there were over 100,000 installs of the app within two weeks of its release. This means that a sixth of the population of Luxembourg has already downloaded the app!

すでにご存じの方も多いと思いますが、このアプリは非常に好調です。ルクセンブルク在住のラーメンYouTuber「ルクセンブルク・ミスター大池」による「ラーメン大好き」アプリの紹介動画は、1ヶ月で100万回以上再生されました。アプリをダウンロードして10ユーロでラーメンが食べられるポップアップストアでは、2日間で1000杯以上のラーメンが売れたとのことです。そして、なんと「ラーメン大好き」アプリは、リリースから2週間で10万件以上のインストールがありました。つまり、ルクセンブルクの人口の6分の1がすでにアプリをダウンロードしていることになるんですよ。

👉「1ヶ月で"100万回以上再生"」has so far gotten over 1 million views

具体的な数字を含めて、達成したことを説明しています。

This is an amazing achievement, and I would like to acknowledge everyone who made this possible.

これは驚くべき成果で、実現に関わったすべての人に感謝したいと思います。

皆への感謝の後に、それぞれのチームに対する謝辞を。

First of all, Josh, you put in a tremendous effort to finish the localization of the app, working day and night. This success would not have been possible without the huge contribution of you and your team.

まず、Josh。あなた方は、アプリのローカライズを完成させるために日夜力を尽くしてくれました。この成功は、あなたとあなたのチームの多大な貢献なしにはあり得ませんでした。

Abhishek, I am truly grateful for your insightful suggestions and the IT team's hard work to make sure the app conformed to EU standards, especially in terms of GDPR.

Abhishek、アプリが EU の基準、特に GDPR に準拠するよう、示唆に富む提案をしてくれたこと、また IT チームのハードワークに心から感謝しています。

Thomas, thanks to the efforts of you and your team, we have already secured big ad partners in Luxembourg, France, and Germany. I really appreciate how efficiently you've gone about your work and how motivated you've been.

Thomas,、あなたとあなたのチームのおかげで、ルクセンブルク、フランス、ドイツですでに大きな広告パートナーを得ることができました。あなたのチームがいかに効率的に仕事を進め、意欲的に取り組んでくれたか、本当に感謝しています。

Nathalie, your team did an amazing job with the app marketing even though you were brought on to lead the team at short notice and in the middle of the project. You managed the projects with the influencers very well. And although she is not here today, I'm also very grateful to Anne-Charlotte, who created a great initial marketing plan.

Nathalie、あなたのチームは、プロジェクトの途中から急にチームを率いることになったにもかかわらず、アプリのマーケティングで素晴らしい仕事をしてくれました。インフルエンサーとのプロジェクトもうまくまとめていましたね。また、今日この場にはいませんが、最初のマーケティングプランを作ってくれた Anne-Charlotte にも大変感謝しています。

We couldn't have come this far without the combined efforts of everyone involved.We will continue to work to achieve similar high levels of success in France and Germany, but today, let's enjoy ourselves to the full with... 20 different types of ramen from our partners! Let us raise our glasses together to celebrate our achievement. Cheers!

みなさんの力が結集しなければ、ここまで来ることはできませんでした。フランス、ドイツでも同じような高いレベルの成功を収められるようみんなで努力を続けたいと思いますが、今日は、一緒に思い切り楽しみましょう… パートナー企業からの20種類のラーメンを味わいながら！みなさんグラスをお取りいただき、一緒に成功を祝いましょう。乾杯！

第1章

第2章

第3章

第4章

第5章

第6章

第7章

第8章

第9章

第10章

単語の解説

- toast「乾杯、乾杯の音頭」 ■ exceptionally「例外的に、並外れて」
- achievement「達成、成功、業績」 ■ tremendous「多大な、並外れて大きい」
- acknowledge「認める、感謝する」 ■ conform to「準拠する」
- insightful「示唆に富んだ」 ■ initial「最初の、初めの」
- the combined efforts of ～「～の力の結集」

 Column

根回しについて

　英語圏のミーティングは、日本よりもただ空気を互いに読むことで起こる予定調和が少なく、個人がその立場において思っていることを明示的に伝え合うことが多いです。しかしながら、発言の回数や量は一部の人に偏っていたり、「声の大きい人の意見が通る」というのは非常によくあることです。

　ですので、自分が通したいと思っていることが明確にあれば、根回しをする（consensus building を事前に行う）のはおすすめです。

　会議の前にキーパーソンと会って、思いを伝え、方向性をなるべく細かく決めましょう。実際に会えるならもちろんそれが一番ですが、オンラインだけのやり取りも多くありますよね。文面だけだと根回しで大切な温度感や背景が伝わらず希望の結果にならないことがあるので、チャットなどで軽く合意を得てから、オンライン会議で短くとも相手としっかり話すことをおすすめします。

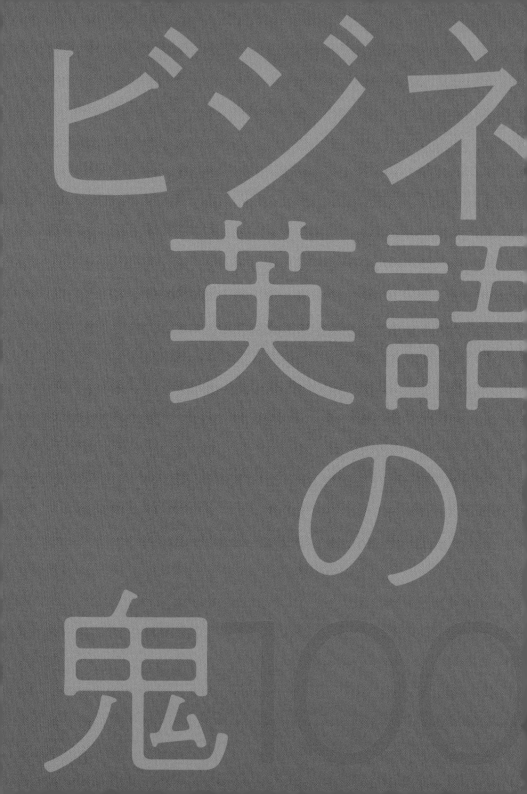

第9章
キャリアアップと
ソーシャルメディア

英語圏の国々と日本の商習慣の違いについて考えたときに、最も大きく異なることの１つとしては雇用の法制度とカルチャーの違いがあげられるでしょう。

　終身雇用制、安定をこれまで重視してきた日本の雇用形態と対照的に、英語圏の国々の多くは、業種にもよりますが新卒で入社した会社でキャリアを終えるというのはそう一般的ではなく、アグレッシブによりよい給料や待遇、やりがいを求め転職してキャリアアップしていくというのが一般的です。

　この章ではそんな転職に関するカルチャーを紹介しながら、それぞれの
シーンで使えるフレーズを見ていきます。

ヘッドハンター、転職斡旋会社にコンタクトを取る

▶ reach out
▶ would be a fit
▶ I thought it would be helpful for you to know about 〜

　英語圏のビジネスパーソンの間では、ヘッドハンターと定期的に連絡を取り、キャリアの棚卸をする、自分の経験や実績で今どんなポジションが市場にあって、いくらくらいの年収なのか、確認するのはごく一般的です。

　ソーシャルメディアの中でも、LinkedIn（ビジネス特化型SNS）はヘッドハンターとのやり取りやこれまで仕事で出会った人たちとの関係を保持するのに重要なツールです。

　登録してしばらく経つと、様々なヘッドハンターやリクルーティングエージェンシーの人たちが声をかけてくることも多いですが、もちろん、そういっ

た会社のページを見て自分からアプローチをすることも可能です。友人からヘッドハンターの名前や評判を聞いて連絡をすることも多いですね。転職することが多い業界に身を置く友人がいれば、誰かよい人知ってる？と聞いてみるのもよいでしょう。

●──ソーシャルメディアでつながっておく
　LinkedInなどのソーシャルメディアででヘッドハンターに気軽に声をかける場合は、背景を長々書くよりも、短いメッセージの方がすぐに読んでもらいやすいものです。

reach out　「連絡する」

new opportunity, new challenge はいずれも、転職活動の文脈では「新しい仕事」のことです。

Hi【宛名】, I noticed that you work for【人材紹介会社の名前】. I hope you don't mind my reaching out, but I wanted to connect since I'm exploring new opportunities at the moment. I've been in the【業界名】industry for over【勤続年数】years, but I'm ready for a new challenge! I'd love to talk with you about any openings you may have and whether someone of my background and experience would be a fit for any of them.

Thank you,
【自分の名前】

「こんにちは、＿＿＿さん。（人材紹介会社の名前）でお勤めされていることと思います。もしご迷惑でなければ、今、新しい機会を模索しているところで、(LinkedInで) つながることができればと思っております。私は（業界名）の業界で（年数）年以上働いてきましたが、新しいチャレンジを考えています。空きのあるポジションはあるか、私のような経歴や経験を持った者にフィットするポジションがあるか、ぜひお話ししたいと思います。

ありがとうございます(よろしくお願いします)。
（自分の名前）」

would be a fit　「フィットする」

もちろん、Eメールでアプローチをすることも可能です。欧米のヘッドハンティングファームの場合は、ウェブサイトなどでヘッドハンターのプロフィールやEメールアドレスが出ていることもありますね。

有事のとき（すぐに転職が必要）ではなく、大きいプロジェクトが終わ

って余裕があるときなどに、自分の可能性を知るために連絡を取っておくことをお勧めします。どんな自分に合ったポジションが市場にあるのか知ることは現在の職場において給料交渉をするときにも有利に働きます。

まずは電話面談を設定することを目標に、軽く連絡を取りましょう。

●──履歴書を送ってみる

Dear Anne,

「アンさん」

北米ではビジネスでもファーストネームで呼び合うことはごく一般的ですし、欧州でもヘッドハンターにファーストネームでカジュアルベースで話しかけることはよくあります。ただ少しでも気になる場合は、Dear Mr. Smith あるいは Dear Ms. Smith のように**敬称＋苗字**で書くとよいでしょう。

I found your name and email on XYZ Group's website. I'm a senior compliance officer at ABC bank, but I may be looking for a change in the next several months, so I thought I would reach out to see if you know of any positions at XYZ Group that can utilize my skills and experience.

「XYZ グループのウェブサイトでお名前とメールアドレスを拝見しました。私は ABC 銀行でシニア・コンプライアンス・オフィサーをしていますが、今後数ヶ月のうちに転職を考えており、私のスキルや経験を活かせるポジションを XYZ グループでご存知ではないかと思い、連絡させていただきました。」

can utilize my skills and experience
「自分のスキルや経験を活かすことのできる」

resume は履歴書のことです。北米は resume、欧州では CV と呼ばれることも多いです。

Please find my resume attached.

Do you have a few minutes to talk by phone this week to discuss this?

Kind regards,

Ken

「添付の履歴書をご査収ください。
　今週中にお電話でお話できる時間がありますでしょうか？

　よろしくお願いいたします。
　　ケン」

🏯 Column
英文履歴書（CV、レジュメ）について

　書き終わった後、英語の文法等のエラーや不自然なところがないかネイティブチェックを行うのをお勧めします。というより、ほぼ必須です。英語ネイティブの友人や知り合いがいれば頼むのもよいですし、今はインターネット上に安価な添削サービスもたくさんあるので、そういったところで申し込むとよいでしょう。

　ただ、初めて英文履歴書を作成する場合や大幅に改訂する場合などは、なるべく高度な英語の担い手、履歴書の英語に精通した人に見てもらうことをお勧めします。論文の校正をやっているような機関でビジネスの英文履歴書の添削もやってくれるところ、あるいは米国人のフリーランスの履歴書専門ライターの人などに頼むのがよいでしょう。本人のスキルや経歴が一番大事ですが、書き方によっては5割増しになることもあります。もちろん、それに見合った面接でのプレゼン力も必要になってきますが。

単語の解説

■ **challenge**「機会、取り組み、仕事」　■ **utilize**「活かす、活用する」

48

ヘッドハンターと話して
キャリアの棚卸をする

▶ started my career with 〜
▶ after spending x years
▶ I have experience related to 〜
▶ I would ideally like to 〜

連絡を取ったかいがあって、ヘッドハンターとの電話面談に漕ぎつけました（国をまたぐポジションの場合や転職希望者が多忙である場合、電話での面談になることはよくあります）。

ヘッドハンターとの会話はカジュアルで楽しい調子で進むことも多いものですが、一次面接の意味合いを含んでいることが専らです。

ネガティブにならないように注意しながら会話を進めましょう。

●——経歴を過不足なく伝える
最初に聞かれる質問は、大まかなものが多いものです。

▶ I've read your resume, but I'd like to hear directly from you about your work experience.
「履歴書を拝見しましたが、直接ご経歴についてお伺いできればと思います。」

▶ Could you tell me a little about yourself?
「簡単に自己紹介をお願いできますでしょうか。」

適切な紹介につながるよう、カジュアルベースでも、自分の経歴に関する情報を過不足なく言えるように練習しておきましょう。

例えば、勤務先や勤続年数、実務スキルや資格、業務経験などについてです。

第
1
章

第
2
章

第
3
章

第
4
章

第
5
章

第
6
章

第
7
章

第
8
章

第
9
章

第
10
章

I am a lawyer admitted to practice in Illinois and New York, and I have been working for ABC Investment Bank in Chicago for the last seven years.

「私はイリノイ州とニューヨーク州登録の弁護士で、シカゴの ABC 投資銀行で7年前から働いています。」

☞米国では弁護士は州ごとの登録になるので"admitted to practice in Illinois and New York といった言い方が必要になります。

I started my career with Smith & Brown, a large law firm in New York, and after spending five years there, I moved to Chicago. I have a lot of experience related to KYC, anti-money laundering, FATCA compliance, as well as data protection.

「ニューヨークの大手法律事務所である Smith & Brown でキャリアをスタートし、5年後にシカゴに移りました。KYC、アンチマネーロンダリング、FATCA コンプライアンス、データ保護に関連する豊富な業務経験があります。」

☞KYC とは、 Know Your Customer の略称で、本人確認のルールのことです。
FATCA とは、米国の税法、Foreign Account Tax Compliance Act（外国口座税務コンプライアンス法）の略称です。

　自己紹介の仕方は十人十色で、cookie-cutter formula（型で押したようなもの）があるわけではありません。しかし、自分なりのプロフィールを作るのに、以下のようなフレーズを取り入れてもよいでしょう。

I am ～　「私は～です」
～には職業名を（a software engineer とか）表します。

started my career with (会社名)
「私のキャリアは(会社名) でスタートしました」

after spending x years　「何年（勤めた後）」

I have experience related to～　「～に関連する業務経験があります」

その他に基本的に必ず聞かれるのが、以下のような事柄です。

▶ Why are you thinking of changing jobs?
「転職することについてはどうお考えですか？」
☞ thinking about のこともあります。

▶ Why are you looking to do something new?
「なぜ新しいことをしようとお考えなのですか？」

このときに、職場の愚痴のようなものを言うのではなく、いかにポジティブに答えられるか、しっかり考えておく必要があります。

> I'm ready to challenge myself and try something new. I have experienced all the challenges possible in my current position and I would like to move on to a new opportunity.

「私は自分自身に課題を与え、新しいことに挑戦する準備ができています。現在のポジションで可能な限りのチャレンジを経験したので、新しい機会／職に移りたいと考えています。」

> I've exhausted the possibilities of my current position and I feel ready to try something new. I'd like to find new opportunities and tackle new challenges.

「現在のポジションで可能な機会を使い切ったように思うので、新しいことに挑戦する準備ができたように感じます。新しい機会／職を探し、新しい挑戦を行っていきたいと思います。」
☞ この exhaust は「使い切る、使い果たす」という意味で、こういった文脈でよく使われます。

● ──希望のポジションについて語る

こうした会話の後に、転職先で希望するポジションについて問われることでしょう。

▶ What type of position are you looking for, in an ideal situation?
「どんなポジションが理想ですか？」

> I'm looking for something like a senior manager position at a consulting firm or similar where I can utilize my experience. If there is a C-suite position at another investment bank, I would definitely consider that as well.

「自分の経験を活かせる、コンサルティング会社などのシニアマネージャーのようなポジションを探しています。他の投資銀行でC-suiteのポジションがあれば、それもぜひ検討したいと思っています。」

●──希望の年収について語る

　年収についても希望を聞かれたときにスムーズに答えられるようにしておきましょう。「真新しい職種にチャレンジしたい」という場合以外、現在の年収以上で答えることが多いものです。

　対面の会話では下記のように聞かれます。

▶ What sort of salary would you expect?
　　「どのくらいの年収を希望されますか？」

また、Eメールなどでは以下の聞き方もあります。

▶ What is your desired salary range?
　　「ご希望の年収のレンジはいかがですか？」

> Well, I would ideally like to make around $150,000 a year, but of course I'm flexible. Currently I make $120,000 yearly.

「そうですね、理想は年収15万ドルくらいですが、もちろんこの点については柔軟に対応します。現在、私の年収は12万ドルです。」

I would ideally like to～　「理想は～です」

単語の解説

■ **C-suite**「経営幹部レベル。CEO や COO など」　■ **ideally**「理想としては」

求人広告を見て連絡をする

▶ I believe I have 〜
▶ in response to 〜
▶ I would be happy to meet with you to discuss 〜
▶ as part of my duties

LinkedIn などのソーシャルメディアや、求人広告を集めたウェブサイト、希望する企業のリクルートページなどで見つけた求人広告に応募する場合の連絡について見ていきます。

●──ソーシャルメディアで応募する

まずはLinkedIn などのソーシャルメディアで見かけ、そのまま応募するとき、以下のようにメッセージを送ることができる場合もありますが、既定の応募ページがある場合などのため、カバーレターはファイルで事前に用意しておくとよいでしょう。

Hi 【宛名】, I saw your advertisement looking for a 【ポジション】. I am a 【職種】, and I believe I have the right skills and experience for this position. Please find my resume attached. I would be happy to speak with you by phone to discuss this further.

Thank you,　　　　　　　　　　　　※この後自分の名前を入れる

「こんにちは　　さん、（ポジション）を探している貴社の広告を見ました。私は（職種）で、このポジションに適したスキルと経験を持っていると考えています。私の履歴書を添付しましたのでご覧ください。この件の詳細については、

お電話でご相談させていただきたいと思います。

よろしくお願いします。　　　　　　（名前）」

I believe I have 〜
「〜（スキルなど）を有していると考えております」

●──Eメールで打診する

　メッセージではなくEメールでカバーレターを送る場合、もう少し長く書くことができます。これまでの自分の経歴と今回のポジションが特にマッチする点など、1パラグラフ程度でまとめましょう。

Dear 【宛名】,
In response to your job posting for a 【ポジション】 on【ウェブサイトまたは新聞など】, I am attaching my resume for your review.

【現在の業務の経験年数や達成したことなどで、広告の条件に関連するもの】
I would be happy to meet with you to discuss how someone with my experience could contribute to the success of 【会社名】. Thank you for your time and consideration.

Kind regards,　　　　　　　　　　※この後自分の名前を入れる

👉判明している担当者の名前の情報がファーストネームだけなら、Dear Kevin, のように、フルネームなら Dear Mr. Smith, のように、
何もないなら、Hello, で書きだすようにするといいでしょう。

「　　様
　（ウェブサイトまたは新聞など）に掲載の（ポジション）の求人につきまして、履歴書を添付いたしましたのでご査収ください。

（現在の業務の経験年数や達成したことなどで、広告の条件に関連するもの）
　私の経験が（会社名）の成功にどのように貢献できるかについて、お会いしてお話できればと思います。ご検討いただき、ありがとうございます。

　よろしくお願いいたします。　　　　　　（名前）」

> **In response to～** 「～につきまして（ご連絡しております）」

> **I would be happy to meet with you to discuss ～**
> 「～についてお話しする機会をいただけますと幸いです」

【現在の業務の経験年数や達成したことなどで、広告の条件に関連するもの】に当てはまる部分として、例えば以下のように書くことができます。

I have seven years of experience as a compliance officer in the banking industry. As part of my duties at my current position, I have managed a team of 10 employees and successfully managed a project involving Islamic finance.

「私は、銀行業界でコンプライアンス・オフィサーとして7年の経験があります。現職では、業務の一環として、10人の従業員のチームを管理し、イスラム金融に関するプロジェクトを成功させてきました。」

> **as part of my duties** 「業務の一環として」

　採用担当者にとって、あなたの第一印象となるところです。冗長にならないように、短く、適切なアピールができるよう、自分のキャッチフレーズを日頃からよく練っておくとよいでしょう。

単語の解説
■ consideration「考慮、検討」　■ banking industry「銀行業界」

Column

もっと自分をアピールする

　著者は、とある外資系企業の採用に関するプロジェクトの手伝いをしたことがありますが、人気のあるポジションなどは時に想像をはるかに超える、ものすごい数の応募があるものです。経歴も皆素晴らしく、甲乙つけがたいことも少なくありません。採用基準や重視することは企業により異なりますが、アピールのチャンスは逃さず活用したいものです。

　例えば、応募サイトに任意でカバーレターやポートフォリオなどをアップロードできるようになっている場合がありますが、とても興味がある企業であれば、ぜひより自分を知ってもらうチャンスとして利用するようにしましょう。自分の良さをより多角的に知ってもらえたり（面接で話題にのぼるかもしれません）、意欲を伝えることができます。

　その業界ですでに働いている友人や知人に、書いたものを軽く見てもらうのも手ですね。

93

49

同社で働いている人に
評判を聞いてみる

▶ pass on one's regards
▶ I am applying for the position of 〜
▶ I thought it would be nice if you could tell me a bit more about 〜
▶ I like to work with people who 〜
▶ What is your honest opinion about 〜

　ある程度選考が進みそうであれば、応募している企業や同業種の人に話を聞くといいでしょう。直接の知り合いではなくとも友人や知人の紹介、あるいはソーシャルネットワークで検索して話しかけてみる、というのも1つの方法です。

　特に何か知りたいことが1つ2つある場合はメッセージのやり取りでもよいかもしれませんが、雰囲気などちょっとした情報も知りたいという場合（こちらの方が多いと思います）、ぜひアポを取って直接会ったり、電話やウェブ会議ツールを使い、話してみるとよいでしょう。

　以下は「ウェブ会議ツールを用い、友人の紹介で、近々面接を受ける企業で働いていた人と話をする」という設定の会話サンプルです。

Hi Dianne.

「こんにちは、Dianne。」

Hi Ken.

「こんにちは、Ken。」

Thank you very much for your time. John asked me to pass on his regards.

「お時間をいただきありがとうございました。John からよろしく伝えてほしいと言われています。」

pass on one's regards　「～がよろしく伝えてほしいと言う」

That's great. Make sure you tell him I said "Hi." At any rate I'm happy to help someone applying for a position at ABC Consulting firm.

「あら。私からも彼によろしく伝えておいてね。とにかく、ABC コンサルティング・ファームに応募する方のお手伝いができるのはとても嬉しいです。」

Great. As I am applying for the position of senior manager of the compliance team, I thought it would be nice if you could tell me a bit more about the team. I know that you served as a partner in charge of the team for a long time.

「ありがたいです。私はコンプライアンスチームのシニアマネージャーに応募しているのですが、そのチームについてもう少し詳しく教えていただけないでしょうか。というのも、Dianne さんは長い間、そのチームのパートナーとして活躍されていましたよね。」

I am applying for the position of ～
「～のポジションに応募している」

I thought it would be nice if you could tell me a bit more about ～
「～についてお話をお伺いできれば幸いです」

　まずはオープンエンド型の質問にして、自由に相手の思うことを話してもらい、その後用意してきたより細かい点に関する質問をしていく、という流れもよいでしょう。

Yeah, for five years. The team was fantastic! They have a very businesslike mentality. They focus on what they can do for the client, how they can make the client happy. They don't just treat it like any other job.

「ええ、5年間。そのチームは素晴らしかったですよ。ビジネスマインドがあるチームでした。ただ他の仕事と同じように扱うのではなく、クライアントのために何ができるのか、どうすればクライアントに喜んでもらえるのかをちゃんと考えられる。」

That's good to hear. I like to work with people who care about their work — people who are businesslike, as long as they're careful about the legal aspects of course. I'm curious, though. Why did you leave?

「それは良かったですね。自分の仕事に誇りを持ち、ビジネスマインドを持った人と仕事をしたいですね。ところで、なぜ退職されたのでしょうか？」

I like to work with people who 〜
「〜のような人たちと働きたいです」

Well, I simply wanted to have my own firm. That had been my dream. But I still work with them on a contract basis.

「単純に、自分の会社を持ちたかったんです。それが私の夢だったので。でも、今でも彼らとは契約ベースで仕事をしています。」

That's great. I have one more question, if you don't mind. What is your honest opinion about working for ABC Consulting? In terms of corporate culture, how performance is evaluated, etc....

「それは素晴らしいですね。差し支えなければ、もうひとつ質問があります。ABCコンサルティング・ファームで働いてみての率直な感想をお聞かせください。企業文化や業績の評価方法などについてです。」

What is your honest opinion about 〜
「〜についての率直なご感想（意見）はいかがでしょう」

438

Basically, if you are a hard worker and have a good business mindset, it's a very good firm. You'd learn a lot through the cases you deal with. If you eventually want to be a partner, you'd need to bring in your own clients and contribute to growing the firm... but you seem to be someone who can do that. I've heard a lot about you from John, about how proactive you are.

「基本的に、ハードワーカーでビジネスマインドを持っていれば、とてもよい会社だと思います。扱う案件を通じて多くのことを学べます。最終的にパートナーになりたいのであれば、自分でクライアントを獲得し、事務所の成長に貢献する必要があるけれども、あなたはそれができる人だと思います。Johnからあなたのことをよく聞いているけれども、とても積極的な方ですよね。」

　正直このシチュエーションでは、どんなフレーズを使って聞くかということよりも、自分が必要なことを網羅的に聞くことの方がずっと大事です。**自分が面接を進める上で、有利になりそうな情報**を聞いておきましょう。会社や部署のカルチャーが何となくわかっていると、生じうる問題も見えて、面接での質問に対処しやすくなります。

　それ以前に、直属の上司や部署の力が強くなりがちな欧米の会社では、カルチャーが自分の哲学とあまりにかけ離れていると楽しくいきいきと働けないので、そういった意味でも直接仕事をしていた人から聞くのは重要です。

単語の解説
- at any rate「とにかく、なんにせよ」
- served as 〜「（役職、仕事などを）務める」　■ fantastic「素晴らしい」
- business mentality「ビジネスマインド」■ keep in mind「考慮する、考える」
- aspect「側面」　■ evaluate「評価する」
- on a contract basis「契約（業務委託）ベースで」
- deal with「取り扱う、処理する」　■ proactive「先を見越した、積極的な」

439

50

面接で自己PRをする：
一般的な質問

▶ have x years of experience in 〜
▶ More specifically,
▶ after being 〜
▶ I have been working as 〜

　書類選考が通れば次は面接（インタビュー）です。最近ではオンライン
の面接も増えてきましたね。

　実際に働くチームの上司との面接の前に、人事部との面接があることが
多いものです。

　人事部との面接で聞かれることの多い質問をこの節では集めています。

　質問にはある程度「型」がありますが、答えは三者三様です。日本でも
そうであるように、業種、職種、会社の規模、現在のチームによってよい
とされるものは異なっているので、ここでの答えは、参考程度に見てくだ
さい。

●──経歴について聞かれる

　1つ確実に言えるのは、日本では謙虚さが重視されるあまり、海外や外
国籍の上司の外資系企業の面接においても、慎ましい自己PRをしてしま
う日本人が結構いることです。

　客観的に見た自分のスキル、会社の中でこれまでチームや個人で成し遂
げてきたことなど、ストーリーを練ってアピールするようにしましょう。
具体的な数字があると、なおよいです。

▶ Can you tell me a little about yourself?
「ご自身のことについて簡単に教えていただけますか？」

Sure. I'm a lawyer admitted to practice in Illinois and New York, and have been involved with a broad range of legal cases. More specifically, after being a lawyer at a large firm for five years, I have been working as the head of compliance at ABC Investment Bank. In that capacity I have dealt with a variety of compliance projects and am well-versed in KYC, anti-money laundering and adherence to FATCA, as well as in data protection.

「はい。私はイリノイ州とニューヨーク州の弁護士です。私はこれまで幅広い分野の法律案件に関わってきました。具体的には、大手事務所で5年間弁護士として勤めた後、ABC投資銀行でコンプライアンスの責任者を務めています。そこでは、様々なコンプライアンス・プロジェクトに携わり、KYC、アンチマネーロンダリング、FATCAの遵守、データ保護などに精通しています。」

have x years of experience in ～
「～の経験が＿年ほどあります」

More specifically, 「より具体的には」

after being ～ 「～として勤めた後」

I have been working as ～ 「～として働いています」

441

●───応募の理由を聞かれる

▶ Why did you choose to apply for this position?
　「このポジションに応募を決めた理由はなんですか？」

Having worked for ABC Investment Bank for the last five years, I feel I have experienced almost every kind of compliance case the bank has to deal with. Now I'm looking for a new challenge, a position where I can utilize my experience, but more broadly, over a range of companies rather than with a single company.

「この5年間、ABC投資銀行で働いてきて、銀行が扱うほぼすべてのコンプライアンス案件を経験してきたと思っています。これまでの経験を活かして、1つの会社ではなく、様々な会社で活躍できるような新しいチャレンジをしたいと思っています。」

●───入社後の貢献を聞かれる

▶ What do you see yourself doing in five years?
　「5年後のご自分はどうなっていると思いますか？」

I see myself becoming a partner here, someone who is fully committed to your mission of providing leading solutions to clients while at the same time being able to steer them through the complicated nature of compliance, and not only that, but also being someone who can approach compliance from a balanced legal and business point of view. What I mean is that I think it's common for people with a legal background not to be sensitive to a client's business concerns, and to look for reasons to block business initiatives. But in my case I want our clients to succeed, not in spite of compliance, but at least in part because of it.

「クライアントに優れたソリューションを提供するという御社のミッションに全面的に賛同し、同時に複雑なコンプライアンスの問題を解決することができ、

さらには法律とビジネスのバランスのとれた視点からコンプライアンスに取り組むことができる、そんなパートナーになれればと思っています。リーガルのバックグラウンドを持つ人は、クライアントのビジネス上の懸念に敏感ではなく、ビジネス上の取り組みを阻害する理由を探してしまうことがよくあると思うのです。しかし、私は、お客様には、「コンプライアンスがあるにも関わらず」というのではなく、「コンプライアンスがあるからこそ」成功してほしいと思っています。」

What do you see yourself doing という質問の形に合わせて I see myself becoming a partner ～ と答えています。

単語の解説

■ a broad range of ～「幅広く」　■ adherence to ～「～の遵守、固守」
■ a range of ～「様々な～」　■ committed to ～「～に捧げる、コミットする」
■ leading「優れた、先端的な、一流の」　■ balanced「バランスのとれた」

面接で自己PRをする：
管理職のための質問

- ▶ I'm managing x people
- ▶ Regarding my management style
- ▶ delegate work to 〜
- ▶ apply my experience as 〜

　ここでは、リーダー向けの自己PRの仕方を見ていきましょう。
　一定の専門スキルだけでなく、マネジメントのスキルもビジネスにおいて重要なアピールポイントの1つです。

●──マネジメントスタイルを聞かれる

How many people are you currently managing? How would you describe your management style?

> 「あなたは現在、何人の部下を管理していますか？あなたのマネジメントスタイルはどのようなものですか？」

　マネジメントスタイルについて問われた際によく使う「型」として以下のようなものがあります*。

Visionary management style ビジョン型マネジメントスタイル	チームに描いているビジョンを示し、目的や方向性を伝えた上で、達成するための方法は個々の裁量にかなりの部分、任せていくスタイル。
Democratic management style 民主型マネジメントスタイル	意思決定においてチームを参加させ、意見を聞き、多数決を用いながら進めていくスタイル。

※参考：https://blog.hubspot.com/marketing/management-styles

| Transformational management style
変革型マネジメントスタイル | イノベーションを重視し、チームに対してもコンフォートゾーンを出ること、変革と成長を促す。 |
| Coaching management style
コーチング型マネジメントスタイル | スポーツのコーチのように、長期的な視線で見て、チームメンバーのプロフェッショナルとしての成長を促し、見守っていくスタイル。 |

At the moment I'm managing 12 people. Regarding my management style, I would say it is a cross between pace-setting and coaching. I work hard but also efficiently so that I will serve as a role model. I try to pinpoint people's strengths and weaknesses so that I can give them advice on how to best utilize their strengths while helping them to overcome their weaknesses.

「現在、12人の部下を管理しています。私のマネジメントスタイルは、ペースセッターとコーチングの中間のようなものだと思っています。自分が手本となるように、一生懸命に、しかし効率よく仕事をしています。（チームの）人の長所と短所を見極めて、長所を活かすためのアドバイスや、短所を克服するためのサポートをするようにしています。

I'm managing x people　「x人の部下を管理しています」

regarding my management style「私のマネジメントスタイルでは」

How would you describe your leadership style?

「あなたのリーダーシップのスタイルはどのようなものでしょう？」

As I mentioned, I always work hard and try to be a good example for those working for me. When I delegate work to the team, I am still ultimately responsible for it. Therefore, I learn everything related to the work so that I can answer any questions the team may have and be able to discuss it with them.

445

「先ほどお話ししたように、私はいつも一生懸命働き、部下のよいお手本になろうと考えています。チームに仕事を任せたとしても、最終的な責任は私にあります。ですから、誰かが質問してきたときに答えられるように、また彼らと議論できるように、仕事に関連するすべてを学ぶ必要があると考えています。」

👉delegate work to 〜　「〜に仕事を任せる」

●——リーダーシップを問われる

How do you motivate your team?

「チームのモチベーションをどのように高めていますか？」

I always try to make the team feel included and that they are contributing to our success. I've divided the team into three groups and I meet with a representative of each group weekly. I strive to create an environment where everyone feels comfortable talking about any problems their group is having, and this is also a time where they can suggest new ideas. I always adopt good ideas, regardless of who they come from.

「私は常に、チームの一員として、彼らが成功に貢献していると感じられるよう心がけています。チームを3つのグループに分け、毎週各グループの代表者と面談しています。各グループが抱えている問題を気軽に相談できるような環境づくりを心がけており、また、新しいアイデアを提案する場にもなっています。私はいつもよいアイデアであれば、誰からのものであろうと採用します。」

Why do you think you're a good fit for this position?

「なぜご自分がこのポジションに適していると思うのですか？」

I can directly apply my experience as a lawyer, as well as my knowledge of compliance and the management skills I've acquired over the last 12 years from working at a law firm and at an investment bank. Besides that, I often work with consulting firms, so I know how they work and I know what clients want from them. I can put myself in the client's shoes.

「弁護士としての経験はもちろん、12年間の法律事務所や投資銀行での勤務で得たコンプライアンスやマネジメントの知識をそのまま活かすことができます。また、コンサルティング会社と一緒に仕事をすることも多いので、彼らの仕事ぶりやクライアントが彼らに何を求めているかも知っています。クライアントの立場に立って考えることができるのです。」

👉 put myself in one's shoes は誰かの立場に立って考える、という意味のイディオムです。ビジネスシーンでも重宝されます

apply my experience as ～ 「～の経験を活かす」

🏛 Column
リーダー層の転職活動

　職階が上がれば上がるほど、一般的に市場に現れる求人は少なくなります。ではリーダーの転職活動はどうすればいいのでしょうか？

　1つはマネージャーや役員クラスを専門としたヘッドハンターにお世話になることです。自分からアプローチすることもできます。

　もう1つは、転職がいよいよ必要となる前に、今後の自分のキャリアについて信頼のおける人たちに話し、何かよい話があれば教えてくれと伝えておくことです。実際に声をかけてもらいやすいように、LinkedIn のプロフィールを充実させたり、自分の専門分野の記事をシェアするのも手でしょう。

単語の解説
■ at the moment 「現在」　■ pinpoint 「ピンポイントでとらえる、指摘する」
■ strength 「強み」　■ weakness 「弱み」　■ overcome 「乗り越える」
■ as I mentioned 「（前に）言及したように」
■ regardless of ～ 「～にも関わらず」
■ acquire 「手に入れる、取得する」

52

積極性を見せる質問

▶ Who would I be reporting to?
▶ What do you think is the most challenging aspect of the job?
▶ What are the team's / firm's short-term and mid-term goals?
▶ Could you possibly tell me the achievements of the team and the current challenges they are facing?

　面接の最後に「質問はありませんか？」と聞かれることが多くあります。

　こういう場面で積極性を見せることができるのはとても重要ですし、言い残したこと、アピールし足りなかったことを質問の流れから話せることもあります。

　面接での会話の中でカバーされてしまう分もあるため、あらかじめ余裕を持って5つくらい用意しておいて、基本的に**何か聞けるようにしましょう**（「この企業に行きたくないな……」と面接中に思った場合は特に「質問する必要はありません）。

　例えばどんな質問ができるのか？一例をご紹介します。

入社後の仕事をリアルにイメージして聞く

Who would I be reporting to?

「誰にレポーティングすることになりますか？」

👉入社後の指揮系統を把握することで、この後する質問および回答の内容を調整できるかもしれません。

How many people are on the team?

「チームには何人いますか？」
👉それまでに言及がなければ、聞くのもいいでしょう。

Who would my colleagues be?

「どんな人が同僚になりますか？」

👉 このように聞くことで自分のスキルや経験と他の人との兼ね合いを探ることができるかもしれません。

What are additional important skills I will need to do this job well?

「この仕事をよくこなすためには、追加でどんなスキルが必要でしょうか？」

What does your ideal candidate for this position look like?

「このポジションの理想の候補者はどのような人ですか？」

👉 このように言うことによって、そんな難しい点に対しても自分がどのようにアプローチできるか話せることがあります。

上司になる人に、チームリーダーとして聞いてアピールする

What are some of the company's goals for this team?

「会社としてはこのチームの目標は何ですか？」

We want to have the 〜 team be able to be agile and proactive so they're able to work more on a project basis and therefore we're able to service our clients more flexibly.

「〜チームが機敏に、積極的に進んで行動できるようになれば、プロジェクトベースでより多くの仕事ができるようになり、その結果、顧客により柔軟なサービスを提供することができるようになると考えています。」

Good. I agree that compliance departments need to be both proactive and flexible. I assume that in addition, I will have to maintain a strong compliance culture within the group.

「いいですね。コンプライアンス部門には、積極性と柔軟性の両方が必要であることに同意します。それに加えて、グループ内でコンプライアンスを重視する風土を維持しなければならないと考えています。」

👉 会社側の目標への賛同と、自分の考える目標の視点を追加しています。

What are some of the challenges the team is currently facing?

「チームが現在直面している課題を教えてもらえませんか？」

We recently were able to deal with some Brexit-related compliance matters and did so successfully, but that experience also showed us that we really need a VP who has a strong business mindset to lead the team. Everyone works diligently and they all have good legal backgrounds, but I don't think they currently have enough business knowledge.

「最近Brexit関連のコンプライアンス案件を処理し、成功できましたが、その経験から、チームを率いるにはビジネスマインドを強く持つVPが非常に重要であることもわかりました。みんな真面目に働いていますし、法務のバックグラウンドもありますが、現状ではビジネスの知識が十分でないと思います。」

I see. Then, my role will be key to ensuring that the team understands the services we offer and tries to maintain a healthy balance between the company's business and the need to have in place an adequate compliance framework and process.

「そうなのですね。それでは私の役割は、チームが提供するサービスを理解すること、そして会社のビジネスに対する、適切なコンプライアンスの枠組みやプロセスのニーズとの、健全なバランスを維持することの鍵となることですね。」

☞ 会社側の話をまとめ、別の言葉で言い換えて理解を示しています。

What do you think is the most challenging aspect of the job?

「この仕事の最も難しい部分はどういったところですか？」

Team members need to be able to put themselves in the client's shoes. Each project has different requirements from client to client, and we need to teach and convey this perspective to the team. Of course, while respecting the client's requirements, compliance with laws and regulations is also of utmost importance, so the team must also learn how to strike a balance between the two.

「チームメンバーには、クライアントの立場に立って考える力が必要です。プロジェクトごとにクライアントから求められる要件は異なるので、その視点をチームに教え、伝えていく必要があります。もちろん、クライアントの要望を尊重しながらも、法令遵守は最重要事項ですので、チームはそのバランスを取る方法も習得しなければなりません。」

I see. To me, the most important thing here is to put in place a risk-based approach model. It is important to identify the risk appetite of the client and to mitigate any risk in a proper way which can maintain the balance between the regulatory need and the business development of the company.

「わかりました。私は、ここで最も重要なことは、リスク・ベースのアプローチモデルを導入することだと考えます。クライアントのリスク選好度を確認し、規制上の必要性と会社の事業展開のバランスを保つことができる、適切な方法でリスクを軽減することが大切です。」

☛ 同様の問題に対処したことのある経験者として、このポジションの抱える問題の解決方法／対応の仕方について簡潔に説明しています。

単語の解説

■ colleague「同僚」　■ candidate「候補者」

■ possibly「もしかすると、ことによれば、ひょっとして」

■ perspective「視点」　■ achievement「達成」

53

会社との条件交渉

▶ I'm very grateful for the offer
▶ Given my background and experience, I was thinking that 〜
▶ 〜 would be appropriate
▶ it would be great if you would consider 〜
▶ Would it be possible to ask for 〜

　会社からオファーをもらったら、給料など待遇面の交渉に入りましょう。
日本だと比較的言われたものを受け入れる傾向にあるかと思いますが、
英語圏の会社は優秀な人材の取り合いのため、多くはある程度融通が利き
ます。

　インターネットや業界の知人に聞くなどして、そのポジションでどれく
らいの額がもらえるかあらかじめ調べておくと交渉に有利でしょう。自分
の現在の年収や、他でオファーが出ていたらその会社の提示額なども交渉
の材料になります。

●──給与を交渉する

First of all, I'm very grateful for the offer, and definitely excited to get started. When we spoke on the phone, you said the position would pay $110,000 a year, but I've been researching current salaries in this industry. Given my background and experience, I was thinking that a salary closer to $130,000 would be appropriate.

「まず、オファーをいただいたことにとても感謝していますし、これからスター
トすることにとてもワクワクしています。お電話でお話ししたときには、年俸
11万ドルとのことでしたが、この業界の現在の給与を調べてみました。私の経
歴や経験を考えると、13万ドルに近い給与が妥当ではないかと考えています。」

I'm very grateful for the offer 「オファーに感謝しています」

Given my background and experience, I was thinking that～ 「自分のバックグラウンドや経験を考慮して、～だと考えています」

👉 I was thinking that ～で、控えめな提案を表しています。

～ would be appropriate 「～が適切」

> May I ask what your current salary is?

「現在の給料額はいくらですか？」

> I earn $120,000 a year including bonuses.

「ボーナスを含めて、年間12万ドルです。」

> I see. To be perfectly honest, I'm not sure whether $130,000 is going to work with our budget, but let me look into it and get back to you with an answer by tomorrow if that's OK.

「そうですか。正直なところ、13万ドルでは予算的に無理なのではないかと思っています が、調べてみて、よろしければ明日までにお返事を差し上げます。」

　他の言い方として、こちら側の柔軟性（このリクエストに現時点で応じなければ必ずしもオファーを断るというわけではなく、別の条件面のオプションを検討）を強調する方法もあります。

> Regarding the salary offer, I understand that there might be budget considerations, but I was really hoping for something more in the neighborhood of $130,000, especially for someone of my experience and skills. I'm certainly flexible and definitely excited about joining the company, but it would be great if you would consider increasing the starting salary.

「提示された給与については、予算上の問題があることは理解していますが、特に私のような経験とスキルを持つ者にとっては、13万ドル程度の給与額を期待していました。私は柔軟に対応できますし、この会社への入社をとても楽しみにしていますが、初任給を上げることを検討していただければ幸いです。」

▶ I'm certainly flexible and definitely excited about joining the company.
「私は柔軟に対応できますし、御社への入社を楽しみにしています」

> **it would be great if you would consider〜**
> **「〜を考慮していただけるとありがたいです」**

● ──報酬を交渉する

給料が変えられそうになければ、（企業によりますが）ストックオプションやサイニングボーナス（入社時一時金）を提案してもいいでしょう。

> I understand that the best you can offer for this position is $110,000. I'm eager to accept this position, but I wonder if you would be able to include a reasonable number of stock options with the compensation package. If you could do that, I'd gladly accept your offer.

「このポジションの最高額は11万ドルだと聞いています。このポジションをぜひお引き受けしたいのですが、報酬に相応の数のストックオプションを含めていただけないでしょうか。そうしていただけるなら、喜んでお受けします。」

☛ compensation package「報酬パッケージ」、stock options「ストックオプション」

▶ I'd gladly accept 〜 「喜んで受ける」

> I understand that the best you can offer for this position is $110,000. However, if I accept the position I would be losing out on my year-end bonus of $20,000. To make the transition easier, would it be possible to ask for a signing bonus of $10,000?

「このポジションに対する御社のベストオファーが11万ドルであることは理解しています。しかし、このポジションを引き受ければ（今勤めている会社からの）年末のボーナス2万ドルを失うことになります。このポジションへの移行を容易にするために、1万ドルの契約ボーナスをお願いすることは可能でしょうか？」

☛year-end bonus「年末のボーナス」、signing bonus「契約ボーナス（入社時一時金）」

> **would it be possible to ask for ～ ?**
> **「～をお願いするのは可能でしょうか？」**

●──福利厚生を交渉する

他の福利厚生を提案してみる方法もあります。

> I understand that the best you can offer for this position is $110,000. However, considering that it takes one hour to get to the office from my home by train and I also need to change trains twice, would it be possible for the company to provide me with a leased car to use for the commute?

「このポジションの最高額は11万ドルだと理解しています。しかし、自宅から会社まで電車で1時間かかり、さらに2回の乗り換えが必要なことを考えると、通勤に使う車を会社からリースしてもらうことはできないでしょうか。」

▶ considering that 「～を考慮に入れると」
▶ a leased car 「リース（社用）車」

|単語の解説|
■ transition「移行」　■ commute「通勤」
■ in the neighborhood of ～ 「約～／およそ～」

ソーシャルメディアにプロフィールを登録しておく

▶ experienced 〜
▶ skilled in 〜
▶ with over x years of experience in 〜

LinkedInなどの転職者がよく利用するソーシャルメディアにプロフィールを登録しておきましょう。

詳しい職歴、学歴などとともに（大抵の場合、公開範囲は選択できます）、ハイライトとなるプロフィールを設定します。

自分の**キャリアの長所やポイントを短くインパクトのある形でまとめる**とよいでしょう。

いくつかの職種のサンプルを掲載します。自分と似た経歴を持つ人のプロフィールを参考にしながらオリジナルのものを作成し、でき上がったら掲載前にネイティブの友人・知人に見てもらうか、オンラインの校正サービスなどに出すことをおすすめします。

■ シニアコンプライアンスオフィサー の場合

Experienced Senior Compliance Officer with a demonstrated history of working in the legal/banking industry. Skilled in GDPR, KYC, AML, FATCA.

「法律/銀行業界での勤務経験を持つ、経験豊富なシニアコンプライアンスオフィサー。GDPR、KYC、AML、FATCAに精通しています。」

experienced 〜　「経験豊富な(職名)」

skilled in 〜　「〜のスキルを持つ」

これらは比較的、汎用性の高い表現といえるでしょう。

デジタルマーケティングマネージャーの場合

Marketing professional with over five years of experience in Digital Marketing in a multinational environment, along with a solid foundation in the areas of content generation, SEO, PPC ad campaigns, social media presence management, and website upkeep.

「多国籍企業でのデジタルマーケティングにおいて5年以上の経験を持つマーケティングプロフェッショナルで、コンテンツ生成、SEO、PPC広告キャンペーン、ソーシャルメディアの管理、ウェブサイトの維持管理などの分野で確固たる基盤を有しています。」

with over x years of experience in 〜　「〜にx年の経験を持つ」

▶ in the areas of 〜　「〜の分野において」

営業職(Sales representative) の場合

I'm an experienced sales representative dedicated to helping PPP software businesses grow their customer base and decrease customer attrition. I have five years of experience in sales, and in that time I've consistently exceeded my sales targets. Within the last year, I've been number one in sales seven out of 10 months. I'm known as an exceptionally fast closer in our sales department.

「私は経験豊富な営業担当者として、PPPソフトウェアビジネスの顧客基盤の拡大と顧客解約の減少に尽力しています。5年間の営業経験があり、その間、常に目標以上の売上を達成してきました。過去1年間では、10ヶ月中7ヶ月で売上ナンバーワンを達成しました。営業部では、並外れたスピードのクローザー（クロージングのプロ）として知られています。」

リサーチアナリストの場合

Naomi Johnson is a research analyst with experience in the strategic areas of retail, IT, environment, and healthcare. She has been involved with several international projects for companies and organizations like A&B, TTB Healthcare, and the ABC Program.

☞このように自分を三人称で表現する書き方は、職歴が少ない人、アソシエイトのうちなどは大げさ過ぎると考える人も英語圏ではいます。前の2つの例のように、三人称で名前を出さない書き方もあるのでお好みでお使いください。

「ナオミ・ジョンソンは、リテール、IT、環境、ヘルスケアなどの戦略分野で経験を積んだリサーチアナリストです。これまでにA&B、TTBヘルスケア、ABCプログラムなどの企業や組織の国際的なプロジェクトに携わってきました。」

会計士の場合

Kevin is an experienced chartered accountant with an international outlook towards advisory services, based on his many years working as a senior manager in financial due diligence at PPG London. He provides excellent service to M&A clients through rigorous investigative analysis, assessing the key metrics and performance indicators of acquisition targets.

「ケビンはPPGロンドンで財務デューデリジェンスのシニアマネージャーとして長年勤務した経験から、アドバイザリーサービスに国際的な視野を持った経験豊富な公認会計士です。買収対象の主要指標や業績評価の厳格な調査分析を行うことで、M&Aのクライアントに優れたサービスを提供しています。」

▶ provides 〜　「（サービスなどを）提供する」

単語の解説

■ demonstrated history「裏打ちされた経験」

■ multinational「多国籍の」

■ solid foundation「確固たる基盤」

■ upkeep「よい状態に保つこと」

■ along with「一緒に、加えて」　■ outlook「見通し、視野」

■ rigorous「厳格な」　■ assess「評価する」

■ key metric「主要な指標」

■ acquisition「買収の」

友人に普段からそれとなく
転職希望を伝えておく

▶ Could you pass on my resume?
▶ would really fit well with me
▶ Do you know if there are any available positions?
▶ Do you know of any good companies with openings?

　転職者の多い国や業界では、友人や元同僚とのネットワークはとても重要です。相手が秘密を守ってくれるかなど考慮する面はあるものの、自分が転職を考えていること、よい機会があれば考えたいことなどをそれとなく周りの人に伝えておくとよいでしょう。

特定の地域にゆかりのある友人に履歴書を回してもらえないか聞く場合

At the moment I'm looking for a marketing manager position in New York City. My family wants to relocate to the area by the end of the year, so I need to find a job in the city soon. Could you pass on my resume if you hear of any marketing manager opportunities?

> 「現在、私はニューヨーク市でマーケティングマネージャーのポジションを探しています。年末までに家族が引っ越してくる予定なので、早くここで仕事を見つけなければなりません。もし、マーケティングマネージャーの求人があったら、私の履歴書を回してもらえませんか？」

Could you pass on my resume?「私の履歴書を回してもらえませんか？」

友人の働いている会社で希望する部署に空きがないか聞く場合

It sounds like the corporate culture at your company is something that would really fit well with me. Do you know if there are any available positions in sales there?

「私は御社の企業文化にとても合うかと考えておりますので、御社でのポジションにとても興味があります。営業職での募集はないのでしょうか？」

〜 would really fit well with me 「〜は自分に合うと思う」

Do you know if there are any available positions in 〜 ?
「〜の部署に空きのあるポジションはあるか知っていますか？」

同じ職種の友人に、どこか転職するのにいい会社はないか聞く場合

These days I've been thinking about finding a new job. I've learned almost everything there is to learn here, and I need a new challenge, as well as a better salary. Do you know of any good companies with openings?

「最近、私は新しい仕事を探したいと思っています。ここで学ぶべきことはほぼすべて学んだので、新たなチャレンジが必要なのと、給料も上げたいと思っています。どこかいい会社を知っていますか？」

Column
ネットワークを持つメリット

　日本より転職の多い欧米で、特に金融やITなどの業種では、事前に自分のネットワークから仕入れた情報やコネクションが大きくものを言います。その会社の管理職以上の紹介で応募する場合、最初から公募より上のポジションで面接が設定されることもあります。日頃から情報交換をしておきましょう。

　SNSで友人や知人の転職や昇進を祝ったり、思い出したときに近況報告をしたりして人間関係を大切につなぐのもいいですね。自分が勤めている会社のことで質問を受けたり、求人がないか探してほしいと言われた場合は、ぜひ可能な限りお手伝いしてあげましょう。

　著者も何度も頼まれて履歴書を回したことがあります。必ずしもうまく雇用が成立するわけではありませんが、うまくいった場合は社内で気軽に話せる人が増えることになりますし、だめな場合も、その人のためにいろいろ努力したということは覚えていてくれるでしょう（そうでないこともありますが）。

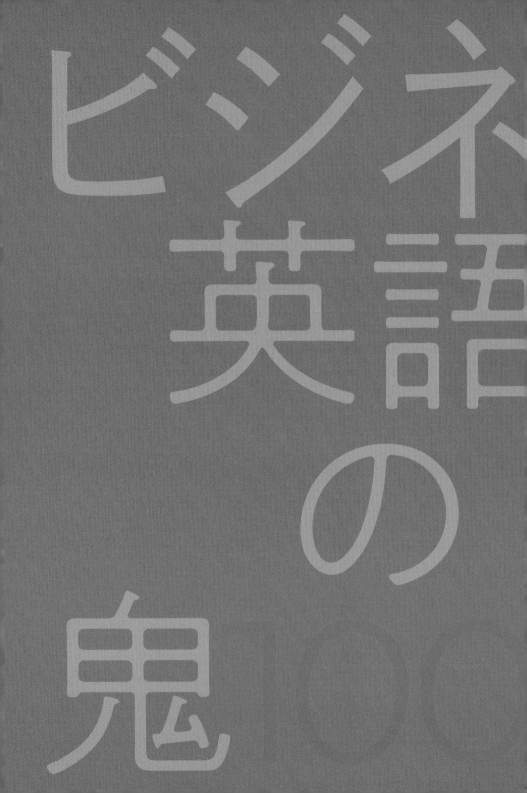

第10章
ビジネスプランの描き方

ビジネスプランを
効果的に見せる

　新規事業を立ち上げる。これまで日本で行ってきた事業を海外へ売り込む。自分の会社を立ち上げて、グローバルビジネスにチャレンジする。

　そうした場合に作成することになるビジネスプランで、効果的に使える英語表現を見ていきます。

　ここでは構成の概要と主な表現のみお伝えし、AI掃除ロボットのスタートアップを題材としたビジネスプランを章末にサンプルとして紹介します。構成は以下のとおりです。

---

1 エグゼクティブ・サマリー

2 会社概要：市場機会

3 会社概要：問題と解決策

4 会社概要：目標

5 マーケットについて

6 競合他社との比較

7 セグメンテーション（ターゲットについて）の言及

8 プロモーション戦略

9 マネジメント紹介

10 フィナンシャルプラン

※サンプルは書籍サイトからもダウンロードできますのでご活用ください。

●── 1. エグゼクティブサマリー

> **〜-based　「〜を拠点とした」**
> **be targeted at 〜　「〜をターゲットとする」**
> **earn revenue through 〜　「〜により収益を得る」**
> **be well-positioned 〜　「〜する体制を整えている」**

　ビジネスプランの中で、エグゼクティブサマリーは最初の方に置き、かつ最重要パートですので、他のパートがしっかり固まってから、最後に書くくらいのつもりでいるとよいでしょう。

　ひとくちにビジネスプランと言っても、スタートアップでこれから製品やサービスをローンチしようとしている／したばかりなのか、既存のビジネスなのかで書き方も変わってきます。

　スタートアップの場合、これまでの実績がないためマーケットやニーズなどにフォーカスする、既存のビジネスの場合は、社歴について詳しく説明する、これまでの製品やサービスと新しいものの違いなどについて触れるといったこともあります。

　エグゼクティブサマリーでは主に以下を取り上げます。項目は、通常フレキシブルですので、会社やビジネスの状況に合わせたものに変えてください。

Introduction（初めに）　：端的に場所と事業概要を記載

Product overview（製品概要）　：主力商品を説明

Target market（ターゲットとなる市場）

Marketing strategy（マーケティング戦略）

：誰に、どこで、どのように（どういった手段で）マーケティングを行うかを説明

Financial goals（財務目標）

：販売台数と売上、今後の成長率など数値的目標を表記

Strategic goals（戦略的目標）

：上記の数値目標を支えるストラテジー（戦略）

●── 2. 会社概要— 市場機会について述べる

According to 〜 「〜によると」
be estimated to account for 〜 「〜を占めると見積もられている」
succeed in〜 「〜に成功する」
expand its market share 「マーケットシェアを拡大する」

次に、Company description（会社概要、説明）の項目です。

まずは会社の事業のMarket Opportunity（市場機会）について説明します。

サンプルではサービスが必要とされる業界の背景について導入部分で紹介し、調査など具体的な数値を元に市場規模を推定しています。

●── 3. 会社概要 - 問題とソリューション

require 〜 「〜を要求する」
囚 have to 〜 「囚 は〜しなければならない」
associated with〜 「〜に関連する」

次に市場の問題と、製品やサービスを提供できるソリューション（解決策）を明確に提示します。

サンプルでは1.時間　2.お金　3.エコロジーの3点で問題を提起し、従来型・既存サービスの消費電力やコストに関する項目については具体的な数字をあげています。こうした場合、ソリューションに関しても数字であげるのが効果的です。

●── 4. 会社概要 - ミッションステートメントと事業目標の説明

establish sustainable profitability 「持続的な収益を確保する」
build a loyal customer base 「ロイヤルカスタマーの基盤を構築する」
maintain an annual growth rate of x% 「年間x%の成長を維持する」

ここでは、ミッションステートメントと呼ばれる、会社全体の存在意義といった大きな目標と、事業を進めていく上での個別具体的な目標を紹介します。

ミッションステートメントは通常、会社を設立する際に決めます。言葉を選ぶ上での答えは会社や事業の中にあります。

なぜその事業を行っているのか？どんな人が顧客なのか？自分たちの事業にどんなイメージを持たせたいのか？ということを改めて考えてみましょう。

米国大手企業のミッションステートメント例※

Apple: Bringing the best user experience to its customers through its innovative hardware, software, and services.

「革新的なハードウェア、ソフトウェア、およびサービスを通じて、お客様に最高のユーザー体験を提供する」

Nike: Bring inspiration and innovation to every athlete* in the world
*If you have a body, you are an athelete.

「世界中のすべてのアスリート*にインスピレーションとイノベーションをもたらす」
*体があれば、みんなアスリート

Walmart: To save people money so they can live better

「人々がよりよい生活を送れるようにお金を節約する」

TED: Spread ideas.

「アイデアを広げる」

長いものも短いものもありますが、それぞれの会社のブランドイメージがよく出ていますね。

次に事業目標です。営業、オペレーション、HRなど部門別に目標があってもよいですが、達成の度合いを後に計りやすいように、数値で表せるものがあるとよいでしょう。

※各企業の現在のミッションステートメントとは異なる場合があります。

●──5. マーケット分析

> **be forecast to reach 〜** 「〜に達することが予測されている」
> **due in large part to〜** 「主に〜の理由で」
> **boost growth of 〜** 「〜の成長を加速させる」

より細かいマーケットの分析です。

スタートアップなどで社内に専門的にできる人材がいない場合も、英語圏にはTAM（獲得可能な最大市場規模）などの分析とレポートを外注できるスペシャリストも多くいるので、うまく活用して説得力の高い分析を披瀝してください。

マーケット分析の資料を読み込んでいると、よくTAM、SAM、SOMという単語に出会います。ここではそれぞれの違いを簡単に説明します。

TAM = Total Addressable Market

ある市場の中で獲得できる可能性のある最大の市場規模、商品やサービスの総需要のことを示します。今回のケースで言えば、掃除ロボット全体です。

SAM = Serviceable Available Market

TAMの市場の中で、ターゲティングしたものの需要となります。今回のケースで言えば、掃除ロボットの中で、家庭および清掃会社作業用のバキューム・モップ一体型ロボット、といったようにターゲティングしたものに限定されます。

SOM = Serviceable Obtainable Market

SAMのうち、実際にアプローチし獲得しうる市場規模のことです。こちらも、スタートアップ企業が主にオンラインマーケティングを活用してプロモーションしていくということで、アプローチできる割合も短期的にはおのずと限られてくるでしょう。

●──6. 競合について

also known as ～　「～としても知られている」
powered by ～　「～によって提供されている」
need to be supervised by ～　「～に監督される必要がある」
be limited to ～　「～に限定される」
does not function as ～　「～として機能しない」

　Competitor's Profiling（競合プロファイル）について書いておくと、その業界に馴染みがない人であっても、企業の立ち位置が見えやすくなります。競合と言えどなるべく客観的に、よい面や機能も含めつつ、足りないところや会社の商品が勝っている面などを書くとよいでしょう。価格も重要な情報です。

●──7. セグメンテーションについて

divide the market into ～　「マーケットは～に分けられる」
be perfect for ～　「～にとって完璧」
appeal to ～　「～を魅了する、～の心を惹きつける」
be well-suited for ～　「～に適した、ぴったりな」

　この項では、Segmentation and Targeting（セグメンテーションとターゲティング）、今どういった人たちをターゲットとしているのかという説明をします。
　サンプルでは、家庭用と清掃会社用の2つに定め、それぞれのセグメンテーションへのアピールポイントを述べています。

　シチュエーションやストーリーが浮かぶよう、簡潔にそれぞれのセグメントへの価値を表せることが重要ですが、ピッタリの形容詞を選ぶのはなかなか困難なことです。その場合は、インターネットで他社のセグメンテーションやテンプレートを検索するのもよいですが、自分が思いついた形容詞にどんなsynonym（類義語）があるか、thesaurus（シソーラス、類語辞典）で調べてみるとよいでしょう。

●───8. プロモーション戦略について

exhibit at ～ 「～に出展する」
increase exposure for～ 「～の露出を増やす」
spread the word about ～ 「～を広める」
be embedded on ～ 「～に埋め込む」

　この項では媒体別のプロモーション戦略について説明しています。

　段落ごとに別の媒体や戦略を語る場合は、一言でわかる見出しがついていると、読み手の理解の助けになるでしょう。ビジネスプランを端から端まで初めからじっくり読んでもらえることはそう多くありません。融資や出資に値するか、一緒に事業ができるかといったことをまずはクイックに判断する材料として使われることが多いためです。ですので、パッと見てそのページの概要が頭に入ってくる書き方を心がけましょう。

　サンプルにあげているのは数あるマーケティング施策のほんの一部ですが、マーケティングの用語は日本でもカタカナ語でそのまま用いられていることが多いものです。例えばコ・クリエーション(co-creation)やインフルエンサーマーケティング(influencer marketing)など、思いつく単語を英語で入力して検索してみると、参考になるよい例文に出会えることも多いでしょう。

●───9. マネジメントについて

x years of experience in ～ 「～の分野でx年の経験」
have a proven track record of ～ 「～としての確かな実績」
with extensive knowledge of ～ 「～についての広範な経験を持つ」
makes ～ an ideal leader for 「～を理想的なリーダーにする」

　マネジメントチームの紹介です。

　こちらも個人や会社の好みによって書き方が大きく違います。

　一般的には若い方や学術関連の製品や会社であれば学歴を入れることが多いですし（英語圏では大学の専攻とキャリアが一致していることが多いです）、これまでの経験を活かしてマネジメントのプロフェッショナルとして活躍し

ているということで、職歴やこれまでの役職が入っていることもよくあります。

　IT系のスタートアップの中には、リラックスした雰囲気の（少なくとも体裁としては）会社もあり、プライベートで情熱を注いでいることや個人のモットーのようなことが書かれているのも見かけます。

　本当に様々な書き方があるので、自分の業界の各国の企業のウェブサイトでマネジメントの紹介を見る、**CV**（レジュメ）の書き方で**C-class**（役員クラス）の人の経歴を参考にするなどして、自分のスタイルを見つけていってください。

●── **10. 財務計画について**

> **be ready to be commercially manufactured and placed on the market**
> 　「製造および市販に向けての準備が整っている」
> **result in 〜**　　「結果〜となる」

　最後に財務計画を載せます。
「ビジネスプランと共に、財務計画についても提出してください」と言われることはよくあります。事業のストーリーや戦略だけではなく、数字的な部分も見て評価したいという気持ちの表れです。
　直近数年の財務諸表（financial statements）の提出、スタートアップなどで現在見せられる財務諸表がない場合（会計年度を終えていない、終えてすぐなので準備ができていない）などは、「予測の数字を出してください」と言われることもあります。

　サンプルでは簡易的なものを挿入していますが、ぜひ、いろんな角度からの質問に答えられるよう、根拠を持たせた数字を入れてください。

KONDO MEGACLEAN
今東メガクリーン

BUSINESS PLAN

Confidentiality Agreement

The undersigned reader of Kondo Robot Business Plan hereby acknowledges that the information provided is completely confidential and therefore the reader agrees not to disclose anything in the business plan without the express written consent of Mark Kondo.

It is also acknowledged by the reader that the information to be furnished in this business plan is in all aspects confidential in nature, other than information that is in the public domain through other means and that any disclosure or use of the same by the reader may cause serious harm and or damage to Kondo Robot.

Upon request this business plan document will be immediately returned to Mark Kondo.

This is a business plan. It does not imply an offer of any securities.

Applicable Law

This contract shall be governed by the laws of the State of California.

Signature _____   Date _____

Printed Name _____

Executive Summary

Introduction

Kondo Robot is a San Francisco, California-based robotics company designing and manufacturing household robots that allow users to delegate household chores in a more economical and hassle-free way.

Product overview

Kondo Megaclean is a modern and innovative cleaning robot created by Kondo Robot. The robot is equipped with the latest technology and features, enabling it to clean the entire house economically, efficiently, and fast.

Target market

Kondo Robot will cater to a wider target market through segmentation based on geographics, demographics, and behavior. Kondo Megaclean is targeted at all busy households that want to save time and conserve less energy in cleaning their houses. The product can also be sold to residential cleaning companies to maximize their productivity and profits.

Marketing Strategy

Kondo Robot will run different marketing campaigns in California to attract new customers and retain old ones. We will attract customers through advertising on social media platforms, using effective content marketing strategies, and videos on platforms such as YouTube.

Financial goals

Kondo Robot will earn revenue through selling the Kondo Megaclean to households and cleaning firms in California. The company has already received pre-orders for 500 units, 350 from households and 150 from cleaning firms, resulting in approximately $350,000 in pre-launch revenue and a projected year on year doubling of sales over the next 5 years.

Strategic goals

Kondo Robot was established in 2020 with the goal of introducing revolutionary and paradigm-shifting housekeeping robots. The company, in collaboration with The University of California Los Angeles (UCLA), is planning to manufacture multiple futuristic robots that utilize cutting-edge AI technology.

Capitalizing on the rising interest in AI, and the demand for efficient cleaning robots, Kondo Robot is well-positioned to rise to the top and become recognized as a leading player in the home robotics industry.

Company Description

Market Opportunities

In 2021, more people are turning to machines and robots to do household chores, especially time-consuming ones such as cleaning. Time saved in this way can be spent with family and friends instead, leading people to feel more satisfaction with their lives.

According to a 2020 study by the National Marketing Institute, the global size of the market for vacuum cleaners was USD 10.7 billion. AI-powered vacuum cleaning robots were estimated to account for 30% of this.

The most recent AI Housework Robot Study Group survey showed that 45% of users were "not very satisfied" with their current cleaning robot, and 20% were "not satisfied at all". The main reasons users gave for their dissatisfaction were:
1. Multiple robots are required to clean a home.
2. Robots swallow electrical cords and other important items during cleaning.
3. There is no automatic battery-charging.

Kondo Robot has succeeded in creating a robot that solves nearly all these problems. The company will first be able to capture the USD 650 million market of consumers currently dissatisfied with AI-powered cleaning robots. Once that is accomplished, the company will gradually expand its market share to include consumers not currently using AI-powered cleaning robots.

Problem statements

1. Time

Conventional cleaning robots, especially vacuum cleaners, are often error-prone and therefore require constant monitoring. Furthermore, consumers have to recharge the robots themselves.

2. Money

To completely clean a home, consumers have been obliged to purchase multiple separate robots such as robot vacuum cleaners and mopping robots.

3. Ecology

The Energy Information Administration estimates that the average US household uses 10,909 kWh per year and that home appliances account for 13% of that.

Our solution

Kondo Robot has successfully developed Kondo Megaclean, an innovative cleaning robot that can solve all problems associated with house cleaning. Kondo Megaclean can:
- Mop, vacuum, and tidy
- Through its advanced AI, clean without swallowing cords.
- Recharge itself.
- Save consumers money and use less energy. Kondo Megaclean consumes 50% less energy than conventional AI cleaning robots.

Mission statement

Kondo Robot enables people to do more cleaning for less energy and generally to lead more comfortable lives.

Business Objectives
- To establish reasonable profitability in the next 3 years.
- To secure 50% of sales in the robot cleaning industry by building a loyal customer base.
- To maintain a growth rate where sales double year on year.
- To add a new production line, to be fully functional by the end of Year 2.

Market Research

The Cleaning Robot Market is forecast to reach $8.5 billion by 2026, a growth rate of 17% over the next five years (2021 - 2026). Factors such as technological innovation, modernization, and changing lifestyles are all propelling the use of robots for a whole host of purposes. The increased use of smart devices in the home is further supplementing the growth of cleaning robots for both domestic and industrial uses. This market has also been boosted by both the rise in labor costs and by increased concerns about safety.

Cleaning robots have various applications, from floor cleaning to window cleaning. Using them not only helps to lessen human workloads, it also saves consumers time and cuts energy costs.

That said, until now growth of the market has been constrained due in large part to the costs of widespread deployment of cleaning robots. Although it is true that in comparison with traditional vacuum cleaners cleaning robots reduce human workloads and save time and money, it is also true that the higher price of these cleaning robots continues to hinder their wide-spread adoption.

Due in large part to the worldwide COVID-19 pandemic, the adoption of robots for cleaning as well as for disinfecting has increased significantly, further boosting the market growth rate. The use of robots for floor cleaning and ultraviolet germicidal irradiation (UVGI) in hospitals and medical clinics is expected to further boost their adoption and growth of the market for the period 2021 - 2026.

By 2026, market size for cleaning robots is expected to reach USD 24.8 billion from an estimated USD 8.9 billion in 2021, a growth rate of 22.8%. The evolution of the Internet of Things (IoT), the growing reliance on in-start devices in homes, and the smaller footprint of cleaning robots compared to traditional cleaning appliances, will all accelerate market growth.

Average growth in the industry 2014–2019: 2.8%

Residential cleaning service franchises, which provide general and special cleaning services in private households, increased between 2014 and 2019. These franchises depend for their profits on gainfully employed adults who have higher disposable incomes and on elderly adults. According to analysts conducted over this five-year period, disposable income increased, while at the same time there was a sizable number of baby boomers nearing retirement. These factors helped to increase revenue at an annualized rate of 2.8%.

In short, the opportunities for the cleaning robot industry are abundant. One analyst has stated that industry earnings will exceed $46 billion dollars in 2021, and grow 10% by 2026. The cleaning industry currently employs more than 3.7 million people. Nevertheless, forecasts still expect that year-on-year

472

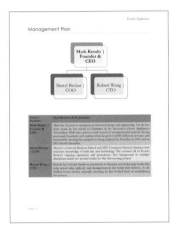

ビジネスプランの英文サンプルは下記から無料ダウンロードできます。

おわりに

　最後までお読みいただき、ありがとうございます。いかがでしたでしょうか。ビジネス英語としての鬼100則を身につけられたということで、あとは勇気をもって実践し、これからはぜひご自身のルールを見つけていっていただきたいと思います。

　この本を2年に渡って執筆する間、たくさんの方々にお世話になりました。ここで謝辞として紹介させてください。

　まずはじめに、この企画の話を持ちかけてくださり、2年間にわたり忍耐強く見守り、常に読者目線の的確な提案やアドバイスをくださった、明日香出版社の藤田知子さんに深く感謝いたします。読者のここが知りたい！というところに妥協なきコメントをくださり、おかげさまでより包括的で、物理的にも内容的にもより厚みのある一冊となったかと思います。

　そして、全編に渡りアメリカ英語を基調にレビューし、米国文化に関する貴重な提案をいくつもしてくださった、米国の法律事務所での勤務経験を有するKurt Easterwood氏、イギリス英語の観点でも受け入れられるものであるか、ビジネス英語の歴史的背景も含め丁寧に見てコメントをくださった、『英和中辞典』編集者でもあるBoyd Stephen教授、Eメールや会計英語の章で豊富な知見に基づく意見をくださった、メーカーでの勤務経験豊富なMichael Lloret氏に感謝します。

　また、契約書の章の執筆にあたり、読者の立場に立てるよう、多くのご助言をくださった英文契約ご専門で、資格スクエアの英文契約講座で講師をされている本郷貴裕先生に感謝いたします。先生のご著書も参考にさせていただきました。

　米国の商習慣に関する貴重な助言とともに、サンプルの英文契約書をレビューしてくださった、ニューヨーク州登録弁護士のSeannon Fallonさんに感謝いたします。

　交渉の章においては、Free Business Incubatorのグローバル IT アドバイザーの白井千晶さんに貴重なアイデアのヒントをいただきました。心よりお礼申し上げます。

　会計の章の執筆にあたりましては、多くの会計士の先生や実務家の方にお世話になりました。非常にご多忙な中、大変貴重なご助言をいただきました、株式会社Collegia International 代表取締役社長／日本公認会計士・税理士浅野雅文先生、GYC税理士法人 代表社員 税理士 柴田暁芳先生、アカウントエージェント株式会社 代表取締役 公認会計士 藤沼寛夫先生に心より感謝いたします。

　コンテンツ構想の要となった、ブレインストーミングに参加してくれた米国公認会計士の友人、増澤哲郎さん、木下雅史さん、そしてコラム執筆に多大なるインスピレーションを与えてくださった旧友の山下直人さん、どうもありがとうございました。
　また、会計の章のストーリー作成と解説執筆にあたり、根気強く微調整のやり取りに対応してくださった、格付け会社大手フィッチ・レーティングズでの勤務経験を有し米英の市場に詳しいインド公認会計士、Bhuvan M Agarwal氏に厚くお礼申し上げます。

　また、会計の章の執筆にあたっては、ここに名前をあげていない多くの会計士・税理士の友人の力添えがあったことをここに記したいと思います。

　そして、本著の文法解説に関する、ありがたい提案をくださった、弊社でもお世話になっている鈴木武生博士(言語学)、リーガルや異文化の観点からのアドバイスと、また会社の業務との兼ね合いの中で、多くのサポートを引き受けてくれた、DirectorのArnaud Wengerさんに心より感謝します。

　また、遠く山口で事務手続を手伝ってくれている、おばのミリさんをはじめ、いつも見守ってくれる山口県と海外各国に住む家族に感謝します。

上田怜奈

■参考文献■

　ここでは本書の執筆に際し参考にした本に加え、本書を読んだ後にさらに学習を進めたい読者がどんな本を読んでいったらいいのか、ひとこと解説とともにご紹介します。この本では文法にあまり触れていないので、基礎を固めたい初・中級の学習者の方には、文法を同時に勉強することが大変！おすすめです。

会計英語・数字を語るための本

（財務会計の基本一通りの内容が日英対訳で掲載されています）
古賀智敏 (2014)『日本語と英語でまなぶ企業分析入門』千倉書房

（勘定科目について英語でよくわかります）
大津広一・我妻ゆみ (2013)『会計プロフェッショナルの英単語100』ダイヤモンド社

（本書であまり扱えていない会計分野以外の会社の数字の例文も豊富です。読みやすい！）
小林薫・伊藤達夫・山本貴啓 (2003)『会社の数字 英語表現完全マスター』アスク出版

（会計英語にとどまらず、英文会計をしっかり学びたいという方に！ケーススタディも豊富）
大津広一 (2012)『英語の決算書を読むスキル』ダイヤモンド社

（英文メールとありますが、それ以外でも海外とのやり取りの多い税務プロフェッショナルに欠かせない一冊！）
Sam Reeves・中島礼子・小林誠 (2017)『すぐに使える！ 税務の英文メール』中央経済社

（様々な数字の単位の言い方を知りたい！）
大島さくら子 (2009)『数量表現の英語トレーニングブック』ベレ出版

　＊会計英語の本としては上記を一通り読んだら、あとは海外のオンラインのニュース（Bloomberg）や、雑誌（The Economist や Harvard Business Review など）、書籍を積極的に読み進めていってもらえれば、と思います。

英文契約書の本

（使う人の立場に立った、実務のアドバイスを含めたわかりやすい英文契約の本）
本郷貴裕 (2018)『はじめてでも読みこなせる英文契約書』明日香出版社

（英語の法律用語の言い回しの解説が豊富で助かります。翻訳者にも）
宮野準治・飯泉恵美子 (1997)『英文契約書の基礎知識』ジャパンタイムズ

スモールトークの本

（スモールトークのトピックの調理の仕方を知りたい！）
マルコム・ヘンドリックス・緒方秀夫・藤井正嗣（監修）(2015)『グローバル時代のビジネス英語雑談力』秀和システム

（オフィスチャットとスモールトークの会話のパターンの本です）
鈴木武生・上田怜奈（監修）(2022)『異文化理解で変わるビジネス英会話・チャット状況・場面115』Z会

異文化の本

（異文化とビジネスの関係についてもっと学びたい！）
エリン・メイヤー・田岡恵 (監修)・樋口武志 (翻訳) (2015)『異文化理解力 — 相手と自分の真意がわかる ビジネスパーソン必須の教養 』英治出版

宮森千嘉子・宮林隆吉 (2019)『経営戦略としての異文化適応力』日本能率協会マネジメントセンター

ウェブサイト：
Hofstede insights. (n.d.). COMPARE COUNTRIES. Hofstede Insights. https://www.hofstede-insights.com/product/compare-countries/

文法の本

（大学入試で英語はやったけどもう記憶にあまりないかも…という方はまず！）
稲田一 (2014)『中学・高校6年間の英語をこの一冊でざっと復習する』KADOKAWA/ 中経出版
↓
この後、TOEIC の L&R テスト Part 5 対策の文法テキストを購入して、クイズのように親しみながら文法を学ぶのは時間の限られた社会人に大変おすすめです（TOEIC のテキストは新傾向対応のものがつぎつぎ出るので、個別の紹介は割愛します）

（英文法をイメージで掴みたい！）
時吉秀弥 (2019)『英文法の鬼100則』明日香出版

（手を動かしてじっくり学ぶ…ちなみに英語バージョンもあります）
Raymond Murphy（著）・渡辺 雅仁 (翻訳)・田島 祐規子 (翻訳)・William R.Smalzer（執筆協力）(2011)『マーフィーのケンブリッジ英文法　初級編』Cambridge University Press

Raymond Murphy（著）・ウォーカー泉 (翻訳)・ William R.Smalzer（執筆協力）(2005)『マーフィーのケンブリッジ英文法　中級編』Cambridge University Press

＊初級編だけでもじっくりやれば、TOEIC L&R テストで必要な基本的な文法の多くは身に付きますが、広く英語を読み取り書く力を上げるために、時間の許す方は中級編もぜひ見てみてください。

[著者]

上田怜奈（うえだ・れいな）

さくらリンケージインターナショナル社 Founder/CEO 米国公認会計士（ワシントン州）

山口県生まれ。日本の政府機関で通訳／翻訳官としてキャリアをスタートし、15年以上に渡るグローバルビジネスコミュニケーションの経験と、海外との交渉や企画などの広範なビジネス知識を持つ。米国公認会計士として外資系会計事務所の米国部門での業務に従事。2013年に独立、日本の企業への年間200件強の語学・異文化研修、日本と欧米各国の法人間での文書翻訳、リサーチを行う。

2019年からはルクセンブルクに拠点を移し、さくらリンケージインターナショナル社を設立。引き続き、Eラーニングを中心とした企業の語学研修と、企業間の翻訳、コンサルティング業務を行う。

経営の傍ら、米イリノイ大学iMBA履修中。大阪外国語大学（現大阪大学）外国語学部卒。TOEIC 990点、英検1級取得。

会社HP：https://sakuralinkage.com/
個人Twitter：@reina_sakuralin
個人note：https://note.com/reinau

英文校正　Stephen Boyd, Kurt Easterwood, Michael Lloret

ビジネス英語の鬼100則

2022年　10月　26日　初版発行
2022年　11月　24日　第4刷発行

著　　者　　上田怜奈
発　行　者　　石野栄一
発　行　所　　Ｚ明日香出版社
　　　　　　　〒112-0005　東京都文京区水道2-11-5
　　　　　　　電話　03-5395-7650（代表）
　　　　　　　https://www.asuka-g.co.jp

印刷・製本　　株式会社フクイン